Der beschützte Umgang gemäß § 1684 Abs. 4 BGB
als Möglichkeit zur Aufrechterhaltung
einer Eltern-Kind-Beziehung in problematischen
Trennungs- und Scheidungssituationen

Europäische Hochschulschriften

Publications Universitaires Européennes
European University Studies

Reihe II
Rechtswissenschaft

Série II Series II
Droit
Law

Bd./Vol. 2967

PETER LANG
Frankfurt am Main · Berlin · Bern · Bruxelles · New York · Oxford · Wien

Daniela Leyhausen

Der beschützte Umgang gemäß § 1684 Abs. 4 BGB als Möglichkeit zur Aufrechterhaltung einer Eltern-Kind-Beziehung in problematischen Trennungs- und Scheidungssituationen

PETER LANG
Europäischer Verlag der Wissenschaften

Die Deutsche Bibliothek - CIP-Einheitsaufnahme

Leyhausen, Daniela:

Der beschützte Umgang gemäß § 1684 Abs. 4 BGB als Möglichkeit zur Aufrechterhaltung einer Eltern-Kind-Beziehung in problematischen Trennungs- und Scheidungssituationen / Daniela Leyhausen. - Frankfurt am Main ; Berlin ; Bern ; Bruxelles ; New York ; Oxford ; Wien : Lang, 2000
(Europäische Hochschulschriften : Reihe 2, Rechtswissenschaft ; Bd. 2967)
Zugl: Hamburg, Univ., Diss., 2000
ISBN 3-631-36729-5

D 18
ISSN 0531-7312
ISBN 3-631-36729-5

Meinen Eltern und Gabor
- in Dankbarkeit -

VORWORT

Die vorliegende Arbeit wurde Anfang Februar 1999 abgeschlossen. Die Bemühungen im Bereich des beschützten Umgangs haben sich seitdem erhöht. Das Bundesministerium für Familie, Senioren, Frauen und Jugend hat ein Projekt unter der wissenschaftlichen Leitung von Prof. Dr. mult. Wassilios E. Fthenakis bewilligt, das seit Anfang diesen Jahres ein differenziertes Interventionsprogramm sowie Richtlinien und Standards für den beschützten Umgang erarbeitet und das in den kommenden drei Jahren am Staatsinstitut für Frühpädagogik sowie am Institut für angewandte Familien-, Kindheits- und Jugendforschung an der Universität Potsdam durchgeführt wird.

Meinem Doktorvater, Herrn Prof. Dr. Gerhard Struck, möchte ich ganz herzlich für die hilfreiche und immer freundliche Betreuung und seine Anregungen danken. Mein Dank gilt auch den Mitgliedern der Prüfungskommission, Herrn Prof. Dr. Fritz Haag und Herrn Prof. Dr. Ronald Randzio sowie Herrn Prof. Dr. Ulrich Magnus für die Erstellung des Zweitgutachtens.

Den vielen engagierten Mitarbeitern, die ich im Rahmen meiner Untersuchung kennengelernt habe, wünsche ich für ihre Projekte allen erdenklichen Erfolg. Ebenfalls möchte ich mich herzlich bedanken für die aufgeopferte Zeit und die zahlreichen Informationen, die Eingang in diese Arbeit gefunden haben. Mein besonderer Dank gilt Frau Barrera (iaf, Hamburg), Herrn Hinrichs (KSB, Landesverband Hamburg e.V.), Frau Krämer (DRK Berlin), Frau Orth (ASD Hamburg-Altona), Frau Schwarz (Soziale Dienste: Frauenhäuser, Hamburg) und den Familienrichtern Herrn Dr. Petzold (AG Hamburg-Altona) und Herrn Bollhorn (AG Hamburg-Mitte).

Großen Dank schulde ich meinen lieben Freundinnen Anja und Bettina Keil für ihre freundschaftliche Unterstützung, besonders aber danke ich meinem Freund Gabor Steingart, dem ich auch diese Arbeit widme.

Hamburg, den 8.6.2000

Daniela Leyhausen

INHALTSVERZEICHNIS

ABKÜRZUNGSVERZEICHNIS

a.A.	anderer Ansicht
a.F.	alte Fassung
a.a.O.	am angegebenen Ort
Abs.	Absatz
Alt.	Alternative
AG	Amtsgericht
Anm.	Anmerkung
Art.	Artikel
ASD	Allgemeine Soziale Dienste
Aufl.	Auflage
BayObLG	Bayerisches Oberstes Landesgericht
BGB	Bürgerliches Gesetzbuch
BGBl.	Bundesgesetzblatt
BGH	Bundesgerichtshof
BGHZ	Entscheidungen des Bundesgerichtshofs in Zivilsachen
Bd.	Band
BtG	Betreuungsgesetz
BT-Drucks.	Bundestagsdrucksache
BVerfG	Bundesverfassungsgericht
BVerfGE	Entscheidungen des Bundesverfassungsgerichts
bzw.	beziehungsweise
ca.	circa
DAVorm	Der Amtsvormund
ders.	derselbe
d.h.	das heißt
dies.	dieselbe
Diss.	Disseration
DJT	Deutscher Juristentag
DRK	Deutsches Rotes Kreuz
EheG	Ehegesetz
EheR	Eherecht
1. EheRG	Erstes Gesetz zur Reform des Ehe- und Familienrechts
Einl.	Einleitung
E-Mail	Electronic Mail
Erl.	Erläuterung
etc.	et cetera
e.V.	eingetragener Verein

FamRZ	Zeitschrift für das gesamte Familienrecht
FamR	Familienrecht
FamRefK	Kommentar zur Familienrechtsreform
f., ff.	folgende, fortfolgende
FGG	Gesetz über die Angelegenheiten der freiwilligen Gerichtsbarkeit
Fn.	Fußnote
FPR	Familie Partnerschaft Recht
FuR	Familie und Recht
GG	Grundgesetz
GVG	Gerichtsverfassungsgesetz
h.M.	herrschende Meinung
HIV	Human Immunodeficiency Virus
Hrsg.	Herausgeber
Hs.	Halbsatz
iaf	Interessenverband Ausländischer Frauen
insbes.	insbesondere
i.S.d.	im Sinne des
i.V.m.	in Verbindung mit
JugH	Jugendhilfe
JVA	Justizvollzugsanstalt
JWG	Jugendwohlfahrtsgesetz
JZ	Juristenzeitung
KG	Kammergericht
KindRG	Kindschaftsrechtsreformgesetz
KindschaftsR	Kindschaftsrecht
KindPrax	Kindschaftsrechtliche Praxis
KJHG	Kinder- und Jugendhilfegesetz
KSB	Kinderschutzbund
LG	Landgericht
m.E.	meines Erachtens
Mü-Ko	Münchener Kommentar
m.w.N.	mit weiteren Nachweisen
n.F.	neue Fassung
NJW	Neue Juristische Wochenschrift
NJW-RR	NJW-Rechtsprechungs-Report Zivilrecht

Nr.	Nummer
OLG	Oberlandesgericht
PAS	Parental Alienation Syndrome
RdJB	Recht der Jugend und des Bildungswesens
Rdn.	Randnummer
RegE	Regierungsentwurf
RG	Reichsgericht
RGRK	Kommentar zum Bürgerlichen Gesetzbuch mit besonderer Berücksichtigung der Rechtsprechung des Reichsgerichts und des Bundesgerichtshofes
RJWG	Reichsgesetz für Jugendwohlfahrt
Rspr.	Rechtsprechung
S.	Seite(n), Satz
ScheidungsR	Scheidungsrecht
SchlHA	Schleswig-Holsteinische Anzeigen
SGB	Sozialgesetzbuch
s.o.	siehe oben
sog.	sogenannt(e)
SorgeRG	Gesetz zur Neuregelung des Rechts der elterlichen Sorge
StGB	Strafgesetzbuch
u.	und
u.a.	unter anderem
u.ä.	und ähnliches
UN	United Nations
vgl.	vergleiche
Vorbem.	Vorbemerkung
VwGO	Verwaltungsgerichtsordnung
ZblJR/ZfJ	Zentralblatt für Jugendrecht
z.B.	zum Beispiel
z.T.	zum Teil
ZPO	Zivilprozeßordnung

EINLEITUNG

Das Umgangsrecht ist neben dem Sorge- und Unterhaltsrecht eines der meistumstrittenen Regelungsgegenstände in der familiengerichtlichen Praxis bei Trennung und Scheidung einer Ehe. Im Mittelpunkt der Auseinandersetzungen des Scheidungsfolgenbereiches stehen die gemeinsamen ehelichen Kinder, deren Rechtsbeziehungen zu den Eltern Gegenstand des gerichtlichen Scheidungsverfahrens werden. Den Streitigkeiten der Eltern hinsichtlich der Ausgestaltung und Durchführung des Umgangsrechts liegen in den meisten Fällen unbewältigte Partnerkonflikte zugrunde, die in den Auseinandersetzungen um die Scheidungsfolgen deutlich zum Ausdruck kommen. Die starke Emotionalisierung des familiären Lösungsprozesses, die darauf beruht, daß Paare ihren persönlichen Beziehungen die Bedeutung eines mit hohen Erwartungen und Hoffnungen befrachteten Lebensprinzips beimessen, verschärft die streitigen Auseinandersetzungen um die Trennungs- und Scheidungsfolgen. Das Umgangsrecht wird in diesen streitigen Scheidungsfällen häufig zum Austragungsfeld destruktiver ehelicher Auseinandersetzungen mißbraucht, was unmittelbare und schädliche Auswirkungen auf die betroffenen Kinder zur Folge hat. Leidtragende dieser Ehekriege sind daher vor allem die Kinder, die den gegenseitigen Schuldzuweisungen und Beschimpfungen der Eltern oft hilflos gegenüberstehen. Aber auch in besonderen Problemsituationen, die nicht unmittelbar durch die Trennung und Scheidung der Eltern bedingt sind, steht die Frage der Umgangsregelung im Mittelpunkt der streitigen Auseinandersetzungen von Elternpaaren.

Bei nichtehelichen Paaren war durch die rechtliche Zuordnung des Kindes zur nichtehelichen Mutter diese Problematik vergleichsweise von geringer praktischer Bedeutung. Während ein nichtsorgeberechtigter Elternteil eines ehelichen Kindes nach § 1634 BGB a.F. ein Recht zum Umgang mit dem Kind hatte, räumte § 1711 BGB a.F. dem Vater, der mit der Mutter des Kindes nicht verheiratet war, kein Umgangsrecht ein. Die ledige Mutter hatte gemäß § 1711 Abs. 1 BGB a.F. grundsätzlich das alleinige Bestimmungsrecht über den Umgang des Kindes mit dem Vater. Der nichteheliche Vater konnte nur durch eine vormundschaftsgerichtliche Entscheidung eine Umgangsbefugnis erreichen, wenn festgestellt werden konnte, daß der Umgang dem Wohle des Kindes diente (vgl. § 1711 Abs. 2 S. 1 BGB a.F.).

Da auf dem Gebiet des Sorge- und Umgangsrechts die elementarsten Belange der Kinder berührt sind und ihre grundrechtlich geschützte Rechtsposition auf eine gedeihliche und altersgemäße Entwicklung der Gesamtpersönlichkeit zu gewährleisten ist, muß gerade dieses Regelungsgebiet den Anspruch erheben, durch entsprechende Vorschriften vorrangig die Interessen der Kinder zu wahren und zu schützen.

Die Bundesregierung hatte demzufolge in der 13. Legislaturperiode den Entwurf eines Gesetzes zur Reform des Kindschaftsrechts (KindRG)[1] vorgelegt, der im Bundestag am 25. September 1997 mit großer Mehrheit beschlossen wurde und am 1. Juli 1998 in Kraft trat. Das neue Gesetz ist mit der Zielsetzung angetreten, die Rechte der Kinder zu verbessern und das Wohl des Kindes auf bestmögliche Art und Weise zu fördern.[2] Auch die Rechtspositionen der Eltern sollten gestärkt und vor unnötigen staatlichen Eingriffen geschützt werden. Ebenso sollten die rechtlichen Unterschiede, die zwischen ehelichen und nichtehelichen Kindern noch bestanden, so weit wie möglich abgebaut werden.

Die Neuregelungen des Kindschaftsrechtsreformgesetzes betreffen daher das Abstammungsrecht, das Sorge- und Umgangsrecht, das Namens- und Adoptionsrecht und das Recht des gerichtlichen Verfahrens. Die neuen Vorschriften erfüllen im Rahmen dieser umfassenden Reform viele in den vergangenen Jahren und Jahrzehnten aufgeworfenen Forderungen zur Verbesserung der kindschaftsrechtlichen Vorschriften.[3] Der Gesetzgeber ist mit dem Reformgesetz dem in der Rechtswirklichkeit vorzufindenen familiären Wandlungsprozeß gefolgt und hat den veränderten Lebensformen - der gestiegenen Zahl nichtehelicher Lebensformen und Alleinerziehender sowie der Zunahme von Scheidungen - Rechnung getragen. Das Umgangsrecht, das immer wieder Gegenstand zahlreicher kritischer Anmerkungen, Beschlußempfehlungen und Vorschläge von Vereinigungen und Verbänden war, hat demzufolge durch das Reformgesetz zum Kindschaftsrecht wesentliche Änderungen erfahren.

Künftig wird bei der Regelung des Umgangsrechts nicht mehr zwischen ehelichen und nichtehelichen Kindern unterschieden. Der fünfte Titel des zweiten Abschnitts im Familienrecht (elterliche Sorge) enthält Regelungen für alle Kinder, unabhängig davon, ob die Eltern des Kindes verheiratet sind oder nicht. Die Sonderregelungen für nichteheliche Kinder im bisher sechsten Titel sind dadurch entbehrlich geworden.

Der Gesetzgeber hat im Bereich des Umgangsrechts sowohl in prozessualer als auch in materiell-rechtlicher Hinsicht bestehende Regelungen geändert bzw. neue Vorschriften geschaffen, die die mit dem Umgangsrecht zusammenhängenden Probleme vermindern sollen. Die neuen Vorschriften sollen nicht nur die Interessen der Kinder im familiengerichtlichen Verfahren stärken, sondern auch den Eltern bei der Bewältigung der Trennung und Scheidung Unterstützung bieten, um einvernehmliche Regelungen treffen zu können. Die Neuregelungen erweitern im Vergleich zur alten Rechtslage ebenso den Kompetenzrahmen der familiengerichtlichen Entscheidungs- und Anordnungsbefugnisse, um bei der Vielzahl der

---

[1] BT-Drucks. 13/4899.
[2] BT-Drucks. 13/4899, S. 1.
[3] Vgl. dazu Knöpfel, ZRP 1990, 234 ff.

einzelnen umgangsrechtlichen Problemfälle geeignete Maßnahmen treffen zu können.

Anlaß der vorliegenden Untersuchung waren die mit den Neuregelungen zum Umgangsrecht aufgezeigten Lösungsansätze, die das Ziel anstreben, allen am Umgangskonflikt Beteiligten den mit der Trennung einer Partnerschaft verbundenen Auflösungsprozeß zu erleichtern und die Aufrechterhaltung bzw. Herstellung einer familiären Eltern-Kind-Beziehung zu ermöglichen. Da Umgangsstreitigkeiten zu den quälensten im Rahmen der Auseinandersetzung von Trennungsfolgen für die Beteiligten gehören, soll die Neuregelung des sogenannten „Tränenparagraphen"[4] (§ 1634 BGB a.F.) in §§ 1684 ff. BGB im Zusammenhang mit den neuen verfahrens- und sozialrechtlichen Vorschriften die Grundlage für einen verantwortungsvolleren Umgang der Eltern mit dem Kind schaffen. Das umgangsrechtliche Schicksal der Kinder bei Auflösung der elterlichen Familiengemeinschaft ist ein Thema, dessen menschliche und soziale Bedeutung erst nach und nach erkannt worden ist und um dessen sachgerechte Lösung - auch nach dem Inkrafttreten des neuen Kindschaftsrechtsreformgesetzes - gerungen werden wird.

Ziel und Schwerpunkt der vorliegenden Arbeit ist die Darstellung der Einschränkungsform des „beschützten Umgangs" auf Grundlage des § 1684 Abs. 4 Satz 3 und 4 BGB, dessen Bedeutung und Aktualität in besonderen Konfliktsituationen im Bereich der Trennungs- und Scheidungsfolgenproblematik relevant wird.

Die vorliegende Arbeit stellt in **TEIL I** zunächst die materiell-rechtlichen Grundlagen des neuen Umgangsrechts dar, wobei sich die Ausführungen auf das Umgangsrecht des Kindes und der Eltern beschränken. Zum besseren Verständnis hinsichtlich der Einschränkbarkeit des Umgangsrechts soll die Darstellung der Neuregelung des § 1684 BGB einen Überblick bieten. Insbesondere soll die Auseinandersetzung mit dem neuen Recht unter Herausstellung des Sinn und Zwecks der neuen Bestimmung die Voraussetzung dafür bieten, eine für die umgangseinschränkende Regelung erforderliche Abwägung der einzelnen Rechtspositionen zu ermöglichen. Aufgezeigt werden außerdem die durch den Reformgesetzgeber favorisierten Maßnahmen des Familiengerichts in Verbindung mit den Unterstützungs- und Leistungsangeboten der Jugendhilfe zur Beilegung von Umgangskonflikten und der Durchsetzung von Umgangsregelungen.

TEIL II stellt die Notwendigkeit der Beschränkung von Umgangsrechten in besonderen Problemsituationen dar und erörtert auf Grundlage der neuen Bestimmung des § 1684 Abs. 4 BGB die Möglichkeiten zur Einschränkung des Umgangsrechts unter Berücksichtigung des Erhalts einer Eltern-Kind-Beziehung nach einer Trennung oder Scheidung. Gegenstand der Untersuchung ist zudem die Frage, unter welchen Voraussetzungen die Anordnung einer Umgangsbeschränkung

---

4 Vgl. Balloff, ZfJ 1991, 189, 201.

erfolgen kann und welche Anforderungen an die richterliche Entscheidungsbefugnis hinsichtlich der Einschränkung bzw. des Ausschlusses von Umgangsrechten zu stellen sind.

Schwerpunkt der vorliegenden Untersuchung in **TEIL III** ist die Darstellung der erstmals gesetzlich geregelten Einschränkungsform des „beschützten Umgangs". Auf Grundlage des § 1684 Abs. 4 S. 3 BGB kann ein Familienrichter anordnen, daß der Umgang nur in Anwesenheit einer dritten mitwirkungsbereiten Person stattfinden darf. Bei der Darstellung des „beschützten Umgangs" geht es vor allem darum, im Hinblick auf einen historischen Rückblick und auf die bisherige Behandlung dieser Einschränkungsmöglichkeit in Rechtsprechung und Literatur einen Überblick darzustellen, der eine Präzisierung der neuen Bestimmung des § 1684 Abs. 4 S. 3-4 BGB ermöglichen soll.

Da die Durchführung des beschützten Umgangs voraussetzt, daß sich ein Dritter zur Mitwirkung an der Umgangsregelung beteiligt, ist das Familiengericht bei der praktischen Umsetzung der Entscheidung über den „beschützten Umgang" vorrangig auf die Hilfe der öffentlichen und privaten Jugendhilfeträger angewiesen. Aber auch Privatpersonen aus dem Verwandten- oder näherem Bekanntenkreis, die sich als Mittler bei der Ausübung einer Umgangsregelung eignen, und andere private Wohlfahrtsorganisationen, die sich entsprechend ihrer Satzungen verpflichten, das Wohl des Kindes zu fördern, sind Ansprechpartner für die Durchführung des Umgangsrechts unter Mitwirkung eines Dritten.

Da der hiesige Stand der Forschung zu diesem Themenbereich der Trennungs- und Scheidungsproblematik als unzureichend anzusehen ist, werden exemplarisch beschützte „Umgangsmodelle" in anderen Städten dargestellt. Außerdem wurden im Rahmen dieser Arbeit qualitative Interviews mit Mitarbeitern der Jugendhilfe, anderer privater Institutionen und Familienrichtern geführt, um die Erfahrungswerte der mit dem Umgangsrecht betrauten Praktiker bei der juristischen Betrachtung der Umgangsrechtsproblematik einfließen lassen zu können. Die Befragungen beschränken sich dabei auf die Erfahrungen der mit dem Thema befaßten Personen in der Hansestadt Hamburg, wobei zu berücksichtigen ist, daß nur erste Eindrücke und Befunde geboten werden können und eine gewisse Subjektivität bei der Auswahl und Befragung der Personen unvermeidlich war. Die Untersuchung erhebt dabei keinen Anspruch auf Vollständigkeit hinsichtlich der rechtstatsächlichen Darstellung und Auswertung der Ergebnisse zu diesem Themenbereich.

In **TEIL IV** dieser Arbeit erfolgt eine rechtliche Bewertung der neuen Bestimmung des § 1684 Abs. 4 S. 3-4 BGB i.V.m. § 18 Abs. 3 S. 4 KJHG. Die hier folgenden Ausführungen sollen unter Berücksichtigung der rechtstatsächlichen Ergebnisse Aufschluß darüber geben, welche Anforderungen an die „Anwesenheit" und „Mitwirkungsbereitschaft“ der dritten Person zu stellen sind und welche Aufgaben und Verpflichtungen bei der Durchführung des beschützten Umgangsrechts entstehen. Des weiteren soll untersucht werden, welchen Spielraum das neue Gesetz auf Grundlage des § 1684 Abs. 4 S. 3-4 BGB für Familiengerichte geschaffen hat, insbesondere welche Anforderungen an den richterlichen Abwägungsprozeß bei einer Entscheidung zur Beschränkung des Umgangsrechts zu stellen sind. Sowohl das Elternrecht gemäß Art. 6 Abs. 2 GG als auch das Persönlichkeitsrecht des Kindes, das gleichermaßen verfassungsrechtlich verbürgt ist, stellen die Eckpfeiler des gerichtlichen Abwägungsprozesses im Rahmen dieser Überprüfung dar.

Im Anschluß daran soll untersucht werden, ob die gesetzliche Neuregelung den bisherigen Problemen beim „beschützten Umgangsrecht“ Rechnung trägt und zu einer Praxis führt oder zumindest führen kann, die den Interessen des Kindes bei der Durchführung einer solchen Umgangsregelung wahrt. Letztlich ist in diesem Zusammenhang zu klären, ob auf Grundlage der neuen Vorschriften die Kooperation innerhalb dieser interdisziplinären Problematik zwischen Familiengerichten und öffentlichen bzw. privaten Institutionen gelingen kann.

TEIL I
DAS NEUE UMGANGSRECHT UND DIE MÖGLICHKEITEN SEINER DURCHSETZUNG

1. Kapitel: Die materiell-rechtlichen Grundlagen der Umgangsbefugnis nach neuem Recht

Die Neuregelung des § 1684 BGB ersetzt die Vorschrift des § 1634 BGB a.F. und stellt die materiell-rechtliche Grundlage des neuen Umgangsrechts von Kindern und Eltern dar.

A. Das Umgangsrecht des Kindes gemäß § 1684 Abs. 1 1. Hs. BGB

I. Das eigene Umgangsrecht des Kindes

Die Bestimmung des § 1684 Abs. 1 BGB beginnt mit der Berechtigung des Kindes auf Umgang mit jedem Elternteil. Damit wird das Umgangsrecht im deutschen Recht nach dem Inkrafttreten des neuen Kindschaftsrechtsreformgesetzes explizit auch als Recht des Kindes gekennzeichnet. Das eigene Umgangsrecht ist nicht lediglich ein Programmsatz, vielmehr handelt es sich um ein einklagbares subjektives Recht des Kindes.[5] Jedes Kind hat unabhängig davon, ob seine Eltern verheiratet sind oder nicht, einen eigenen persönlichen Anspruch auf Umgang mit seinen Eltern, der ihm - ungeachtet der Probleme, die mit der Geltendmachung und Wahrnehmung dieses Rechts verbunden sein können - ausdrücklich zuerkannt wird.[6]

Eine Vorschrift, die eine eigene Umgangsbefugnis des Kindes vorsah, kannte das deutsche Recht bislang nicht. Die umgangsrechtliche Bestimmung des § 1634 BGB a.F. sah lediglich eine rechtliche Befugnis der Eltern zum Umgang mit dem Kind vor. Allerdings diente nach ständiger höchstrichterlicher Rechtsprechung die Ausübung des elterlichen Umgangsrechts einer vom Kind gewünschten Aufrechterhaltung der Beziehungen zu beiden Elternteilen, so daß die Pflege der Eltern-Kind-Beziehung durch den persönlichen Umgang als im Interesse des Kindes liegend anerkannt war.[7] Aus diesem gemeinsamen Interesse von Kindern und Eltern heraus wurde in der Literatur vereinzelt die Auffassung vertreten, daß die Umgangsbefugnis der Eltern gemäß § 1634 BGB a.F. als intime, zwischenmenschliche Beziehung nur in Form einer wechselseitigen Befugnis verstanden werden

---

5 Vgl. Greßmann, Neues KindschaftsR, 1998, Rdn. 327.

6 Vgl. FamRefK/Rogner, 1998, § 1684, Rdn. 3.

7 BVerfG, FamRZ 1971, 421, 425; FamRZ 1983, 872, 874; BVerfGE 64, 180, 186, 188; BGH, FamRZ 1980, 131, 132; FamRZ 1984, 1084.

konnte.[8] Die einseitige Formulierung des § 1634 BGB a.F. sei deshalb aus dem Pflichtcharakter des Elternrechts sowie dem das Eltern-Kind-Verhältnis beherrschenden Gegenseitigkeitsprinzip des § 1618 a BGB heraus zu relativieren und führe damit unmittelbar auch zu einer Umgangsbefugnis des Kindes selbst.[9] Auch die Ratifizierung des UN-Übereinkommens über die Rechte des Kindes von 1989 bestätigt diese Sichtweise aus der völkerrechtlichen Verpflichtung heraus,[10] da gemäß Art. 9 Abs. 3 UN-Kinderkonvention die Vertragsstaaten das Recht des Kindes zu achten haben, regelmäßige persönliche Beziehungen und unmittelbare Kontakte zu beiden Elternteilen pflegen zu können, soweit dies nicht dem Wohl des Kindes widerspricht.[11]

Mangels fehlender Regelung eines Umgangsrechts des Kindes wurde der Gesetzgeber vielfach mit einer entsprechenden Forderung konfrontiert. Nachdem der Regierungsentwurf der Bundesregierung zunächst kein eigenes Umgangsrecht des Kindes vorsah[12] und sich mit der Schaffung einer Leitnorm in § 1626 Abs. 3 BGB („kleines Umgangsrecht") begnügte, beruht die Regelung eines eigenen Umgangsrechts des Kindes („großes Umgangsrecht") auf einer Empfehlung des Rechtsausschusses, der damit einen Vorschlag des Bundesrates aufgegriffen hatte.[13] Vereinzelt wird jedoch bemängelt, daß sich die Rechtsänderung zum Umgangsrecht des Kindes nach § 1684 BGB nur auf die Eltern beschränkt und nicht den weiteren Personenkreis der Großeltern, Geschwister etc. mit einbezieht.[14]

II. Sinn und Zweck des Umgangsrechts

Das eigene Recht des Kindes auf Umgang betont, daß das Kind nicht nur Objekt des elterlichen Umgangs ist, sondern daß der Umgang der Eltern mit dem Kind ganz wesentlich dessen Bedürfnis dient, Beziehungen zu beiden Elternteilen aufzubauen und zu pflegen.[15] Erstmals wird damit die Subjektqualität von Kindern im Verhältnis zu ihren Eltern aus der „neutralen Objektqualität" des Kindeswohlsbegriffs gelöst.[16]

---

[8] Vgl. Gernhuber, FamR, § 66 I, S. 1064; Staudinger/Peschel-Gutzeit, BGB, 12. Aufl., 1997, § 1634, Rdn. 297.

[9] Vgl. auch Baer, ZblJR 1977, 516, 525; Gernhuber, FamR, § 66 I, S. 1064; Staudinger/Peschel-Gutzeit, BGB, 12. Aufl., 1997, § 1634, Rdn. 48; Staudinger/Coester, BGB, 12. Aufl., 1993, § 1618 a, Rdn. 36.

[10] Vgl. Schwenzer, FamRZ 1992, 121, 126.

[11] Übereinkommen über die Rechte des Kindes vom 20.11.1989, BGBl. II, S. 13.

[12] Vgl. BT-Drucks. 13/4899, S. 11, 68.

[13] Mühlens/Kirchmeier/Greßmann, Das neue KindschaftsR, 1998, S. 167; vgl. auch BT-Drucks. 13/4899, S. 153.

[14] Willutzki, KindPrax 1998, 8, 11.

[15] Vgl. BVerfGE 64, 180, 188.

[16] Vgl. Lauer, JugH 1998, 179.

Das Reformziel des Gesetzgebers, die Rechte des Kindes zu fördern und seine Belange in den Vordergrund zu stellen, findet mit der Schaffung des Kindesrechts im Rahmen der Umgangsberechtigungen einen besonderen Ausdruck.[17] Die Trennung der Eltern soll nicht gleichzeitig eine Trennung des Kindes von einem Elternteil bedeuten. Vielmehr wird durch das eigene Umgangsrecht des Kindes eindeutig festgestellt, daß die Aufrechterhaltung der Beziehung zu beiden Elternteilen für die Entwicklung des Kindes von erheblicher Wichtigkeit ist und die Trennung des Paares keine Loslösung von der gemeinsamen Elternverantwortung für das Kind bedeutet.

Der Gesetzgeber bezweckt mit der Neuregelung einen Bewußtseinswandel bei den Eltern, um ihnen zu verdeutlichen, daß sie nicht nur ein Recht auf Umgang haben, sondern vielmehr aufgrund des ausdrücklichen formulierten Umgangsrechts des Kindes auch die Pflicht haben, diesen Umgang zu ermöglichen.[18]

B. Das Umgangsrecht der Eltern gemäß § 1684 Abs. 1 2. Hs. BGB

I. Gleichstellung aller Kinder durch ein einheitliches Umgangsrecht der Eltern

Da es nach dem Willen des Reformgesetzgebers keinen rechtlichen Unterschied mehr in der Behandlung ehelicher und nichtehelicher Kinder bei der Regelung des Umgangsrechts geben sollte, schließt der Anwendungsbereich des Umgangsrechts von Eltern gemäß § 1684 BGB auch die Umgangsbefugnis von nichtehelichen Vätern ein.

§ 1711 BGB a.F. ist damit, wie die übrigen Sondervorschriften für nichteheliche Kinder, entbehrlich geworden. Durch die einheitliche Regelung des Umgangsrechts werden in diesem Bereich nach der Kindschaftsrechtsreform Vätern, die nicht mit der Mutter des Kindes verheiratet sind, erstmals dieselben Rechte zuerkannt wie ehelichen Vätern.

Dies hat zur Folge, daß das Bestimmungsrecht der unverheirateten Mutter über das Umgangsrecht wegfällt und in Streitfällen über die Umgangsbefugnis des nichtehelichen Vaters die Zuständigkeit des Familiengerichts begründet wird. Die Umgangsregelung des § 1684 Abs. 1 BGB ist daher erstmals eine vom Status der Eltern geltende unabhängige Norm für den Umgang zwischen Eltern und Kindern, die sich nunmehr auf alle Kindschaftsrechtsverhältnisse bezieht.[19] Im Rahmen der Gleichstellung von ehelichen und nichtehelichen Kindern ist ein einheitliches Umgangsrecht von Eltern und Kindern daher ein weiterer Schritt auf dem Weg,

---

17 Vgl. Mühlens/Kirchmeier/Greßmann, Das neue KindschaftsR, 1998, S. 50.
18 Mühlens/Kirchmeier/Greßmann, Das neue KindschaftsR, 1998, S. 51.
19 Vgl. Rauscher, FamRZ 1998, 329, 333.

nichtehelichen Kindern gleiche Entwicklungsbedingungen zu ermöglichen wie ehelichen Kindern. Durch die Ratifizierung der UN-Kinderkonvention[20] hat Deutschland sich verpflichtet, zu den kindlichen Entwicklungsinteressen die Aufrechterhaltung persönlicher Beziehungen zu beiden Eltern zu zählen, unabhängig davon, ob diese verheiratet sind oder waren. Die Kindschaftsrechtsreform vom 1.7.1998 trägt dieser völkerrechtlichen Vorgabe Rechnung und sichert jedem Vater und jedem Kind den Respekt vor der Eltern-Kind-Beziehung zu.[21]

II. Die Eltern als Rechtsinhaber

Neben der Umgangsbefugnis des Kindes sind gemäß § 1684 Abs. 1 2. Hs. BGB die Eltern zum Umgang mit dem Kind berechtigt. Die neue Bestimmung des § 1684 Abs. 1 BGB gibt jedem Elternteil ein Recht auf Umgang mit dem Kind und ist damit eine vom Sorgerecht und Status der Eltern unabhängige Grundsatznorm für den Umgang zwischen Eltern und Kindern.

Bis zum Inkrafttreten des neuen Kindschaftsrechtsreformgesetzes war das Umgangsrecht gemäß § 1634 Abs. 1 BGB a.F. überwiegend die Befugnis des nichtsorgeberechtigten Elternteils zum Umgang mit dem Kind. Als Ergänzung zu der alleinigen Sorgeberechtigung des anderen Elternteils war das Umgangsrecht bislang in erster Linie eine Rechtsposition desjenigen, dem die Personensorge nicht zustand. § 1634 BGB a.F. kam daher rechtstatsächlich meist in den Fällen zur Anwendung, in denen einem Elternteil nach der Trennung oder Scheidung der Eltern die Personensorge allein übertragen wurde.[22]

Dennoch gewährte § 1634 Abs. 4 BGB in entsprechender Anwendung des § 1634 Abs. 1 BGB a.F. auch beiden Eltern das Recht auf persönlichen Umgang mit dem Kind, wenn sie gemeinsam sorgeberechtigt waren. Aufgrund der Entscheidung des Bundesverfassungsgerichts vom 3.11.1982[23] wurde die Vorschrift des § 1671 Abs. 4 BGB a.F., wonach einem Elternteil nach der Scheidung die alleinige Sorge für das Kind zu übertragen war, für nichtig erklärt und somit die Möglichkeit eröffnet, den Eltern nach der Scheidung das gemeinsame Sorgerecht zu belassen. Komplementär dazu war neben der gemeinsamen Sorgeberechtigung jeder Elternteil auch nach altem Recht umgangsberechtigt.

In entsprechender Anwendung des § 1634 Abs. 4 BGB a.F. wurden ebenso die Familienpflegefälle im Verhältnis zwischen den sorgeberechtigten Eltern und der Pflegeperson erfaßt. Die Vorschrift des § 1634 BGB a.F. war aufgrund ihrer weiten Fassung daneben auf alle Fälle des Verlustes der Personensorge auf Seiten

---

[20] Übereinkommen über die Rechte des Kindes vom 20.11.1989, BGBl. II S. 121, 990.
[21] Vgl. v. Renesse, FPR 1998, 59, 60.
[22] Vgl. Johannsen/Henrich/Jaeger, EheR, 2. Aufl., 1992, § 1634, Rdn. 9.
[23] Vgl. BVerfGE 61, 358 ff.

der Eltern (einschließlich des Ruhens der elterlichen Sorge) anzuwenden.[24] Andere Fallkonstellationen der Umgangsberechtigung sah die alte Regelung des § 1634 BGB a.F. jedoch nicht vor.

III. Sinn und Zweck des elterlichen Umgangsrechts

1. Das Umgangsrecht bei gemeinsamer Sorgeberechtigung

Die Berechtigung zum Umgang eines jeden Elternteils nach der neuen Regelung des § 1684 Abs. 1 BGB ist in Anlehnung an § 1634 Abs. 4 BGB der Änderung zur Übertragung des elterlichen Sorgerechts in § 1671 BGB angepaßt. Diese neue Bestimmung hebt den Zwangsverbund zur Entscheidung über die elterliche Sorge nach Trennung oder Scheidung der Eltern auf. Sofern kein ausdrücklicher Antrag eines Elternteils auf Übertragung des alleinigen Sorgerechts gestellt wird, besteht die gemeinsame Sorgeberechtigung beider Eltern für ihre Kinder nach Trennung bzw. Scheidung fort. Die gemeinsame Sorge der Eltern führt unabhängig von der Tatsache, ob das Kind dauerhaft bei nur einem Elternteil in häuslicher Gemeinschaft lebt (sog. Eingliederungs- oder Residenzmodell) oder abwechselnd bei Vater und Mutter lebt (sog. Pendelmodell),[25] demgemäß auch zu einer Umgangsberechtigung beider Elternteile.[26] Das Umgangsrecht des einen Elternteils dient insoweit nicht lediglich der Ergänzung des Sorgerechts des anderen Elternteils. Vielmehr stellt der persönliche Kontakt zum Kind eine Notwendigkeit dar, die neben der Pflicht und dem Recht, für das Kind Sorge zu tragen, Ausdruck der natürlichen Verbundenheit einer Eltern-Kind-Beziehung ist. Als innerster Kern des Elternrechts steht die Umgangsbefugnis damit eigenständig neben der Rechtsposition des Sorgerechts eines jeden Elternteils.[27]

2. Das Umgangsrecht des alleinsorgeberechtigten Elternteils

Aber auch bei der Übertragung des alleinigen Sorgerechts an einen Elternteil soll nach neuem Recht der Sorgeberechtigte gemäß § 1684 Abs. 1 BGB das Recht auf Umgang mit dem Kind haben. Bei der Befugnis zum Umgang soll es folglich auf die Frage, wer Inhaber der Sorge ist, nicht mehr ankommen. Durch dieses im Verhältnis von Kind und Alleininhaber der elterlichen Sorge begründete Umgangsrecht wird die Eigenständigkeit des Umgangsrechts neben dem Sorgerecht

---

24 Johannsen/Henrich/Jaeger, EheR, 2. Aufl., 1992, § 1634, Rdn. 9.

25 Vgl. LBS/Kunze, Trennung, Scheidung und Wiederheirat, 1996, S. 73.

26 Vgl. Rauscher, FamRZ 1998, 329, 334, der die umgangsberechtigten Eltern des Eingliederungsmodells bei gemeinsamer Sorge als „Aufenthalts-Elternteil" und „Umgangs-Elternteil" bezeichnet.

27 Vgl. dazu BVerfG, FamRZ 1971, 421, 424; BGH, FamRZ 1969, 148, 149; FamRZ 1987, 356, 358.

betont.[28] Das Umgangsrecht wird daher dem Alleininhaber der elterlichen Sorge auch gegenüber dem anderen umgangsberechtigten Elternteil zugestanden, wenn sich das Kind dort mit seiner Zustimmung aufhält. Diese Befugnis soll dem alleinsorgeberechtigten Elternteil während des Umgangs des Kindes mit dem anderen Elternteil die Möglichkeit geben, mit dem Kind Kontakt aufzunehmen. Der Inhaber der Sorge soll hiermit nicht vor die Alternative gestellt werden, entweder das Kind herauszuverlangen oder auf Kontakte zum Kind ganz zu verzichten.[29] Damit stellt das Gesetz auf die Fallgruppen ab, bei denen sich das Kind einen längeren Zeitraum bei dem nichtsorgeberechtigten Elternteil aufhält und der Alleinsorgeberechtigte sich lediglich von dem Wohlergehen des Kindes überzeugen möchte, ohne das Kind dem anderen Elternteil entziehen zu müssen. Von praktischer Bedeutung kann dieser Fall dann werden, wenn das Kind, das sich einige Zeit beim Umgangsberechtigten aufhält, einen Arzt konsultieren muß und ihn der Sorgeberechtigte dorthin begleiten will. Auch kann der Sorgeberechtigte dem Kind Dinge, die es benötigt, unproblematisch bei einer Begegnung zukommen lassen, ohne daß die Umgangsbefugnis des anderen Elternteils beendet werden muß. Die Umgangsberechtigung auch des alleinsorgeberechtigten Elternteils ermöglicht infolgedessen, einen gangbaren Weg, der Absprachen zwischen den Eltern erleichtert und elterliche Rechtspositionen müheloser miteinander vereinbaren läßt.

Das Umgangsrecht beider Eltern besteht daneben in allen Konstellationen auch gegenüber Dritten (z.B. Pflegeeltern), in deren Obhut sich das Kind befindet, sowohl zugunsten des sorgeberechtigten als auch des nichtsorgeberechtigten Elternteils.[30]

3. Das Umgangsrecht des nichtsorgeberechtigten Elternteils

Auch wenn bereits nach altem Recht die Möglichkeit bestand, daß beide Eltern nach der Scheidung die elterliche Sorge für ihre Kinder behalten, war die Alternative des gemeinsamen Sorgerechts für geschiedene Eltern im Vergleich zur Übertragung der alleinigen elterlichen Sorge auf einen Elternteil die Ausnahme. Eine Sondererhebung der Justizstatistik ergab für den Erhebungszeitraum vom 1. Juli 1994 bis 30. Juni 1995, daß bundesweit nur 17, 1 % der Eltern gemeinsam sorgeberechtigt waren.[31]

Ob die Neuregelung des § 1671 BGB i.V.m. § 623 Abs. 2 Nr. 1 ZPO zur elterlichen Sorge nach Trennung und Scheidung der Eltern zu einer Verschiebung des Regel-Ausnahme-Grundsatzes führen wird, bleibt abzuwarten. Bislang steht in den meisten Scheidungsfällen das Umgangsrecht des Nichtsorgeberechtigten auf

[28] Vgl. Rauscher, FamRZ 1998, 329, 333.
[29] BT-Drucks. 13/4899, S. 105.
[30] BT-Drucks. 13/4899, S. 105.
[31] Vgl. DER SPIEGEL, Nr. 47, 1997, S. 92.

der einen Seite als eigenständiges Recht neben dem Recht des alleinsorgenden Elternteils auf der anderen Seite. Innerhalb dieser Aufteilung der elterlichen Verantwortung soll das Umgangsrecht des nichtsorgeberechtigten Elternteils dazu dienen, die persönliche Beziehung des Kindes zu beiden Eltern nach der Trennung bzw. Scheidung der elterlichen Lebensgemeinschaft aufrechtzuerhalten.[32] Mit der Verwirklichung des Umgangsrechts soll verhindert werden, daß die Trennung der Eltern zur „Familienscheidung" wird, bei der das Kind den persönlichen Kontakt zu dem Elternteil verliert, mit dem es nicht mehr in einer häuslicher Gemeinschaft lebt.[33] Im Interesse des Kindes stellen sowohl das alleinige Sorgerecht als auch das Umgangsrecht Aufgabenbereiche dar, die zusammen die den Eltern gemeinsam auferlegte Verantwortung charakterisieren.

Nach der allgemeinen Zweckdefinition soll es dem Umgangsberechtigten ermöglichen, sich von dem körperlichen und geistigen Befinden des Kindes und seiner Entwicklung durch Augenschein und gegenseitige Aussprache fortlaufend zu überzeugen.[34] Das Umgangsrecht ist als subjektives Recht des jeweiligen Elternteils auch darauf gerichtet, die zwischen dem Kind und dem Elternteil bestehenden natürlichen Bande zu pflegen, einer Entfremdung vorzubeugen sowie dem Liebesbedürfnis beider Rechnung zu tragen.[35] Auch wenn der Umgang mit dem nichtsorgeberechtigten Elternteil vor allem durch gemeinsame Unternehmungen und Aktivitäten geprägt ist, soll er dennoch dem Kind ermöglichen, den neuen Alltag des anderen Elternteils mitzuerleben. Der Umgangsberechtigte soll auch die Gelegenheit haben, sich in seiner jetzigen sachlichen und menschlichen Umgebung zu präsentieren, um dem Kind die Wahrnehmung und Akzeptanz der Verschiedenartigkeit seiner Eltern zu ermöglichen.[36]

Schließlich ist zu bedenken, daß zukünftige, nie ganz voraussehbare, familiäre Entwicklungen die Übernahme des Sorgerechts durch den bisher nicht sorgeberechtigten Elternteil notwendig machen können.[37] So kann nach § 1696 Abs. 1 BGB eine Abänderungsentscheidung zur bisherigen Sorgerechtsverteilung ergehen oder die elterliche Sorge nach §§ 1666 ff. BGB entzogen werden. Des weiteren besteht die Möglichkeit, daß die elterliche Sorge vorübergehend oder dauerhaft ruht (§§ 1673 ff. BGB) bzw. endet (§ 1677 BGB) oder aufgrund des Todes des bisher Alleinsorgeberechtigten eine Entscheidung gemäß §§ 1678 Abs. 2,

---

32 Vgl. v. Münch, GG, 1992, Art. 6, Rdn. 33; Schwenzer, 59. DJT I, A 87.

33 Schwab, ScheidungsR, 1995, Rdn. 211.

34 Vgl. BVerfGE 31, 194, 206; BVerfG, FamRZ 1995, 86, 87; BGHZ 42, 364, 371; 51, 219, 222; BGH, FamRZ 1984, 778, 779; BayObLG, FamRZ 1982, 958, 960; Johannsen/Henrich/Jaeger, EheR, 3. Aufl., 1998, § 1684, Rdn. 3; Schwab, ScheidungsR, 1995, Rdn. 211.

35 Palandt/Diederichsen, BGB, 58. Aufl., 1999, § 1684, Rdn. 11.

36 Vgl. Gernhuber, FamR, § 66 I, S. 1068; OLG Bamberg, FamRZ 1989, 890; vgl. auch Göppel, Eltern, Kinder und Konflikte, 1998, S. 127, 128.

37 Johannsen/Henrich/Jaeger, EheR, 3. Aufl., 1998, § 1684, Rdn. 4.

1680 Abs. 2, 1681 Abs. 1 BGB i.V.m. § 1680 Abs. 2 BGB unumgänglich wird. In all diesen Fällen würde ein regelmäßig durchgeführtes Besuchsrecht die Umstellung des Kindes auf die veränderten Verhältnisse und die Beziehung zum nun sorgeberechtigten Elternteil erleichtern.[38]

IV. Pflichten der umgangsberechtigten Eltern

Das Umgangsrecht der Eltern war vor der Einführung der neuen Vorschriften begrifflich ausschließlich als Berechtigung der Eltern zum Umgang mit dem Kind formuliert. Eine elterliche Pflicht zum Umgang mit dem Kind wurde nach überwiegender Auffassung mit Hinweis auf den eindeutigen Wortlaut des § 1634 BGB a.F. („Befugnis") bisher verneint.[39] Zum Teil wurde jedoch im Schrifttum die Ansicht vertreten, daß unter Berücksichtigung des mit dem Umgangsrecht verfolgten Zwecks, nämlich im Interesse des Kindes die Beziehung zum nichtsorgeberechtigten Elternteil aufrechtzuerhalten, grundsätzlich auch eine Verpflichtung zum Umgang mit dem Kind bestehe.[40] Zur Begründung wurde auf den Verfassungsrang des elterlichen Umgangsrechts Bezug genommen, das ebenso wie das Elternrecht gemäß Art. 6 Abs. 2 GG den Charakter eines Pflichtrechtes habe und demzufolge eine umfassende Verantwortung für die Lebens- und Entwicklungsbedingungen des Kindes enthalte.[41] Im Sinne dieser allgemeinen Elternverantwortung und im Rückgriff auf das in § 1618 a BGB a.F. enthaltene Gegenseitigkeitsprinzips bestand daher nach dieser Auffassung bereits auf Grundlage der bisherigen Rechtsvorschrift des § 1634 BGB a.F. eine Pflicht des umgangsberechtigten Elternteils zur Pflege und Aufrechterhaltung seiner Beziehung zu dem Kind.[42]

1. Umgangsverpflichtung der Eltern gemäß § 1684 Abs. 1 BGB

Mit der Neuregelung des Umgangsrechts in § 1684 Abs. 1 BGB legt der Gesetzgeber nunmehr expressis verbis die gesetzliche Umgangspflicht von Eltern fest. Korrespondierend zum Recht des Kindes wurde daher in § 1684 Abs. 1 2. Hs. BGB auch eine Pflicht der Eltern zum Umgang mit dem Kind geschaffen. Die Betonung der elterlichen Pflicht vor dem Recht auf Umgang mit dem Kind in

---

38 BVerfGE 64, 180, 189.

39 Vgl. BGH, FamRZ 1984, 778, 779; 1987, 356, 358; OLG Düsseldorf, FamRZ 1986, 202, 203; Erman/Michalski, BGB, 1993, § 1634, Rdn. 5; Soegel/Strätz, BGB, 1987, § 1634, Rdn. 5.

40 Vgl. Gernhuber, FamR, § 66, S. 1063; RGRK/Wenz, BGB, 1989, § 1634, Rdn. 17; Johannsen/Henrich/Jaeger, EheR, 2. Aufl., 1992, § 1634, Rdn. 8 a; Staudinger/Peschel-Gutzeit, BGB, 12. Aufl., 1997, Rdn. 25; Mü-Ko/Hinz, BGB, 1992, § 1634, Rdn. 12; Knöpfel, FamRZ 1985, 554, 564.

41 Vgl. Schmidt-Bleibtreu/Klein, GG, 1999, Art. 6, Rdn. 8.

42 Vgl. Mü-Ko/Hinz, BGB, 1992, § 1634, Rdn. 1 a; Staudinger/Peschel-Gutzeit, BGB, 12. Aufl., 1997, § 1634, Rdn. 297; Oelkers, FamRZ 1995, 449, 454.

Halbsatz 2 des § 1684 Abs. 1 BGB signalisiert einen paradigmatischen Wechsel: Das Recht auf Umgang wird primär als Recht des Kindes und nicht als Recht der Eltern festgelegt.[43]

Die gesetzliche Verpflichtung soll die Eltern darauf hinweisen, daß der Umgang mit ihnen - gerade wenn sich das Kind nicht ständig bei ihnen aufhält - für die Entwicklung und das Wohl des Kindes eine herausragende Bedeutung hat.[44] Es soll daher nicht der Entscheidungsfreiheit des Umgangsberechtigten überlassen werden, den Kindesinteressen zu dienen oder nicht.[45] Vielmehr kann die Schaffung einer rechtlichen Pflicht zum Umgang mit dem Kind dazu beitragen, den Erhalt der Eltern-Kind-Beziehung zu sichern und dadurch die schädlichen Trennungsfolgen für Kinder abzumildern. Die Umgangsverpflichtung der Eltern legt fest, daß der Umgang des Kindes mit den Eltern unbezweifelbar in seinem wohlverstandenen Interesse liegt und es dem Kindeswohl dienlich ist, wenn die persönlichen Beziehungen zum anderen Elternteil regelmäßig durch Besuche und gegenseitige Aussprache gepflegt werden.[46]

2. Wohlverhaltensklausel gemäß § 1684 Abs. 2 BGB

Die Vorschrift des § 1684 Abs. 2 BGB entspricht im wesentlichen der bisherigen Regelung des § 1634 Abs. 1 S. 2 BGB a.F. und verpflichtet die Eltern zu wechselseitigem loyalem Verhalten im Rahmen des Umgangs. Die Eltern haben alles zu unterlassen, was das Verhältnis des Kindes zu dem jeweils anderen Elternteil beeinträchtigt oder die Erziehung erschwert.[47]

Zweck der Wohlverhaltensklausel ist es, ein gedeihliches und kindeswohlgerechtes Nebeneinander von Sorgeberechtigung und Umgangsberechtigung zu sichern. Beide Elternteile sind im Verhältnis zueinander gehalten, ihre persönlichen Spannungen und Differenzen, die zum Scheitern der Ehe geführt haben, aus dem Umgang mit dem Kind herauszuhalten.[48] Der Programmsatz des § 1684 Abs. 2 BGB ist daher in erster Linie eine Schutznorm für Kinder.[49] Die Eltern haben daher nicht nur im Umgang miteinander, sondern auch in bezug auf das Kind alles zu unterlassen, was die Trennungssituation verschärfen könnte. Für das Kind ist es vor dem Hintergrund der Trennungs- und Scheidungssituation außerordentlich wichtig, bei der Durchführung des Umgangs einen spannungsfreien Kontakt zwi-

---

43 Fthenakis, FPR 1998, 84, 88.
44 Vgl. Beschlußempfehlung und Bericht des Rechtsausschusses, BT-Drucks. 13/4511, S. 74.
45 Schwab, ScheidungsR, 1995, Rdn. 215.
46 Vgl. § 1626 Abs. 3 S. 1 BGB; Johannsen/Henrich/Jaeger, EheR, 3. Aufl., 1998, § 1684, Rdn. 3.
47 Palandt/Diederichsen, BGB, 58. Aufl., 1999, § 1684, Rdn. 12.
48 OLG Hamm, FamRZ 1994, 58, 59.
49 AG Bad Iburg, FamRZ 1988, 537, 538.

schen den Eltern mitzuerleben. Insbesondere liegt es im Verantwortungsbereich der Eltern, dem Kind zu zeigen, daß sie eine getroffene Regelung zum Umgang befürworten und trotz der Trennung weiterhin als Ansprechpartner dem Kind zur Verfügung stehen.[50]

Aufgrund der faktisch einflußreicheren Stellung des Sorgerechtsinhabers dient die Verhaltensnorm des § 1684 Abs. 2 BGB aber auch dem Schutz des Umgangsrechtes des nichtsorgeberechtigten Elternteils. Die elterliche Wohlverhaltenspflicht gegenüber dem Kind wird hier auch als Rechtspflicht dem anderen Elternteil gegenüber formuliert.[51] Der Sorgerechtsinhaber muß demgemäß nicht nur dem anderen Elternteil das Umgangsrecht ermöglichen. Er ist vielmehr gehalten, an einer den Bedürfnissen des Kindes entsprechenden Regelung mitzuwirken und darf das Umgangsrecht weder blockieren noch das Kind gegen den nichtsorgeberechtigten Elternteil beeinflussen.[52] Von einem verantwortungsvollen Sorgeberechtigten wird außerdem erwartet, daß er die Kontakte des Kindes zum anderen Elternteil nicht nur zuläßt, sondern positiv fördert, um dem Kind mögliche Loyalitätskonflikte zu ersparen.[53] Obwohl die Norm ausdrücklich nur eine Unterlassungspflicht aufstellt, ist eine Pflicht des Sorgeberechtigten dergestalt zu bejahen, daß im Rahmen der Erfüllung seiner Erziehungsaufgabe der Sorgeberechtigte aufgrund seiner elterlichen Autorität durch geeignete erzieherische Maßnahmen darauf hinzuwirken hat, daß Besuche zwischen dem Kind und dem umgangsberechtigten Elternteil stattfinden.[54] Der Sorgeberechtigte hat insbesondere in Fällen, in denen das Kind die Besuche verweigert, dazu beizutragen, den Widerstand des Kindes mit adäquaten pädagogischen Mitteln zu überwinden.[55]

Umgekehrt hat auch der Umgangsberechtigte die alleinige Sorgerechtszuständigkeit des anderen Elternteils zu akzeptieren.[56] Das Umgangsrecht dient dem persönlichen Kontakt zum Kind,[57] nicht aber der Einmischung in die Teilfamilie Sorgeberechtigter-Kind oder der Einbringung abweichender Erziehungsvorstellungen.[58] Zwischen einem nichtsorgeberechtigten Elternteil und seinem Kind besteht grundsätzlich keine Lebens- und Erziehungsgemeinschaft mehr. Vielmehr wandelt sich mit der Auflösung der elterlichen Lebens- und Erziehungsgemeinschaft die Beziehung des nichtsorgeberechtigten Elternteils und dem Kind in eine bloße Begegnungsgemeinschaft, bei der der Vater oder die Mutter mit dem Kind den

---

50 Vgl. Oelkers, FamRZ 1995, 449, 456.
51 Vgl. Gernhuber, FamR, § 66 I, S. 1066.
52 Vgl. OLG Stuttgart, NJW 1981, 404, 405.
53 OLG Hamm, FamRZ 1994, 57, 58.
54 Vgl. Johannsen/Henrich/Jaeger, EheR, 3. Aufl., 1998, § 1684, Rdn. 14, Palandt/Diederichsen, BGB, 58. Aufl., 1999, § 1684, Rdn. 12.
55 OLG Düsseldorf, FamRZ 1994, 1276, 1278; OLG Zweibrücken, DAVorm 1987, 78, 79.
56 Vgl. Gernhuber, FamR, § 66 I, S. 1065.
57 Siehe oben S. 35.
58 Vgl. KG, FamRZ 1980, 399.

persönlichen Umgang pflegen.[59] Der Umgangsberechtigte hat demzufolge die Zeit mit dem Kind so zu gestalten, daß das bestehende Eltern-Kind-Verhältnis in einer Weise aufrechterhalten wird, die den Interessen des Kindes gerecht wird und das Verhältnis zum sorgeberechtigten Elternteil nicht beeinträchtigt.

Die Umgangsberechtigung des sorgeberechtigten Elternteils gemäß § 1684 Abs. 1 BGB muß ebenfalls im Verhältnis zum Umgangsrecht des Nichtsorgeberechtigten Berücksichtigung finden. Um die verschiedenen Grundrechtspositionen und unterschiedlichen Interessen der Beteiligten in Übereinstimmung zu bringen, ist daher grundsätzlich auch eine Beschränkung der Umgangsbefugnis eines nichtsorgeberechtigten Elternteils durch das Umgangsrecht des Sorgeberechtigten hinzunehmen. Daraus folgt, daß der Nichtsorgeberechtigte während der Durchführung der Besuche dem Inhaber der Sorge den Kontakt mit dem Kind nicht generell untersagen kann. Soweit dieser Einschränkung die Alternative der Herausgabe des Kindes gegenübersteht, bedeutet die Gewährung des Umgangs mit dem Sorgeberechtigten eine wesentlich geringere Einschränkung seiner Befugnisse. Jedoch kann, ebenso wie das Herausgabeverlangen, der Wille des Sorgeberechtigten, Kontakt mit dem Kind aufzunehmen, nicht ohne ausreichenden Grund beachtet werden. Der nichtsorgeberechtigte Elternteil hat daher eine Unterbrechung des grundsätzlich störungsfrei zu gewährenden Kontaktes mit dem Kind nur bei einem triftigen Anlaß des umgangs- und sorgeberechtigten Elternteils zu dulden.

C. Umfang und inhaltliche Ausgestaltung des elterlichen Umgangsrechts

I. Erweiterte Umgangformen

Die Umgangsberechtigung bezieht sich in erster Linie auf den persönlichen Kontakt des Kindes mit den Eltern. Dieser ist im wesentlichen durch das Zusammentreffen der Beteiligten gekennzeichnet, um gemeinsamen Aktivitäten (Spielen, Vorlesen, Zoobesuche, Ausflüge) nachzugehen, aber auch um in einem gewissen Umfang das Alltagsleben des umgangsberechtigten Elternteils kennenzulernen.[60] Neben diesen Treffen gibt es aber eine Vielzahl von Möglichkeiten, wie die Beziehung zu dem Kind lebendig gehalten werden kann. Es gibt wichtige Tage im Leben des Kindes - Feiertage und Geburtstage, den ersten und letzten Schultag usw. -, an denen der Umgangsberechtigte mit dem Kind Kontakt aufnehmen kann. In diesen Fällen sind auch andere Kommunikationsarten denkbar, um dem Kind zu zeigen, daß der Elternteil, mit dem das Kind nicht mehr in einer häuslichen Gemeinschaft lebt, an dem Leben des Kindes insgesamt teilnimmt. Die Regelungen der §§ 1684 ff. BGB sprechen im Gegensatz zum bisher geltenden Recht nicht vom „persönlichen“ Umgang, sondern lediglich vom „Umgang“ mit dem Kind. Mit der Streichung des Wortes „persönlich“ wird der Anwendungsbe-

---

59 Vgl. BVerfG, FamRZ 1989, 1159.
60 Vgl. Gernhuber, FamR, § 66 I, S. 1068.

reich des § 1684 BGB erweitert, so daß deutlich wird, daß sich neben dem persönlichen Kontakt im Rahmen von Besuchen das Umgangsrecht auch auf Brief- und Telefonkontakte erstrecken kann.[61] Aber auch alle anderen Mittel der modernen Kommunikation sind zur Pflege der Eltern-Kind-Beziehung denkbar, so daß beispielsweise auch Faxsendungen und E-Mail-Kontakte einzubeziehen sind. Diese treten nicht ersatzweise an die Stelle der persönlichen Begegnung, sondern sollen der Vielfältigkeit einer Eltern-Kind-Beziehung Rechnung tragen. Insbesondere aber in den Fällen, in denen der Umgangsberechtigte z.B. wegen einer großen räumlichen Entfernung oder einer schweren Erkrankung zu persönlichen Besuchen nicht oder nur selten in der Lage ist, soll das Umgangsrecht durch Briefe, E-Mail oder Telefongespräche wahrgenommen werden können.[62] Der bislang bestehende Streit über den Umfang des Umgangsrechts wird mit der flexibleren Regelung des § 1684 BGB beendet. Mit der Erweiterung des Umgangs auf alle Mittel der Kommunikation entfällt insoweit auch die Entscheidungsbefugnis des Sorgerechtsinhabers über die Art und Weise der Kontaktaufnahme.[63]

II. Inhaltliche Gestaltung des Umgangs

1. Regelung durch Vereinbarung der Eltern

Aufgrund des verfassungsrechtlichen Schutzes des Elternrechts gemäß Art. 6 Abs. 2 GG obliegt die Regelung des Umgangs mit dem Kind primär den Eltern.[64] Zudem kann niemand die Bedürfnisse des Kindes und die eigenen Möglichkeiten so gut einschätzen wie die Eltern selbst. Es ist daher von erheblicher Bedeutung, wenn die Eltern ihre Verantwortung aus Art. 6 Abs. 2 GG wahrnehmen und gemeinsam mit dem Kind versuchen, eine Regelung für den Umgang zu finden.

Im Rahmen ihrer gemeinsamen Verantwortung aus Art. 6 Abs. 2 GG sind die Eltern zunächst verpflichtet, sich untereinander abzustimmen und sich über die Erziehung des Kindes zu einigen. Die Trennung der Eltern läßt ihre gemeinsame Verantwortung für das Kind daher grundsätzlich unberührt.[65] Aus der fortbestehenden Elternverantwortung gegenüber dem Kind ergibt sich für getrennte Eltern die Pflicht, die regelmäßig mit der Trennung bzw. Scheidung für die Entwicklung des Kindes verbundenen Schädigungen nach Möglichkeit zu mildern und eine vernünftige, den Interessen des Kindes entsprechende Lösung für seine Pflege und Erziehung sowie seine weiteren persönlichen Beziehungen zu den Eltern zu finden.[66] Die Einigungspflicht von geschiedenen Eltern umfaßt in diesem Fall da-

---

61 BT-Drucks. 13/4899, S. 105.
62 Vgl. BT-Drucks. 13/4899, S. 105.
63 Vgl. BT-Drucks. 13/4899, S. 105.
64 Vgl. BVerfG, FamRZ 1982, 567, 570; 1982, 1179, 1182; 1995, 86, 87.
65 Vgl. Gernhuber, FamR, § 58 I, S. 914.
66 BVerfGE 31, 194, 205; BVerfGE 64, 358, 373.

her die Aufgabe zur Erarbeitung einer gemeinsam getragenen Sorgerechts- und Umgangsregelung.[67] Innerhalb einer Rechtsordnung, die sich zur Eigenständigkeit der Familie und zur Subsidiarität staatlichen Handelns bekennt, bedarf die Einigung der Eltern als Idealfall der Konfliktbewältigung an und für sich keiner besonderen Erwähnung.[68]

Gerichte und Sozialbehörden haben dem Umstand Rechnung zu tragen, daß sich aus der fortbestehenden Verantwortung der Eltern die Pflicht ergibt, eine vernünftige, den Interessen entsprechende Lösung zu finden und die einverständliche Regelung zwischen den Eltern zu respektieren.[69] Wesentlich ist daher erst die Antwort auf die Frage nach der entscheidenden Instanz, wenn der Versuch der Einigung mißlingt. In diesem Fall verfolgt der Gesetzgeber in erster Linie mit den Beratungsangeboten der Jugendhilfe gemäß §§ 17, 18 KJHG das Ziel, den Eltern bei der Entwicklung eines einvernehmlichen Konzeptes für die Wahrnehmung ihrer Verantwortung zu helfen. In § 17 KJHG wird damit dem Jugendamt die Rolle einer Konfliktvermeidungsinstanz zugewiesen, die auf der Annahme des Gesetzgebers basiert, daß ein Einigungspotential auf Seiten der Eltern grundsätzlich vorhanden und durch Beratung ergänzend zu unterstützen ist.[70]

2. Umgangsregelung durch gerichtliche Entscheidung

Erst wenn ein Ausgleich der Interessen der Eltern und des Kindes nicht möglich erscheint, und die Eltern auch mit Unterstützung des Jugendamtes oder anderer Beratungsstellen nicht in der Lage sind, sich zu einigen, wird die Zuständigkeit des Familiengerichts begründet.

a) Zuständigkeit des Familiengerichts

Über den Umfang und die Ausübung des Umgangsrechts hat das Familiengericht gemäß § 1684 Abs. 3 BGB bzw. § 1685 Abs. 3 BGB i.V.m. § 1684 Abs. 3 BGB zu entscheiden. Es handelt sich daher um eine Familiensache nach §§ 621 Abs. 1 Nr. 2 ZPO, 23 b Abs. 1 S. 2 Nr. 3 GVG, für die das Familiengericht ausschließlich zuständig ist. Diese Vorschriften schließen Verfahren nach den §§ 1684, 1685 BGB ein, die den Umgang der Eltern sowie anderer Bezugspersonen betreffen, aber auch Verfahren nach § 1632 Abs. 2 und 3 BGB, in denen es um das Recht der Eltern geht, den Umgang des Kindes für und gegen Dritte zu bestimmen.

---

[67] Gernhuber, FamR, § 58 II, S. 915; vgl. auch BVerfG, NJW 1983, 101.
[68] Vgl. Gernhuber, FamR, § 58 II, S. 917.
[69] Vgl. Oelkers, FamRZ 1995, 1385, 1388.
[70] Vgl. Rauscher, NJW 1991, 1087, 1088, 1089.

Eine Umgangsregelung nach § 621 Abs. 1 Nr. 2 ZPO kann vor dem sachlich zuständigen Familiengericht im isolierten Verfahren oder als Folgesache im Scheidungsverbundverfahren gerichtlich verfolgt werden.

(1) Umgangsregelung im Verbundverfahren

Die Vorschrift des § 621 Abs. 2 ZPO enthält - im Gegensatz zu § 621 Abs. 1 ZPO - Regelungen für die örtliche Zuständigkeit. Gemäß § 621 Abs. 2 2. Hs. Nr. 2 ZPO gilt für Umgangsregelungen der ausschließliche örtliche Gerichtsstand der Ehesache, wenn diese bereits bei einem deutschen Gericht anhängig ist. Damit bleibt die ausschließliche Zuständigkeit des Gerichts der Ehesache in Familiensachen nach Absatz 1 Nr. 1 bis 4 ZPO im wesentlichen beschränkt auf die Verfahren, für die bislang schon nach § 621 Abs. 1 und 2 ZPO seine ausschließliche Zuständigkeit besteht. Erfaßt ist demnach die Regelung des Umgangs mit dem gemeinschaftlichen Kind der Ehegatten. Dies betrifft zunächst - entsprechend dem bisherigen Recht - diejenigen Umgangsverfahren, deren Gegenstand das Umgangsrecht des Elternteils mit dem Kind ist (vgl. § 1684 Abs. 1 2. Hs. BGB). Aber auch für das eigene Umgangsrecht des Kindes nach § 1684 Abs. 1 1. Hs. BGB und der damit korrespondierenden Umgangsverpflichtung der Eltern nach § 1684 Abs. 1 2. Hs. BGB ist die ausschließliche Zuständigkeit des Gerichts der Ehesache gegeben.

Eine Ausweitung der Zuständigkeit des Gerichts der Ehesache im Vergleich zu dem bisherigen Rechtszustand erfolgt des weiteren für Umgangsverfahren nach § 1685 BGB, für die es wichtig erscheint, daß ein Gericht einheitlich für sämtliche Umgangsverfahren der unterschiedlichen Bezugspersonen zuständig ist. Nur so kann sichergestellt werden, daß die Interessen der einzelnen Umgangsberechtigten und des Inhabers der Sorge abgestimmt werden können. Die mit der umfassenden Zuständigkeit der Familiengerichte erreichte Rechtssicherheit ist für die Praxis von großer Bedeutung, da sachgerechte Entscheidungen erleichtert werden und zugleich ein Beitrag zur Verfahrenskonzentration geleistet wird.[71]

Voraussetzung für eine Entscheidung zum Umgangsrecht im Scheidungsverbund ist gemäß § 623 Abs. 2 Nr. 2 i.V.m. Abs. 1 ZPO, daß ein Ehegatte den Umgang mit dem Kind als Folgesache rechtzeitig im Scheidungsverfahren anhängig macht. Das bedeutet, daß eine Umgangsregelung im Verbundverfahren auch nach neuem Recht in der Regel nur auf Antrag oder Anregung erfolgt.[72] Ein Antrag, der den Umgang betrifft, wird damit nach § 623 Abs. 2 S. 1 ZPO auch künftig im Verbund mit der Scheidungssache verhandelt und entschieden, wenn die Scheidungssache bereits anhängig ist und entsprechende Anträge rechtzeitig gestellt werden.[73] Um die mit der Scheidung zusammenhängende Frage des Umgangs mit

---

[71] Vgl. Büdenbender, FuR 1996, 300, 306.

[72] Mühlens/Kirchmeier/Greßmann, Das neue KindschaftsR, 1998, S. 283.

[73] Vgl. Thomas/Putzo, ZPO, 1998, § 623, Rdn. 2.

dem Kind einer sachgerechten Gesamtlösung zuzuführen, kann über die Regelung des Umgangsrechts unter den genannten Voraussetzungen im Verbund einer Scheidungssache mitentschieden werden.[74]

(2) Isoliertes Umgangsrechtsverfahren

Die Anhängigkeit eines Scheidungsverfahrens schließt aber nicht aus, ein isoliertes Umgangsrechtsverfahren als eigenständiges Verfahren zu betreiben. Hinsichtlich des Verfahrensgegenstandes des Umgangsrechts steht den Eheleuten die Wahl zwischen dem isolierten Verfahren und dem Verbundverfahren nach wie vor frei.[75] Für nichteheliche Paare oder dritte Personen, die eine gerichtliche Regelung zum Recht auf Umgang anstreben oder ohne die gleichzeitige Anhängigkeit einer Ehesache und der Folgesache „Umgang" ergeht die Umgangsregelung daher in einem selbständigen Verfahren, für das die örtliche Zuständigkeit gemäß § 621 Abs. 2 S. 2 ZPO nach den allgemeinen Vorschriften bestimmt wird. Danach ist der Wohnsitz und, mangels eines inländischen Wohnsitzes, der Aufenthalt des Kindes gemäß §§ 43 I, 36 FGG i.V.m. § 621 a I 1 ZPO maßgebend.[76] Eines förmlichen Antrags bedarf es bei der Einleitung des Verfahrens nach §§ 1684, 1685 BGB nicht.[77] Das Familiengericht hat das Umgangsrechtsverfahren von Amts wegen einzuleiten, wenn es von den Voraussetzungen zur Regelung des Umgangs auf irgendeine Weise Kenntnis erlangt.[78] Wird aber ein Antrag von einem Beteiligten gestellt, so hat dieser keine Sachantragsfunktion, sondern nur die Bedeutung einer Anregung.[79]

b) Konkrete Regelungsverpflichtung

Eine allgemeine Bestimmung über Art und Umfang des Umgangs trifft die Regelung des § 1684 Abs. 3 BGB indes nicht, da die gesetzliche Festlegung eines konkreten Maßstabes der Vielschichtigkeit der Fälle nicht gerecht werden könnte. Auch allgemeingültige Richtlinien über die inhaltliche Ausgestaltung und den Umfang des Umgangs, insbesondere über die Art und Häufigkeit der Besuche gibt es nicht und kann es im Hinblick auf die Erforderlichkeit einer Einzelfallentscheidung, die am Kindeswohl orientiert ist, nicht geben.[80]

Jede Umgangsregelung, die das Gericht zu treffen hat, muß sich am Zweck der grundgesetzlich geschützten Rechtspositionen der Eltern und des Kindes orientie-

---

74 Mühlens/Kirchmeier/Greßmann, Das neue KindschaftsR, 1998, S. 283.
75 Vgl. Finke, Anwaltliche Praxis, § 4, Rdn. 2.
76 Vgl. BGH, FamRZ 1992, 49, 50.
77 Vgl. Greßmann, Neues KindschaftsR, 1998, Rdn. 482.
78 Vgl. Thomas-Putzo, ZPO, 1998, § 623, Rdn. 12; Bumiller/Winkler, FGG, 1992, § 12, Anm 1.
79 Vgl. Greßmann, Neues KindschaftsR, 1998, Rdn. 482.
80 Vgl. BVerfG, FamRZ 1993, 662, 663; Oelkers, FamRZ 1995, 449, 454.

ren.[81] Je konfliktreicher das Verhältnis zwischen den Eltern ist, desto genauer und detaillierter muß die Umgangsregelung sein.[82] Das Familiengericht hat daher festzulegen, welche Umgangsformen das Recht auf Umgang umfaßt und welche Faktoren bei der Umgangsregelung zu berücksichtigen sind. Die Vorschrift des § 1684 Abs. 3 BGB verlangt eine individuelle Umgangsregelung, die unter Berücksichtigung aller Umstände des Einzelfalls dem Wohl des Kindes entspricht.[83] Das Familiengericht hat die Ausübung des Umgangsrechts nach Art, Ort, Zeitpunkt, Dauer und den Modalitäten der Hinführung des Kindes bei Beginn und der Rückführung des Kindes beim Ende des jeweiligen Umgangs, ferner zur Frage des Ersatzes für einen ausgefallenen Umgangstag und zu den diesbezüglichen Benachrichtigungspflichten, d.h. möglichst in allen relevanten Einzelheiten festzulegen. Um das erforderliche Maß des Umgangs zu bestimmen, sind von vornherein alle, das Eltern-Kind-Verhältnis beeinflussende Umstände in Betracht zu ziehen und alle verfahrensmäßigen Möglichkeiten zur Ermittlung des Willens und der Belange des Kindes festzustellen.[84] Maßgeblich ist hier vor allem das Alter des Kindes, die bisherige Intensität der Beziehungen zu den Eltern, die Entfernung zwischen den Wohnorten und die sonstigen Interessen und Bedürfnisse des Kindes.[85]

Zu beachten ist, daß die Umgangsregelung in ihrer Gesamtheit den Zweck des Umgangsrechts weitgehend erfüllen, andererseits aber in das Erziehungs- und Betreuungsrecht des Sorgeberechtigten nicht stärker eingreifen soll, als jener Zweck es erfordert.[86]

D. Bewertung der Neuregelung zum Umgangsrecht von Kindern und Eltern

Die materiell-rechtliche Grundnorm zum Umgangsrecht (§ 1684 BGB) beinhaltet weitgehend alle in den vergangenen Jahren und Jahrzehnten erhobenen Forderungen zur Verbesserung der Rechtsposition von Kindern und Eltern im Bereich des Umgangsrechts. Im Zentrum der Norm steht die eigene Berechtigung des Kindes auf Umgang mit seinen Eltern.[87] Das neue Recht hebt mit dieser Regelung die Bedeutsamkeit von Kindesrechten hervor und ist damit ein klares Bekenntnis des Gesetzgebers zu dem mit der Reform des Kindschaftsrechts verfolgten Ziels der Verbesserung und Förderung der Rechte des Kindes.[88] Insbesondere wird unter dem Primat des allein maßgeblichen Kindeswohls durch das eigene, vom Status

---

[81] Vgl. BVerfG, FamRZ 1993, 662, 663.
[82] Vgl. Oelkers, FamRZ 1995, 449, 454.
[83] BVerfG, FamRZ 1995, 86, 87; FamRZ 1993, 662; vgl. auch OLG Hamm, FamRZ 1990, 653, 654.
[84] BVerfG, FamRZ 1993, 662, 663.
[85] Vgl. OLG Hamm, FamRZ 1990, 654, 655.
[86] Vgl. Johannsen/Henrich/Jaeger, EheR, 3. Aufl., 1998, § 1684, Rdn. 22.
[87] Vgl. Johannsen/Henrich/Jaeger, EheR, 3. Aufl., 1998, § 1684, Rdn. 1.
[88] BT-Drucks. 13/8511, S. 67; FamRefK/Rogner, 1998, § 1684, Rdn. 3.

der Eltern unabhängige, Umgangsrecht des Kindes berücksichtigt, daß Kinder aus nichtehelichen Lebensverhältnissen die gleichen Rechte und Schutzbedürfnisse nach Erhalt und Aufrechterhaltung elterlicher Kontakte und gefühlsmäßiger Bindungen haben wie eheliche Kinder.

Die Norm des § 1684 BGB verfolgt mit der gesetzlichen Normierung eines eigenen Kindesrechts einen Bewußtseinswandel bei den in Trennung und Scheidung lebenden Eltern.[89] Den Eltern soll deutlich gemacht werden, daß es nicht in ihrem Belieben steht, das persönliche Scheitern ihrer Partnerschaft über die Bedürfnisse des Kindes hinweg in den Mittelpunkt ihrer Betrachtung zu stellen, sondern daß sie verantwortungsvoll das Recht des Kindes auf beide Eltern wahren und tatsächlich verwirklichen helfen.

Auch wenn das Recht des Kindes eher als Absichtserklärung, denn als durchsetzbares Recht eingeschätzt wird, stärkt es dennoch die Position des Kindes.[90] Gerade für Kinder, die vergeblich Kontakt zu ihrem nichtsorgeberechtigten Elternteil suchen, kann die Neufassung des § 1684 BGB i.V.m. mit den Beratungsangeboten des Jugendamtes bei der Durchsetzung des Umgangsrechts eine wichtige Unterstützung bedeuten.[91]

Für die Praxis kann zudem erwartet werden, daß ein als Anspruch des Kindes formuliertes Umgangsrecht bei den Beteiligten, namentlich den sorgeberechtigten Müttern, auf größere Akzeptanz stoßen wird als ein Umgangsrecht des Partners, mit dem in vielen Fällen nach wie vor Streit besteht.[92] Schließlich macht diese Sichtweise auch dem nichtsorgeberechtigten Elternteil deutlich, daß es grundsätzlich nicht in seinem Belieben steht, den Kontakt zum Kind aufrechtzuerhalten oder nicht.[93] Die Ausgestaltung eines eigenen Umgangsrechts des Kindes kann daher eine Signalwirkung entwickeln, sowohl für den Elternteil, bei dem das Kind lebt und der den Umgang des Kindes mit dem früheren Partner vereiteln will, als auch für den Elternteil, der sich dem Umgang entzieht und sich nicht mehr um das Kind kümmert.[94]

Das eigene Umgangsrecht des Kindes kann möglicherweise auch dazu beitragen, die unerfreuliche Korrelation von Umgangs- und Unterhaltsstreitigkeiten zu beenden. Vielen Eltern ist im Rahmen des Scheidungsverbundverfahrens nicht unmißverständlich klarzumachen, daß das Wohl des Kindes keine inhaltsleere For-

---

89 Vgl. Johannsen/Henrich/Jaeger, EheR, 3. Aufl., 1998, § 1684, Rdn. 1.
90 Siehe Rauscher, FamRZ 1998, 329, 332; Klingemann, JugH 1998, 173, 177.
91 Vgl. Klingemann, JugH 1998, 173, 177.
92 Vgl. Lempp, FamRZ 1989, 16.
93 Schwenzer, 59. DJT I, A 87.
94 Mühlens/Kirchmeier/Greßmann, Das neue KindschaftsR, 1998, S. 51; vgl. auch Dickmeis, ZfJ 1998, 193, 199.

mulierung ist, die sie nach eigenen Vorstellungen für ihre Zwecke und Belange einsetzen können. Häufig wird das elterliche Recht auf Umgang von Müttern vereitelt, um den früheren Partner für sein Verhalten - beispielsweise wegen der Unregelmäßigkeit der Unterhaltszahlungen - zu „bestrafen". Auf der anderen Seite sehen viele Väter in der Einstellung der Unterhaltszahlungen ein Mittel, die Mutter des Kindes für ihre Verweigerungshaltung beim Umgang mit dem Kind zu maßregeln. Es ist oft nicht hinreichend deutlich, daß die Unterhaltspflicht für die betreuende Mutter, eine von dem persönlichen Recht auf Kontakt mit dem Kind unabhängige Verpflichtung ist, die dazu dient, den Lebensbedarf eines Menschen zu sichern, der sich aufgrund seiner besonderen Lage nicht selbst unterhalten kann.[95] Insbesondere verkennen zahlungsunwillige Väter die Bedeutsamkeit der Sicherung des Unterhalts für die Mutter, um die Betreuung und Versorgung des Kindes zu garantieren. Die für streitbare Eltern so naheliegende Aufrechenbarkeit des väterlichen Umgangsrechts mit der mütterlichen Unterhaltsforderung war möglich, weil es sich ausschließlich um Rechtspositionen der Eltern handelte, die sich aus Sicht der Eltern diametral gegenüberstanden. Durch die Schaffung des eigenen Umgangsrechts des Kindes sind die Eltern gezwungen, dem Wohl des Kindes stärkere Bedeutung beizumessen und nicht ausschließlich ihre eigenen Rechte in den Vordergrund zu stellen.

Die umgangsrechtliche Position der Eltern erfährt durch die Neuregelung in § 1684 BGB eine umfassende Regelung. Sowohl die Berechtigung als auch Verpflichtung eines jeden Elternteils zum Umgang mit dem Kind wird gesetzlich normiert, um in dem Bereich des Umgangs die Rechtsbeziehungen der Eltern zum Kind allgemein darzulegen.[96]

Im Hinblick auf bereits seit langem bestehenden, vergleichbaren Besuchsregelungen in Europa und den Anforderungen der UN-Kinderkonvention von 1989 trägt das neue Umgangsrecht, das die Differenzierung zwischen ehelichen und nichtehelichen Rechtsbeziehung aufhebt und beiden Eltern gleiche Rechte einräumt, den in der Rechtswirklichkeit vorzufindenden Lebensformen Rechnung. Die Definition des Umgangsrechts als ein Recht des Kindes und als Verpflichtung und Berechtigung der Eltern im Gesetz erscheint geeignet, auf diesem Gebiet ein Umdenken herbeizuführen und langfristig zu einer Bewußtseinsänderung führen zu können.[97]

---

[95] Vgl. Staudinger/Kappe, BGB, 12. Aufl., 1993, Vorbem. zu §§ 1601 ff., Rdn. 1, 61.

[96] Kritisch dazu Palandt/Diederichsen, BGB, 58. Aufl., 1999, § 1684, Rdn. 6.

[97] Brauns-Hermann u.a./Willutzki, Ein Kind hat das Recht auf beide Eltern, 1997, S. 17; vgl. auch FamRefK/Rogner, 1998, § 1684, Rdn. 3; kritisch dazu: Rauscher, FamRZ 1998, 329, 332; Salzgeber, FPR 1998, 80; Schwab, FamR, 1999, Rdn. 688.

2. Kapitel: Die Möglichkeiten zur Durchsetzung von Umgangsregelungen und zur Beilegung von Umgangskonflikten

A. Die Bedeutung der Aufrechterhaltung einer Eltern-Kind-Beziehung nach der Trennung der Eltern

I. Elterntrennung als soziale Normalität

Die Darstellung des neuen Umgangsrechts verdeutlicht, welchen Stellenwert der Gesetzgeber dem Recht auf Umgang zur Erhaltung und Förderung der Beziehung des Kindes zu beiden Elternteilen nach der Trennung bzw. Scheidung beimißt.

Obwohl nach wie vor in den alten wie neuen Bundesländern der große Teil der Kinder in einer sogenannten vollständigen Familie aufwächst,[98] zeigt der Wandel der familiären Lebenformen, bedingt durch die strukurellen gesellschaftlichen Veränderungen seit Mitte der sechziger Jahre, mit dem kontinuierlichen Anstieg der Scheidungen und Trennungen von Paaren und der Zunahme der Ein-Eltern-Familien, daß die Anzahl der Kinder, die nicht in dem traditionellen Familienmodell einer Vater-Mutter-Kind-Beziehung aufwachsen, entsprechend kursorisch zunimmt.[99] In der Bundesrepublik Deutschland erleben jährlich immer mehr Kinder die Trennung und Scheidung ihrer Eltern. Die Zahl der geschiedenen Ehen erreichte 1997 einen neuen Höchststand.[100] Bei einer Anzahl von 187.802 Ehescheidungen, die 1997 registiert wurden, waren 163.112 Kinder betroffen, die damit ihre gesamte Kindheit und Jugend nicht mehr in der Familie, in die sie hineingeboren wurden, verbringen.[101] Die Zahl der geschiedenen Ehen mit minderjährigen Kindern ist damit 1997 im Vergleich zum Vorjahr um 8,7 % auf 105.000 gestiegen und hat damit deutlich stärker zugenommen als die Zahl der geschiedenen Ehen ohne Kinder.[102] Auch wenn es schwerfällt, das hohe Quotenniveau von Elterntrennungen zu akzeptieren, kommt man auch im Interesse der Kinder nicht umhin, diese Tatsache einschließlich ihrer tatsächlichen und rechtlichen Folgen als soziale Normalität zu betrachten.[103]

Die Elterntrennung ist kein einmaliges Ereignis, sondern meist die Folge eines oft jahrelangen Prozesses, der geprägt ist durch Versuche, die Partnerschaft wieder herzustellen im Wechsel mit dem Versuch der inneren Loslösung vom Partner

---

98 Vgl. Statistisches Jahrbuch 1998, S. 65,

99 Vgl. BT-Drucks. 12/7560, S. 70; Statistisches Jahrbuch 1998, S. 65, 66, 67.

100 Vgl. die Anzahl der geschiedenen Ehen im Vorjahr (175.550), Statistisches Jahrbuch 1998, S. 78.

101 Vgl. Süddeutsche Zeitung vom 28.9.1998, S. 31.

102 Vgl. Statistisches Jahrbuch 1998, S. 78.

103 Siehe Deutsches Jugendinstitut/Martiny/Voegeli, Wie geht's der Familie, 1988, S. 179, 180.

und der Apathie im Beziehungsverhalten.[104] Der tatsächlichen Trennung geht daher immer eine Vorphase voraus, in der die destruktiven Anteile im Beziehungsverhalten gegenüber den konstruktiven die Oberhand gewinnen und sich für alle Familienmitglieder sehr belastend auswirken. Während der gesamten Trennungszeit versuchen die Eltern je für sich eine neue Perspektive zu entwickeln und das eigene Leben auf eine neue Basis zu stellen. Die Kinder aus den gescheiterten Partnerschaften sind gezwungen, diese Konflikt- und Trennungsphase mitzuerleben und eine neue Orientierung in den veränderten Lebensumständen zu finden. Für Kinder bedeutet die Beendigung der Partnerschaft ihrer Eltern die Einstellung auf eine neue Form der privaten Lebensgestaltung, sei es in einer Ein-Eltern-Familie, einer neuen Lebensgemeinschaft des betreuenden Elternteils oder einer sog. Fortsetzungsfamilie mit neuen Stiefeltern und -geschwistern.

II. Die Notwendigkeit der Verwirklichung von Umgangsrechten

1. Tatsächliche Ausgangslage

Die Trennung und Scheidung beendet zwar die Paarbeziehung, jedoch nicht die Elternschaft für die gemeinsamen Kinder. Den sich trennenden Eltern wird demnach das Kunststück abverlangt, trotz der Trennung als Paar weiterhin als Mutter und Vater für die Kinder verfügbar zu bleiben. Diese Trennung von Partnerebene und Elternebene, die schon in Zeiten „funktionierender" Familien schwierig genug ist, gelingt daher auf dem Höhepunkt der Krise nur in seltenen Fällen.[105]

Im Bereich der Eltern-Eltern- und Eltern-Kinder-Beziehungen ist es nach einer Untersuchung über die elterliche Kooperation und das kindliche Verhalten nach der Scheidung nur wenigen Eltern gelungen, ihre enttäuschte Partnerbeziehung von der gemeinsamen Elternbeziehung zu trennen und im Umgang miteinander neue Verhaltens- und Bewertungsmuster zu entwickeln, die ihnen eine Zusammenarbeit auf der Elternebene ermöglicht. Nach einer Studie der Hamburger Universität sehen 52 % der Kinder ein Jahr nach der Scheidung ihre Väter nicht wieder.[106]

Haben sich die Eltern für die gemeinsame Sorgeberechtigung entschieden, wird die Problematik des regelmäßigen Umgangs mit dem anderen Elternteil von vergleichsweise geringer Bedeutung sein, da das Funktionieren der gemeinsamen Sorge ein erhebliches Maß an Kooperations- und Verständigungsbereitschaft zwischen den Eltern nach ihrer Trennung voraussetzt. Die Beibehaltung der ge-

---

[104] Vgl. Deutsches Jugendinstitut/Martiny/Voegeli, Wie geht's der Familie, 1988, S. 179; vgl. auch Rottleuthner-Lutter, FPR 1998, 30.

[105] Deutsches Jugendinstitut/Martiny/Voegeli, Wie geht's der Familie, 1988, S. 179, 182.

[106] Vgl. Frankfurter Rundschau vom 30.09.1998, S. 26; vgl. auch Figdor, Kinder aus geschiedenen Ehen, 1994, S. 156; Arntzen, Elterliche Sorge, 1994, S. 51.

meinsamen Sorge läßt daher erwarten, daß das bestehende Konfliktpotential auf ein Maß reduziert werden kann, das beiden Eltern ermöglicht, auch weiterhin eine lebendige Beziehung zu ihrem Kind aufrechtzuerhalten. Allerdings waren auf der Grundlage der bisherigen familienrechtlichen Bestimmungen nur 17,1 % aller Scheidungseltern gemeinsam sorgeberechtigt,[107] so daß abzuwarten bleibt, ob die neue Rechtslage des § 1671 BGB mit den flankierenden verfahrens- und sozialrechtlichen Bestimmungen die Bereitschaft der Eltern erhöht, zum Wohl der Kinder nach der Trennung die gemeinsame Verantwortung durch die Fortführung der gemeinsamen Sorge für ihre Kinder zu tragen.

Bislang hat in der überwiegenden Anzahl der Scheidungsfälle die Mutter das alleinige Sorgerecht für das Kind zugesprochen bekommen (74,6 %), so daß in diesen Fällen der Vater aus der rechtlichen Mitverantwortung für sein Kind entlassen wurde.[108] Da bei nichtehelichen Paaren dem Vater des Kindes nach der alten Rechtslage von vornherein sowohl das Sorgerecht als auch grundsätzlich das Recht auf Umgang mit dem Kind vorenthalten blieb, war die Folge einer Trennung von Elternpaaren für die betroffenen Kinder zumeist eine partielle bzw. völlige Vaterabwesenheit.

2. Die Bedeutung der Eltern-Kind-Beziehung und die Folgen mangelnder Umgangskontakte

Da in Einzelfällen der Kontakt des Kindes zum nichtsorgeberechtigten Elternteil den wohlverstandenen Interessen des Kindes zuwiderlaufen kann, wurde und wird zum Teil noch heute die Förderungswürdigkeit des Umgangsrechts in Frage gestellt.[109] Vereinzelt wird gar die gänzliche Abwesenheit des Vaters als positive Folge der Elterntrennung propagiert und einer ungestörten Mutter-Kind-Beziehung der Vorrang eingeräumt.[110] Häufig liegt dieser Ansicht jedoch das Bedürfnis der sorgeberechtigten Mutter zugrunde, den unter die Beziehung zum früheren Partner gezogenen Schlußstrich auch auf die Kinder auszudehnen.[111] Ob diese feministisch geprägte Sicht zur „Ablösung“ vom Vater aber tatsächlich den Interessen und Bedürfnissen des Kindes entspricht, darf bezweifelt werden. Wenn auch weiterhin vereinzelt die Maxime der klaren Verhältnisse vertreten wird, um Kinder in und nach der Trennungs- und Scheidungsphase die Auseinandersetzung um die Ausgestaltung der Eltern-Kind-Beziehungen zu ersparen, so ist doch seit längerem durch verschiedene Untersuchungen belegt, daß sich diese erwachse-

---

107 Siehe oben Fn. 31.

108 Vgl. DER SPIEGEL, Nr. 47, 1997, S. 92 (in einem Erhebungszeitraum vom 1.7.1994 bis 30.6.1995).

109 Siehe Mü-Ko/Hinz, BGB, 1992, § 1634, Rdn. 15.

110 Vgl. Göppel, Eltern, Kinder und Konflikte, 1998, S. 133.

111 Vgl. Mü-Ko/Hinz, BGB, 1992, § 1634, Rdn. 42; Fthenakis, Väter Bd. 2, 1985, S. 82.

nenzentrierte Auffassung in erster Linie an dem Bedürfnis der Eltern nach Endgültigkeit einer Regelung orientiert.[112]

Es wird Situationen geben, in denen die Trennung vom Partner für die Frau eine Befreiung darstellt und in denen auch die Kinder letztlich von diesem Schritt profitieren. Der häufigere Fall dürfte aber der sein, daß Kinder trotz aller Streitigkeiten Vater und Mutter behalten wollen und unter der ihnen aufgezwungenen Trennung leiden.[113] Zwar darf nicht verkannt werden, daß sehr konfliktbelastete Partnerbeziehungen auch Quelle von höchst verwirrenden und beängstigenden Erfahrungen für ein Kind sein können, jedoch ist das Bestehen der triadischen Mutter-Vater-Kind-Struktur für die kindliche Entwicklung von erheblicher Bedeutung.[114] Die Dreieckskonstellation bietet dem Kind wesentliche Chancen, Lern- und Erfahrungsmöglichkeiten, die weder die Mutter-Kind-Beziehung noch die Vater-Kind-Beziehung für sich allein enthalten.[115] Auch wenn das stabilisierende Strukturelement Familie im Falle der Trennung der Eltern nicht mehr vorhanden ist und das Ideal einer intakten, harmonischen Elternbeziehung als Grundlage der kindlichen Entwicklung entfällt, wird dem Kind durch die Ausübung der Umgangsberechtigung weiterhin die Möglichkeit erhalten, von der Verschiedenartigkeit beider Elternteile zu profitieren.[116] Für das Kind ist durch die regelmäßige Präsenz von zwei Erwachsenen mit je unterschiedlichen Persönlichkeiten, eigenen Interaktionsstilen und besonderen Spielphantasien nicht nur die Palette an Erfahrungen reichhaltiger.[117] Vielmehr besteht auch die Chance, die Erfahrungen, die das Kind mit einem Elternteil gemacht hat, auf die anderen Erfahrungswerte zu beziehen und damit zu relativieren. Auch im Falle der Trennung des Elternpaares ist die Idee einer sich ergänzenden und unterstützenden Elternschaft nicht ausgeschlossen.

Zwar wird z.T. auch in bestehenden Partnerschaften die Rolle des Vaters hinsichtlich seines mangelnden familiären Engagement kritisiert,[118] jedoch sind die Folgen einer gänzlichen Vaterabwesenheit nicht zu unterschätzen. Seit längerem ist durch umfassende Untersuchungen bekannt, daß der Verlust des Vaters für ein Kind umso negativere Auswirkungen hat, je früher er einsetzt, je länger er andauert und je weniger eine geeignete Ersatzperson zur Verfügung steht.[119] Auch wenn eine Familie ohne Vater nicht per se als defizitär anzusehen ist, ist erwie-

---

[112] Vgl. Fthenakis, FamRZ 1985, 662, 669.
[113] Vgl. Arntzen, Elterliche Sorge und Umgang, 1994, S. 1.
[114] Vgl. Göppel, Eltern, Kinder und Konflikte, 1998, S. 127.
[115] Vgl. Göppel, Eltern, Kinder und Konflikte, 1998, S. 127.
[116] Vgl. Göppel, Eltern, Kinder und Konflikte, 1998, S. 128; Maywald, Zwischen Trauma und Chance, 1997, S. 255.
[117] Vgl. Göppel, Eltern, Kinder und Konflikte, 1998, S. 128.
[118] Vgl. Lempp, Familie im Umbruch, 1986, S. 69, 70; Heiliger, FamRZ 1992, 1006, 1007; vgl. auch Klingemann, JugH 1998, 173, 174.
[119] Vgl. Fthenakis, Väter Bd. 1, 1985, S. 325 ff.

sen, daß die Vaterabwesenheit insgesamt einen bedeutsamen Risikofaktor für die kindliche Entwicklung darstellt.[120] Zwar wird in diesem Zusammenhang darauf hingewiesen, daß eine geringe Anwesenheit des Vaters ähnliche Auswirkungen für das Kind hat wie die völlige Vaterabwesenheit,[121] jedoch ist zur Vermeidung einer Idealisierung der Vaterfigur der durch das Umgangsrecht geförderte Kontakt des Kindes zum Vater notwendig.[122] Die Abwesenheit eines Elternteils wirkt sich vielfach auch nachteilig auf die Entwicklung des kindlichen Selbstwertgefühls aus, insbesondere dann, wenn aufgrund von Mitteilungen des anderen Elternteils ein verzerrtes, sehr negatives Vater- bzw. Mutterbild bei dem Kind entstanden ist.[123] Für die Entwicklung der betroffenen Kinder hat sich daher eine stabile Eltern-Kind-Beziehung als einer der stärksten positiven Einflußfaktoren in der Nachtrennungs- bzw. Scheidungssituation erwiesen.[124]

Ein völliger oder nur eingeschränkter Kontaktabbruch des Kindes zum nichtsorgeberechtigten Elternteil verstärkt vielmehr im Normalfall die allgemeinen trennungs- und scheidungsbedingten Folgen für Kinder. Für fast alle Kinder - gleich welchen Alters - besteht die unmittelbare und reale Bedrohung darin, einen Elternteil aus für sie nicht verstehbaren Gründen zu verlieren, und extreme Veränderungen ihrer Lebensumstände zu verkraften, die für sie weder kognitiv noch emotional nachvollziehbar sind.[125]

Nach dem heutigen wissenschaftlichen Erkenntnisstand kommt daher dem Aspekt der Aufrechterhaltung der Eltern-Kind-Beziehung nach der Trennung der Partner im Hinblick auf die persönliche Entwicklung des Kindes eine erhebliche Bedeutung zu. Untersuchungen belegen, daß Kinder die Scheidung ihrer Eltern umso eher ohne Störungen verarbeiten und sich besser und schneller an die Nachscheidungssituation anpassen, je besser die geschiedenen Eltern sich miteinander abstimmen und kooperieren.[126] Auf Grundlage der aktuellen Familienforschung wird überwiegend davon ausgegangen, daß für die Minimierung kindlicher Störungen und somit für das Wohl des Kindes ausschlaggebend ist, daß beide Eltern - konfliktfrei - weiterhin am Leben ihrer Kinder teilnehmen und sich für deren Bedürfnisse gemeinsam verantwortlich fühlen.[127] Anstelle der eindeutigen Zuweisung des Kindes zu einem Elternteil wird daher im Umstrukturierungsprozeß der Tren-

---

120 Göppel, Eltern, Kinder und Konflikte 1998, S. 136; Fthenakis, Väter Bd. 1, 1985, S. 373.
121 Vgl. Heiliger, FamRZ 1992, 1006, 1008.
122 Vgl. LBS/Fthenakis, Trennung, Scheidung und Wiederheirat, 1996, S. 102.
123 Vgl. im Überblick zu den Gründen für regelmäßige Besuchskontakte: Arntzen, Elterliche Sorge und Umgang, 1994, S. 33-39.
124 Vgl. LBS/Niesel, Trennung, Scheidung und Wiederheirat, 1996, S. 28.
125 Vgl. Jopt, ZfJ 1990, 285, 289.
126 Vgl. Langzeitstudie von Schmidt-Denter, KindPrax 1998, 23; Maywald, Zwischen Trauma und Chance, 1997, S. 302.
127 Vgl. Jopt, FamRZ 1987, 878; Figdor, Kinder aus geschiedenen Ehen, 1994, S. 149; LBS/Kirchhoff, Trennung, Scheidung und Wiederheirat, 1996, S. 49, 50.

nungs- und Nachtrennungssituation der Fortführung der elterlichen Verantwortung im Wege der Neuarrangierung und dem Erhalt des bestehenden Beziehungsnetzes der Vorrang eingeräumt.[128]

B. Maßnahmen des neuen Rechts zur Sicherung von Umgangsrechten aufgrund der gesetzgeberischen Zielsetzung

Das grundsätzliche Anliegen der Reform, die Rechte der Kinder zu verbessern und das Kindeswohl auf bestmögliche Art und Weise zu fördern, wirkt sich nicht nur materiell-rechtlich in der Neuregelung des Umgangsrechtes aus, sondern auch verfahrensrechtlich in der Erweiterung des familiengerichtlichen Pflichtenkreises und der Komplettierung der Beratungs- und Unterstützungsangebote der Jugendhilfeträger. Das Kindschaftsrechtsreformgesetz verfolgt damit das Ziel, zur Lösung von Umgangskonflikten die zivilrechtlichen, prozessualen und sozialrechtlichen Normenbereiche zweckmäßiger miteinander in Einklang zu bringen, um den Kontakt zwischen dem Kind und dem umgangsberechtigten Eltern zu gewährleisten.

Als eines der wichtigen Kernbereiche der Kindschaftsrechtsreform betont der Gesetzgeber mit den Neuregelungen zur Beilegung von Umgangsstreitigkeiten und zur Durchsetzung von Umgangsrechten die Bedeutsamkeit der tatsächlichen Aufrechterhaltung der Eltern-Kind-Beziehung nach dem Scheitern der Ehe bzw. Partnerschaft. Um die Folgen der Elterntrennung für das Kind so weit wie möglich zu mildern, ist auf Grundlage der sozialwissenschaftlichen und psychologischen Erkenntnisse das erklärte Ziel der neuen Gesetzgebung, dem Kind beim Scheitern der Ehe bzw. Partnerschaft nach Möglichkeit beide Eltern und das verbleibende Familiengefüge zu erhalten.[129] Diesen bereits in der Rechtsprechung anerkannten „Grundsatz“ legt der Gesetzgeber mit der Neuregelung des § 1626 Abs. 3 S. 1 BGB, wonach in der Regel zum Wohl des Kindes der Umgang mit beiden Eltern gehört, jetzt normativ fest.[130]

I. Die Beratung und Unterstützung durch die Träger der Jugendhilfe

1. Die Reorganisationshilfe gemäß §§ 17 Abs. 1 Nr. 3, Abs. 2 KJHG

Im Falle der Elterntrennung richtet sich die Aufgabe der Jugendhilfeträger auf die sogenannte Reorganisationshilfe, d.h. auf die Hilfe bei der eigenverantwortlichen

---

[128] Zum sog. Reorganisationsmodell und den langfristigen Auswirkungen von Trennung und Scheidung auf die Entwicklung eines Kindes: LBS/Fthenakis, Trennung, Scheidung und Wiederheirat, 1996, S. 57 ff., 86; vgl. auch Fthenakis, FPR 1998, 84, 85.

[129] Vgl. BT-Drucks. 13/4899, S. 93.

[130] Vgl. Johannsen/Henrich/Jaeger, EheR, 3. Aufl., 1998, § 1684, Rdn. 1.

Neuordnung der grundsätzlich fortbestehenden Eltern-Kind-Beziehungen.[131] Träger der nach § 17 KJHG vorgeschriebenen Reorganisationshilfe sind die öffentliche und freie Jugendhilfe sowie, kraft ausdrücklicher Einbeziehung in § 28 KJHG, auch die Erziehungsberatungsstellen. Die jugendhilferechtlichen Bemühungen haben darauf abzuzielen, den Fortbestand der Elternfunktion in diesem Auseinandersetzungsprozeß zu sichern und so die Partnerscheidung nicht zu einer Familienscheidung werden zu lassen.[132]

Die staatliche Hilfe durch Beratung in Trennungs- und Scheidungssituationen, wie sie durch § 17 Abs. 1 Nr. 3 KJHG eingeführt worden ist, richtet sich nicht auf den formalen Abschluß einer elterlichen Vereinbarung, sondern vor allem auf eine bestimmte Qualität der elterlichen Einigung, nämlich eine dem Wohl des Kindes förderliche Wahrnehmung der Elternverantwortung.[133] Das inhaltliche Ziel, dem Kind ein Maximum und Optimum an Elternschaft zu erhalten, soll mit staatlicher Unterstützung und Förderung erreicht werden und ist von der formalen Ausgestaltung der rechtlichen Sorgerechtszuständigkeit unabhängig.[134]

Die bisherige Soll-Leistungspflicht des Jugendamtes in § 17 Abs. 1 KJHG ist mit dem Inkrafttreten des Kindschaftsrechtsreformgesetzes in einen elterlichen Anspruch aufgewertet worden, so daß den Eltern im Interesse ihrer Kinder eine unzweideutige Anspruchsleistung auf Trennung und Scheidungsberatung (Nr. 3) zusteht.[135] Während sich § 17 Abs. 1 Nr. 3 KJHG auf die Beratung der Eltern beschränkt, bietet Absatz 2 des § 17 KJHG eine weitergehende Unterstützung bei der Erarbeitung eines einvernehmlichen Sorgerechtskonzeptes an. In jedem Scheidungsverfahren erhalten Eltern sowohl über das Jugendamt als auch im Rahmen einer gerichtlichen Anhörung Informationen über die Angebote der Jugendhilfe, die sie bei der Entwicklung eines einvernehmlichen Konzepts für die Wahrnehmung der elterlichen Sorge unterstützen. Die Familiengerichte sind ausdrücklich verpflichtet, auf die Beratungs- und Unterstützungsangebote der öffentlichen und freien Träger der Jugendhilfe zu verweisen (§§ 613 ZPO, 52, 52 a FGG, 17 Abs. 3 KJHG) und können das Verfahren aussetzen, um eine außergerichtliche Klärung zu ermöglichen.

In den Beratungen wird es hauptsächlich um eine Abwägung zwischen gemeinsamen Sorgerecht und alleiniger Sorge angesichts der neuen Rechtslage gehen.[136] Jedoch ist das Ergebnis eines Beratungsprozesses offen, so daß er in der Klärung über die Bedeutung der gemeinsamen Sorge für die jeweilige Familie münden

---

[131] Vgl. Coester, FamRZ 1991, 253, 260; FamRZ 1992, 617, 619.
[132] Vgl. Coester, FamRZ 1992, 617, 619.
[133] Wiesner, ZfJ 1997, 29.
[134] Vgl. Jopt, FamRZ 1987, 875, 884; Wiesner, ZfJ 1997, 29.
[135] Vgl. Dickmeis, ZfJ 1998, 193, 198.
[136] Gerth, KindPrax 1998, 15, 16.

kann als auch in einem einvernehmlichen Konzept, das die alleinige Sorge beinhaltet und den Umgang des Kindes mit dem anderen Elternteil regelt.[137]

Allerdings ist auch nach der Neuregelung des § 17 KJHG bei der Entwicklung des einvernehmlichen Konzeptes vom Umgangsrecht nicht die Rede. Aufgrund des vorrangigen Ziels, dem Kind den Kontakt zu beiden Eltern zu erhalten, müßte im Mittelpunkt der staatlichen Schutzbemühungen, die Erarbeitung einer für alle Beteiligten genehmen Umgangsregelung stehen,[138] da möglichst intensive Eltern-Kind-Kontakte in einem ganz erheblich bedeutsameren Bezug zum Kindeswohl stehen als das Sorgerecht.[139] Dem angstauslösenden Zusammenbruch des familialen Beziehungsnetzes und des sozioökolgischen Lebensraumes der Kinder kann am besten dadurch entgegengesteuert werden, daß ihnen mit Unterstützung des Staates regelmäßige und lebendige Kontakte zu beiden Eltern - unabhängig von der Sorgerechtsverteilung - gesichert werden.[140] Zwar schließt die Neuformulierung des § 17 Abs. 2 KJHG die Beteiligung der Kinder bei der Ausarbeitung eines einvernehmlichen Konzeptes ein, das Umgangsrecht wird jedoch nicht ausdrücklich in die Regelung des Umgangs einbezogen.

Dennoch ist das Umgangsrecht auch ohne explizite Erwähnung in den Normbereich dieser Vorschrift einzubeziehen, da es zweifelsohne ein notwendiger Bestandteil im Rahmen der Gestaltung eines Sorgerechtskonzeptes ist.[141] Sachliches Ziel der jugendhilferechtlichen Bemühungen ist nach der Änderung des § 17 KJHG, die Eltern zur Entwicklung eines einvernehmlichen, kindeswohlförderlichen Sorgerechtskonzeptes unter angemessener Beteiligung des Kindes anzuregen, wobei im Rahmen dieser Unterstützung auch die Beratung zur einvernehmlichen Regelung des Umgangsrechts eingeschlossen sein soll.[142]

2. Besondere Unterstützung bei der Ausübung des Umgangsrechts gemäß § 18 KJHG

Während die Vorschrift des § 17 KJHG eine allgemeine Unterstützung und Beratung (auch bei Regelung von Umgangsfragen) bietet, bezieht sich § 18 KJHG auf die individuelle Unterstützung der Umgangsberechtigten. Erstmals sind mit der Änderung des § 18 KJHG in Absatz 3 Satz 1 Kinder und Jugendliche leistungsberechtigt hinsichtlich der Beratung und Unterstützung bei der Ausübung des Umgangsrechts. Ergänzend zu § 1626 Abs. 2 BGB, wonach zum Wohle des Kindes in der Regel der Umgang mit beiden Elternteilen gehört, sollen Kinder

137 Vgl. Gerth, KindPrax 1998, 15, 16.
138 Jopt, ZfJ 1990, 285, 289.
139 Vgl. Jopt, ZfJ 1990, 285, 286.
140 Vgl. Jopt, ZfJ 1990, 285, 289.
141 Vgl. Coester, FamRZ 1991, 253, 261; vgl. auch Rauscher, FamRZ 1998, 329, 340.
142 Vgl. auch Jopt, ZfJ 1990, 285 ff.

und Jugendliche darin unterstützt werden, daß die Eltern und die anderen umgangsberechtigten Personen auch von ihrem Recht Gebrauch machen.

Der Rechtsanspruch der Eltern und anderer Umgangsberechtigter gemäß § 18 Abs. 3 S. 2 KJHG ist vor allem darauf gerichtet, Hilfestellung bei der Entkrampfung der durch die Trennung entstandenen Situation zu geben.[143] Die Beratung und Hilfe für die Eltern ist nach der Neuregelung in Anlehnung an die geänderten zivilrechtlichen Bestimmungen von der Verteilung des Sorgerechts unabhängig, so daß ein solcher Hilfeanspruch auch (mit-)sorgeberechtigten Eltern zusteht. Aber auch derjenige, gegen den sich das Umgangsrecht richtet, kann sich an das Jugendamt wenden. Diese Aufgabenzuweisung in § 18 KJHG schafft die Basis für eine umfassende Vermittlungstätigkeit im Bereich von Umgangsfragen, die aufgrund der materiell-rechtlichen Ausweitung von Umgangsrechten von allen Berechtigten in Anspruch genommen werden kann.[144]

II. Maßnahmen des Familiengerichts zur Beilegung von Umgangskonflikten und der Durchsetzung von Umgangsregelungen

1. Hinwirkungspflicht des Familiengerichts gemäß § 52 Abs. 1 Satz 1 FGG

Nach der neuen Vorschrift des § 52 Abs. 1 S. 1 FGG soll das Gericht im Rahmen eines Sorge- und Umgangsrechtsverfahrens möglichst früh auf ein Einvernehmen der Beteiligten hinwirken. Die Bestimmung schafft daher für Verfahren, die die Person eines Kindes betreffen, eine besondere, über die allgemeine Pflicht zur gütlichen Beilegung von rechtlichen Konflikten hinausgehende Verpflichtung des Gerichts, im Interesse des betroffenen Kindes ein Einvernehmen der Eltern zu erreichen.[145]

Zu berücksichtigen ist, daß bereits vor der Neuregelung für den Familienrichter die allgemeine Pflicht bestand, gemäß § 279 ZPO in jeder Lage des Verfahrens auf eine gütliche Beilegung des Rechtstreit oder einzelner Streitpunkte bedacht zu sein. Das vordringlichste Ziel der Familiengerichte war auch vor Einführung der neuen Bestimmung, eine Einigung der Eltern zu erreichen und den beiderseitigen Vorstellungen im Wege der Annährung Rechnung zu tragen.[146] Da die materiellen Rechtsgrundsätze der Eigenverantwortlichkeit der Eltern konsequenterweise Entsprechungen im Verfahrensrecht erfordern, war die Neuordnung des formellen Scheidungsverfahrens bereits wesentlicher Bestandteil der Scheidungsreform von 1977.[147] Die in § 52 FGG formulierte Hinwirkungspflicht des Gerichts auf ein

[143] Vgl. Mrozynski, KJHG, 1994, S. 86.
[144] Vgl. Rauscher, FamRZ 1998, 329, 340.
[145] Vgl. Mühlens/Kirchmeier/Greßmann, Das neue KindschaftsR, 1998, S. 327, 328.
[146] Vgl. Schwab, ScheidungsR, 1995, Rdn. 225.
[147] Vgl. Proksch, FamRZ 1989, 916, 917.

Einvernehmen der Beteiligten erhält durch die neue Vorschrift daher nur eine zusätzliche normative Grundlage, die den Zeitpunkt der Bemühungen des Gerichts um einen Ausgleich im Rahmen der langen Verfahrensdauer von familiengerichtlichen Prozessen ausdrücklich auf den „frühstmöglichen" Moment festlegt.[148]

Auf eine obligatorische außergerichtliche Vermittlung vor der Durchführung eines gerichtlichen Verfahrens gegen den Willen und die autonome Konfliktbereitschaft der Eltern wurde jedoch im Rahmen der neuen Verfahrensvorschrift verzichtet.[149] Über das vom Gericht geforderte Bemühen um ein Einvernehmen der Parteien hinaus, hat der Gesetzgeber den Familienrichtern die Beratung und Vermittlung in Trennungs- und Scheidungsangelegenheiten nicht als zusätzliche Aufgabe übertragen. Dennoch ermöglicht § 52 FGG auch ohne ausdrücklichen Hinweis und trotz der gleichzeitigen Anhängigkeit eines familiengerichtlichen Verfahrens immer auch die Streitschlichtung durch eigenständige Beratungsdienste.[150]

2. Hinweispflicht des Familiengerichts gemäß § 52 Abs. 1 Satz 2 FGG

Neben diese Einigungsbemühungen durch das Gericht selbst tritt gemäß § 52 Abs. 1 S. 2 FGG als zweites Instrument die Hinweispflicht des Familienrichters auf die außergerichtliche Beratung. Kommt es daher aufgrund des Antrags eines Elternteils zu einem Verfahren, das die Person des Kindes betrifft, schlägt die Neubestimmung des § 52 FGG die Brücke zu außergerichtlichen Beratungsangeboten und verstärkt damit die Verzahnung zwischen Sorge- und Umgangsrechtsverfahren und den Beratungsangeboten nach §§ 17, 18 KJHG.[151] Neben den Beratungsangeboten durch das Jugendamt betrifft die Hinweispflicht auch die Beratungsdienste von freien Trägern der Jugendhilfe.[152]

Mit § 52 Abs. 1 S. 2 FGG konkretisiert der Gesetzgeber im familienrechtlichen Verfahrensbereich die allgemeine Hinweispflicht des Gerichts gemäß §§ 139, 278 Abs. 3 ZPO, wonach die Parteien auf tatsächliche oder rechtliche Gesichtspunkte hinzuweisen sind. Die Hinweispflicht des Familiengerichts bezieht sich auf die Inanspruchnahme von Beratungsstellen und -diensten der Jugendhilfe, wenn ein die Person des Kindes betreffendes Verfahren bereits anhängig ist. Demgegenüber wird die Verpflichtung des Gerichts zur Verweisung auf die Beratungsmöglichkeiten explizit auch im Rahmen der Parteienvernehmung gemäß § 613 ZPO herausgestellt, wenn im Rahmen eines Scheidungsverfahrens die Regelung von Rechtsbeziehungen zu den gemeinsamen Kindern zur Disposition steht. Der Hinweis auf die Beratungsmöglichkeiten nach § 613 ZPO dient demnach bereits im

---

148 Vgl. Proksch, FamRZ 1989, 916, 923.
149 Kritisch dazu: Fthenakis, FPR 1998, 84, 88.
150 Vgl. Rauscher, FamRZ 1998, 329, 340.
151 Vgl. Wiesner, ZfJ 1997, 29, 31.
152 Mühlens/Kirchmeier/Greßmann, Das neue KindschaftsR, 1998, S. 328.

Vorfeld einer Antragsstellung zur Sorge- bzw. Umgangsberechtigung der Verbesserung der Entscheidungsbasis der Eltern.[153]

3. Das gerichtliche Vermittlungsverfahren nach § 52 a FGG

a) Sinn und Zweck des Vermittlungsverfahrens

Für den besonders sensiblen Bereich der Durchsetzung des Umgangsrechts ermöglicht das neue Recht neben der Hinwirkungs- und Hinweisverpflichtung des Gerichts die Durchführung eines gerichtlichen Vermittlungsverfahrens für umgangsberechtigte Eltern. Das Verfahren nach § 52 a FGG soll im Vorfeld von Zwangsmaßnahmen dazu dienen, den Eltern die Bedeutsamkeit des Umgangsrechts im Interesse des Kindes zu vermitteln und ein Einvernehmen zwischen den Eltern über die Ausübung des Umgangs zu erzielen.[154]

Die Vorschrift des § 52 a FGG erfaßt die Fälle, in denen eine gerichtliche Entscheidung über den Umgang vorliegt und in denen das Gericht daher bereits mit der Umgangsregelung befaßt war. Nur in diesem Bereich soll das Gericht, das über die Regelung des Umgangs zu entscheiden hatte und gleichermaßen für die Vollziehung der von ihm getroffenen Umgangsentscheidung zuständig ist, bei Konflikten über die Ausübung des Umgangs vermitteln.[155] Für die Vermittlung vor erstmaliger Einleitung eines den Umgang betreffenden gerichtlichen Verfahrens sollen hingegen die Träger der Jugendhilfe zuständig bleiben.[156]

Die Regelung des § 52 a FGG unterstreicht im familiengerichtlichen Verfahrensbereich den präventiven Ansatz bei der Beilegung von Streitpunkten im Bereich des Umgangsrechts und hat damit den Vorzug, daß die Eltern sich nicht mit widerstreitenden Anträgen an das Gericht wenden müssen.[157] Im Interesse des Kindes soll durch das Vermittlungsverfahren nach § 52 a FGG versucht werden, die häufig emotionsbeladenen Verfahren zwischen den Eltern über die Durchsetzung oder Abänderung des Umgangs zu vermeiden.[158] Das Gericht hat die Aufgabe, mit den Eltern die nachteiligen Folgen einer Vereitelung oder Erschwerung des Umgangsrechts für das Kind zu erörtern, auf weitere Beratungsmöglichkeiten durch die Träger der Jugendhilfe hinzuweisen und auch zu erläutern, auf welche Weise die gerichtliche Entscheidung gegebenenfalls mit Zwangsmitteln durchgesetzt werden kann. Wesentliches Ziel ist also, nicht mittels Vollstreckungsmaß-

---

[153] Vgl. Wiesner, ZfJ 1997, 29, 30.
[154] Vgl. BT-Drucks. 13/4899, S. 75.
[155] Vgl. Greßmann, Neues KindschaftsR, 1998, Rdn. 489.
[156] Vgl. Greßmann, Neues KindschaftsR, 1998, Rdn. 489.
[157] Vgl. BT-Drucks. 13/4899, S. 133.
[158] Vgl. Greßmann, Neues KindschaftsR, 1998, Rdn. 489.

nahmen die Uneinsichtigkeit des betreuenden Elternteils zu verstärken, sondern selbst in diesem späten Stadium die Chance zur Überzeugung zu nutzen.[159]

b) Verfahrenseinleitung und Erörterung

Nach § 52 a Abs. 1 S. 1 FGG reicht es für die Einleitung des Verfahrens aus, daß ein Elternteil einen Antrag auf Durchführung des Vermittlungsverfahrens stellt und dabei geltend macht, daß der andere Elternteil die Durchführung der gerichtlichen Verfügung über den Umgang mit dem Kind vereitelt oder erschwert.

Das Verfahren als solches konzentriert sich auf einen Vermittlungstermin, in dem zweckentsprechend das persönliche Erscheinen der Eltern angeordnet werden soll (§ 52 a Abs. 2 S. 2 FGG) und das Jugendamt um Teilnahme gebeten werden kann (§ 52 a Abs. 2 S. 4 FGG). Dieser Termin ist darauf ausgerichtet, die Folgen des Unterbleibens des Umgangs zu erörtern (§ 52 a Abs. 3 S. 1 FGG), auf ein Einvernehmen hinzuwirken (§ 52 a Abs. 4 S. 1 FGG) und gegebenenfalls die Inanspruchnahme einer Beratung zu erreichen (§ 52 a Abs. 3 S. 3 FGG). Der Hinweis auf die außergerichtliche Beratung ist insbesondere dann von Bedeutung, wenn weitere ausführliche Beratungsgespräche erforderlich erscheinen, die etwa die weitere Abwicklung der Umgangsrechtsausübung in Zusammenarbeit mit dem Jugendamt betreffen können.[160]

Das Verfahren nach § 52 a FGG stellt sicher, daß im Fall der Einigung der Eltern ein vollstreckungsfähiges Ergebnis erzielt wird und im Fall des Scheiterns keine weitere Zeit versäumt wird.[161] Das Vermittlungsverfahren kann bei zeitnaher Terminierung und der Überprüfung der weiteren Maßnahmen nach § 52 a Abs. 5 S. 2 FGG möglicherweise sogar den schier unlösbaren Widerspruch zwischen kindeswohlorientiertem Umgang und zwangsweiser Durchsetzung auflösen, so daß die Vollstreckung der Umgangsregelung gemäß § 33 FGG nach der gerichtlichen Aufforderung zur Einigung zweifellos als ultima ratio einsetzt.[162]

4. Maßnahmen zur Durchsetzung der Umgangsbefugnis mit Eingriffscharakter

a) Anordnungen des Familiengerichts gemäß § 1684 Abs. 3 Satz 2 BGB

Das Familiengericht kann, um der Verletzung der Wohlverhaltenspflicht zu begegnen, nach der Neuregelung des § 1684 Abs. 3 S. 2 BGB den betreffenden Elternteil durch Anordnungen zur Erfüllung seiner Pflicht anhalten. Das Gericht ist

[159] Vgl. Rauscher, FamRZ 1998, 329, 341.
[160] Vgl. Greßmann, Neues KindschafsR, 1998, Rdn. 492.
[161] Vgl. Rauscher, FamRZ 1998, 329, 341.
[162] Vgl. Rauscher, FamRZ 1998, 329, 341.

daher aufgefordert, bei Störungen im Umgangsrecht, nach Ursachenquellen auf beiden Elternseiten mit gleicher Intensität zu forschen und die Folgerungen daraus zu ziehen, sofern die vorgefundenen Verhaltensweisen erheblich abträglich auf das Kind wirken.[163]

Mit dieser neuen Bestimmung wollte der Gesetzgeber unterhalb der Eingriffsschwelle des § 1666 BGB vor allem ein Instrument gegen umgangsverhindernde oder umgangserschwerende Maßnahmen eines Elternteils bereitstellen.[164] Welche gerichtlichen Anordnungsbefugnisse die Vorschrift umfaßt, ist im Hinblick auf die Bestimmbarkeit des rechtlichen Gehalts der Norm noch unklar.[165] Als mögliche Anordnungen kommt bei einem umgangsvereitelnden Verhalten des Sorgeberechtigten eine Vielfalt an Gebots- und Untersagungsverfügungen in Betracht.[166] Der Familienrichter kann daher je nach Lage des konkreten Falls über die allgemeinen Erfordernisse zur Regelung der Umgangsbefugnis hinaus dem sorgeberechtigten Elternteil bestimmte Verhaltensweisen aufgeben oder verbieten.[167] Darüber hinaus gibt die neue Vorschrift dem Familiengericht aber auch die Befugnis, die Eltern zu einem Anhörungstermin zu laden, um dem betreffenden Elternteil die kindeswohlwidrige Handlungsweise bewußt zu machen, eine Konfliktbereinigung im Gespräch zu versuchen und ebenfalls auf die Beratungs- und Unterstützungsangebote der Jugendhilfe hinzuweisen.[168]

b) Die Vollstreckung der Umgangsregelung durch Zwangsmaßnahmen

Neben der Anordnungsmöglichkeit nach § 1684 Abs. 3 S. 1 BGB und den beratenden und unterstützenden Maßnahmen zur Beilegung von Umgangsstreitigkeiten verzichtet auch das neue Recht nicht auf Zwangsmaßnahmen zur Durchsetzung von Umgangsrechten.

Die Vorschrift des § 33 FGG regelt den Vollzug gerichtlicher Entscheidungen, deren zwangsweise Durchführung zu den Aufgaben der freiwilligen Gerichtsbarkeit gehört.[169] Das Bestrafungsverfahren nach § 33 FGG ist dabei gegenüber dem Verfahren, in dem die zu vollziehende Verfügung ergangen ist, ein eigenständiges Verfahren.[170]

---

163 Vgl. AG Bad Iburg, FamRZ 1988, 537, 538.
164 Vgl. BT-Drucks. 13/4899, S. 105.
165 Vgl. Palandt/Diederichsen, BGB, 58. Aufl., 1999, § 1684, Rdn. 40, 41.
166 Vgl. Johannsen/Henrich/Jaeger, EheR, 3. Aufl., 1998, § 1684, Rdn. 15.
167 Vgl. Beispiel in BT-Drucks. 13/4899, S. 106.
168 Vgl. Johannsen/Henrich/Jaeger, EheR, 3. Aufl., 1998, § 1684, Rdn. 15.
169 Vgl. Bumiller/Winkler, FGG, 1992, § 33, Anm. 1.
170 Vgl. BGH, FamRZ 1990, 35, 36.

Wird ein bestehendes Umgangsrecht vereitelt, kommen die Zwangsmittel nach § 33 FGG in Betracht, um den unkooperativen Elternteil zur Befolgung der gerichtlichen Umgangsregelung anzuhalten. Gemäß § 33 Abs. 1 S. 1 FGG ist ein Zwangsgeld vorgesehen, das den das Umgangsrecht vereitelnden Elternteil zur Befolgung der gerichtlichen Umgangsregelung anhalten soll. Geht es um die Herausgabe des Kindes, so kann das Gericht auch die Zwangshaft gemäß § 33 Abs. 1 S. 2 FGG anordnen. In diesen Fällen kann auf Grund einer besonderen Verfügung des Gerichts - unabhängig von den festgesetzten Zwangsmitteln - auch Gewalt gemäß § 33 Abs. 2 FGG angewandt werden. Allerdings stellt § 33 Abs. 2 S. 2 FGG nunmehr klar, daß entsprechend den von der Rechtssprechung aufgestellten Grundsätzen die Gewaltanwendung gegen ein sich weigerndes Kind allein zum Zweck der Durchsetzung des Umgangsrechts nicht zugelassen werden darf.

Voraussetzung für den Vollzug einer Umgangsregelung ist das Bestehen einer vollzugsfähigen gerichtlichen Entscheidung über den Umgang. Eine Entscheidung, die lediglich eine Regelung zum Umgang beinhaltet, ist nicht zwangsläufig eine Entscheidung i.S.d. § 33 FGG.[171] Vielmehr ist Grundlage für den Vollzug erst die Entscheidung, die zur Durchsetzung der Regelung des Umgangsrechts angeordnet wird und für den betroffenen Elternteil die Verpflichtung zur Vornahme einer Handlung oder einer Unterlassung oder Duldung der Vornahme einer Handlung mit einer jeden Zweifel ausschließenden Bestimmtheit enthält.[172] Bei Entscheidungen nach § 1684 BGB muß folglich die Anordnung genaue und erschöpfende Bestimmungen über Art, Ort und Zeit des Umgangs mit dem Kind enthalten.[173] Allgemein gehaltende Formulierungen wie „von samstags morgens bis sonntags abends“ oder „abwechselnd an den Feiertagen“ genügen dem Bestimmtheitserfordernis nicht.[174] In einer Umgangsregelung muß die genaue Uhrzeit des Abholens sowie des Zurückbringens mit aufgeführt werden.[175]

Auch ein Vergleich, den die Eltern zu Regelung des Umgangsrechts getroffen haben, kann als Grundlage der Vollstreckung geeignet sein.[176] In diesem Zusammenhang kann die für die Vollstreckbarkeit notwendige Mitwirkung des Familiengerichts darauf beschränkt werden, daß sich der Richter den Elternvorschlag, sofern dieser zum periodischen Umgangsrecht bestimmt genug ist und auch sonst von seinem Inhalt her zur Vollstreckung geeignet ist, zu eigen macht und die Übernahme des Vorschlags als gerichtliche Entscheidung den Eltern unmißverständlich zu erkennen gibt.[177] Hierzu reicht zwar die bloße Protokollierung der

---

[171] Vgl. Bumiller/Winkler, FGG, 1992, § 33, Anm. 2.
[172] Vgl. BayObLG, FamRZ 1975, 279.
[173] Vgl. OLG Brandenburg, FamRZ 1995, 484.
[174] Vgl. Oelkers, FamRZ 1995, 1385, 1395.
[175] Vgl. OLG Brandenburg, FamRZ 1995, 484; a.A. OLG Koblenz, FamRZ 1996, 560, 561.
[176] Vgl. Bumiller/Winkler, FGG, 1992, § 33, Anm. 2.
[177] Vgl. Johannsen/Henrich/Jaeger, EheR, 3. Aufl., 1998, § 1684, Rdn. 11.

Einigung der Eltern durch das Gericht nicht aus, wohl aber jede andere gerichtliche Äußerung, mit der die Elterneinigung gebilligt wird.[178]

Für die Durchführung des Umgangsrechts eines Nichtsorgeberechtigten nach § 1684 Abs. 1 Hs. 2 BGB ist das Bereithalten der Kinder die Handlung, die ausschließlich von dem Willen des sorgeberechtigten Elternteil abhängt.[179] Die Zwangsgeldfestsetzung erfordert eine schuldhafte Zuwiderhandlung hinsichtlich der gerichtlichen Verfügung bzw. Anordnung, zu deren Beachtung durch die gerichtliche Vollstreckungsmaßnahme angehalten werden soll.[180] Dem betreuenden Elternteil muß demnach ein schuldhafter Verstoß gegen die sog. Wohlverhaltensnorm des § 1684 Abs. 2 S. 1 BGB vorzuwerfen sein.[181] Er ist verpflichtet, aufgrund seiner elterlichen Autorität durch geeignete erzieherische Maßnahmen auf die Besuchsverwirklichung hinzuwirken und einen möglichen Widerstand des Kindes zu überwinden.[182] Erfüllt der Sorgeberechtigte die ihm auferlegte Verpflichtung nicht, kann nach der Androhung eines Zwangsgeldes gemäß § 33 Abs. 3 S. 1 FGG das entsprechende Zwangsmittel festgesetzt werden oder die Zwangshaft gemäß § 33 Abs. 1 S. 3 FGG i.V.m. § 33 Abs. 3 S. 2 FGG angeordnet werden.

Nach neuem Recht kann auch die Durchsetzbarkeit des Umgangsrechts des Kindes gemäß § 1684 Abs. 1 Hs. 1 BGB veranlaßt werden.[183] Dazu ist die dem Recht gegenüberstehende Umgangsverpflichtung des nichtsorgeberechtigten Elternteils gemäß § 1684 Abs. 1 Hs. 2 BGB grundsätzlich zwangsweise vollstreckbar. Kommt daher der Umgangsberechtigte seiner Pflicht zum Umgang mit dem Kind nicht nach, so kann der alleinsorgende Elternteil die Vollstreckung dieser Verpflichtung auf der Grundlage einer vollstreckbaren Umgangsentscheidung nach § 33 FGG herbeiführen.

Grundsätzlich unbeachtlich sind im Vollstreckungsverfahren nach § 33 FGG Gründe, die sich gegen den Fortbestand der getroffenen Regelung des Umgangsrechts selbst richten.[184] Bei der Durchsetzung einer Besuchsregelung im Wege der Vollstreckung bleibt jedoch stets zu überprüfen, ob die Regelung noch gerechtfertigt ist oder wegen veränderter Umstände mit dem Wohl des Kindes im Widerspruch steht und deshalb gemäß § 18 FGG gegebenenfalls auch von Amts wegen geändert werden muß.[185]

---

[178] Vgl. OLG Hamm, NJW 1970, 1425, 1426; OLG Zweibrücken, FamRZ 1982, 429, 430; OLG Koblenz, FamRZ 1996, 560, 561.
[179] Vgl. OLG Frankfurt, FamRZ 1966, 258.
[180] Vgl. Bumiller/Winkler, FGG, 1992, § 33, Anm. 6.
[181] Vgl. OLG Karlsruhe, FamRZ 1996, 1094.
[182] OLG Brandenburg, FamRZ 1996, 1092, 1093.
[183] Vgl. Mühlens/Kirchmeier/Greßmann, Das neue KindschaftsR, 1998, S. 53.
[184] OLG Karlsruhe, Justiz 1981, 84.
[185] OLG Zweibrücken, FamRZ 1987, 90, 91; OLG Düsseldorf, FamRZ 1993, 1349, 1350;

c) Abänderung der elterlichen Sorgeberechtigung

Um dem Kind bei einer Scheidung den Kontakt zu beiden Eltern zu ermöglichen, besteht bei nachhaltiger Vereitelung des Umgangsrechts durch den sorgeberechtigten Elternteil außerdem die Möglichkeit, demjenigen, der aufgrund einer gerichtlichen Entscheidung die elterliche Sorge innehat, die Sorgeberechtigung zu entziehen und gemäß § 1696 Abs. 1 BGB auf den anderen Elternteil zu übertragen.

Die fehlende Mitarbeit bei der Durchführung der Umgangsberechtigung des Kindes bzw. des anderen Elternteils oder die Verhinderung des Umgangsrechts kann einen Grund darstellen, die Erziehungseignung des Sorgeberechtigten anzuzweifeln.[186] Das Familiengericht hat diesbezüglich aufgrund der Amtsermittlung zu prüfen, ob die Voraussetzungen für eine Änderung der Sorgerechtsentscheidung nach § 1696 Abs. 1 BGB vorliegen.[187] Dementsprechend muß eine Anordnung zur Sorge geändert werden, wenn dies aus triftigen, das Wohl des Kindes nachhaltig berührenden Gründen angezeigt ist.

Durch das Reformgesetz zum Kindschaftsrecht ist der Wortlaut dieser Vorschrift an die von der Rechtsprechung und Literatur gefundenen Formulierung zur alten Fassung des § 1696 Abs. 1 BGB angepaßt und entsprechend geändert worden.[188] Die neue Regelung stellt klar, daß eine Sorgerechtsentscheidung nicht jederzeit leicht abänderbar ist, sondern immer eine wohlüberlegte Kindeswohlprüfung im Einzelfall voraussetzt.[189]

C. Bewertung der dargestellten Maßnahmen unter Berücksichtigung der sozial- und verfahrensrechtlichen Neuregelungen

Beratung, Vermittlung und Unterstützung, elterliches Einvernehmen und eigenverantwortliche Konfliktlösung sind die Schlagworte, die im Rahmen der neuen sozial- und verfahrensrechtlichen Bestimmungen den wesentlichen Kern der gesetzlichen Zielsetzung bilden. Mit Hilfe der Intervention Dritter sollen Eltern in erster Linie in dem Bemühen um eine eigenverantwortliche Lösung der Probleme unterstützt werden, um die Trennungs- und Scheidungsfolgen für ihre Kinder zu mildern.[190]

OLG Hamburg, FamRZ 1996, 1093.

186 Vgl. OLG Bamberg, FamRZ 1985, 1175, 1177.

187 Vgl. OLG München, FamRZ 1997, 45.

188 Vgl. BT-Drucks. 13/4899, S. 109.

189 Vgl. Mü-Ko/Hinz, BGB, 1992, § 1634, Rdn. 19.

190 Vgl. Lauer, JugH 1998, 179, 182.

Im Zusammenhang mit der Diskussion zum Themenbereich der Scheidungs- und Trennungsproblematik bestehen vielfältige Interventionsformen zur Konfliktminderung bzw. -lösung. Unter dem Oberbegriff der Trennungs- und Scheidungsintervention läßt sich jedes Eingreifen Dritter in den Verlauf der Trennung und Scheidung verstehen.[191] Die außergerichtlichen Formen einer Intervention durch Dritte, wie die Scheidungstherapie, -beratung und -mediation, stellen dabei sehr aufwendige und zeitintensive Verfahren dar, die aufgrund der oft vorhandenen Hemmschwelle der Betroffenen gegenüber psychologischer und fachkompetenter Beratung und der damit verbundenen Kosten, nicht in allen problembelasteten Trennungsfällen in Anspruch genommen werden.[192] Die daneben bestehende traditionellen Formen von Intervention im Parteienstreitverfahren unter Einbeziehung der Familienrichter, Mitarbeiter der Jugendämter und anderer Beratungsstellen, Sachverständigen und Anwälten sollen durch die sozial- und verfahrensrechtlichen Neuregelungen des Kindschaftsrechtsreformgesetzes gestärkt werden, wobei der Gesetzgeber in den dargestellten Regelungen auf die Konfliktlösungskompetenzen und Aushandlungsmöglichkeiten der Beteiligten setzt.

Die neue Regelung des § 52 FGG, wonach die Familiengerichte „so früh wie möglich" auf ein Einvernehmen der Eltern hinwirken und auf die Beratungs- und Unterstützungshilfen verweisen sollen, erfordert vermehrt die Kompetenz des zuständigen Familienrichters zur Erkennung von Risikosituationen und der Beachtung kindlicher Basisbedürfnisse.[193] Allerdings wird ein praxiserfahrener Familienrichter auch bislang nicht gezögert haben, am Beginn eines Scheidungsverfahrens streitigen Ehegatten die Bedeutung eines Einvernehmens insbesondere im Hinblick auf sorge- und umgangsrechtliche Fragen im Interesse des Kindes zu vermitteln.

Als „Zauberformel" eignet sich auch sowohl der Verweis auf die Beratungsangebote der Jugendhilfe als auch das gerichtliche Vermittlungsverfahren gemäß § 52 a FGG, das mit einer Einigung über außergerichtliche Streitbeilegung enden kann, nicht.[194] In allen Fällen, also auch bei der Anordnungsbefugnis des Familiengerichts nach § 1684 Abs. 3 S. 2 BGB, die es ermöglicht, bei den Parteien für die Durchführung der Umgangsregelung zu werben und sie zu einer Einigung anzumahnen,[195] ist eine grundsätzliche Kooperationsbereitschaft der Eltern erforderlich, um umgangsrechtliche Streitigkeiten beilegen zu können.

Jedoch kann die Jugendhilfe dazu beitragen, die vorhandenen Mängel bei der verantwortlichen Selbstregelung mit ihrer Sachkompetenz ausgleichen, um den

---

[191] Balloff/Walter, FuR 1991, 63, 65.
[192] Vgl. Fthenakis FPR 1998, 84, 88.
[193] Vgl. Fegert, JugH 1998, 145, 146.
[194] Vgl. Fegert, JugH 1998, 145, 146.
[195] Vgl. Palandt/Diederichsen, BGB, 58. Aufl., 1999, § 1684, Rdn. 41.

Eltern in der konfliktträchtigen Situation der Trennung Unterstützung zu leisten. Angesichts des Umstandes, daß die Eltern über die besonderen Probleme ihrer Kinder in dieser Situation häufig unzureichend informiert und zudem in ihrer Fähigkeit zu kindesorientiertem Denken und Handeln aufgrund ihrer Partnerschaftsprobleme eingeschränkt sind, ist die staatliche Intervention der Jugendhilfe meist unerläßlich.[196] Das diagnostische Instrumentarium des KJHG soll dabei primär dazu dienen, die Kompetenz der Eltern durch Aufklärung und Information über sich selbst und die Kinder zu erweitern.[197]

Es ist zu erwarten, daß durch die neuen Regelungen die Jugendhilfe- und Beratungsstellen als Vermittungsinstanz verstärkt in Anspruch genommen werden. Von den öffentlichen und freien Jugendhilfeträgern verspricht sich der Gesetzgeber, daß sie in strittigen und eskalierenden Situationen sowohl zur außergerichtlichen Klärung als auch zur Vorbereitung oder Ergänzung einer gerichtlichen Entscheidung angemessene Hilfe leisten.[198] Eine fachlich kompetente Unterstützung und Beratung der Familien wird bei den Regelungen des Sorge- und Umgangsrechts auch erforderlich sein, da diese Teilbereiche in der aktuellen Trennungs- und Scheidungsphase, insbesondere bei hochstrittigen Verfahren, für Justiz und Jugendamt in der Regel den Großteil der Aufmerksamkeit und Arbeitskapazität in Anspruch nehmen und auch in Zukunft voraussichtlich nehmen werden.[199]

Im Interesse der von den Verfahren in erster Linie betroffenen Kindern kommt der Lösung des Konflikts durch die Verständigung der Eltern, unterstützt durch die Bemühungen des Familiengerichts und der Beratungsdienste, eine besondere Bedeutung zu.[200] Die Akzeptanz der getroffenen Regelungen durch die Beteiligten läßt sich am besten dadurch erreichen, daß die Eltern die anstehenden Fragen in eigener Verantwortung lösen. Besonders in dem sensiblen Bereich der Umgangs- und Sorgerechtsfragen ist die einvernehmliche Konfliktlösung eine wichtige Voraussetzung für die erfolgreiche Durchführung der getroffenen Regelungen.[201] Nur bei einem Mindestmaß an gutem Willen und Verständigungsbereitschaft kann eine Sorgerechts- und Umgangsregelung daher in ihrer sinnerfüllenden Weise verwirklicht werden.[202]

Die gerichtliche und außergerichtliche Streitbeilegung kann zudem dazu beitragen, die Belastung aller Betroffenen zu vermindern. Nicht nur Kinder werden von zermürbenden Auseinandersetzungen der Eltern zu Hause (und vor Gericht) ver-

---

196 Vgl. Coester, FamRZ 1992, 617, 619; Fthenakis, FamRZ 1985, 662, 670.
197 Vgl. Fthenakis, FamRZ 1985, 662, 671.
198 Gerth, KindPrax 1998, 15, 16.
199 Vgl. Weber, JugH 1998, 166, 168.
200 Mühlens/Kirchmeier/Greßmann, Das neue KindschaftsR, 1998, S. 328.
201 BT-Drucks. 13/4899, S. 75.
202 Vgl. Schwab, ScheidungsR, 1995, Rdn. 225.

schont, sondern auch die Eltern erlangen durch die Einigung in den Rechtsfragen den Vorteil, neben der „Einsparung“ von Nerven, Zeit und Geld, auf Grundlage ihrer einvernehmlich erzielten Regelungen auch in Zukunft kompromißbereiter verfahren zu können.

Trotz der gesetzgeberischen Wertung, die eigenständige Konfliktlösung der Eltern zu stärken, verzichtet der Gesetzgeber nicht darauf, die gerichtliche Änderung des Umgangsrechts bzw. Maßnahmen in bezug auf das Sorgerecht und die Anwendung von Zwangsmitteln zu normieren.[203]

Allerdings beinhaltet die Möglichkeit, die Sorgerechtsverteilung gemäß §§ 1696, 1671 Abs. 1 BGB zu ändern, stets Risiken für das Kindeswohl, da sie das Kind aus seinen gewachsenen Lebensverhältnissen herauszureißen droht.[204] Der Elternteil, der bei der Scheidung als für die Kindeserziehung besser geeignet erschien,[205] verliert daher grundsätzlich diesen Vorsprung nicht dadurch, daß er in dem Teilbereich - Verhältnis des Kindes zum anderen Elternteil - versagt, wenn die Beibehaltung seines Sorgerechts unter Abwägung aller Umstände die am wenigsten schädliche Alternative ist.[206] Besonders in Fällen, in denen die Kinder gegen den Umgangsberechtigten so negativ beeinflußt wurden, daß sie ihn weder sehen noch bei ihm leben wollen,[207] scheidet aus Gründen des Kindeswohls regelmäßig eine Sorgerechtsänderung aus.[208] Darüber hinaus kann bei der Verhinderung des Umgangs unter Berücksichtigung des Verhältnismäßigkeitsgrundsatzes eine Abänderung der getroffenen Sorgerechtsentscheidung erst dann in Betracht gezogen werden, wenn der sorgeberechtigte Elternteil auch durch gerichtlich festgesetzte Zwangsgelder nicht veranlaßt werden konnte, dem anderen Elternteil die Ausübung des Umgangsrecht zu ermöglichen.[209]

Bei der Vereitelung von Kontakten des Kindes mit dem umgangsberechtigten Elternteil ist die Sorgerechtsänderung folglich oftmals eine nicht zu praktizierende Lösung, da es nicht unbedingt im Interesse des Kindes liegt, seine gesamten Lebensumstände zu ändern. Vielmehr spricht für ein Belassen des Kindes beim bisherigen Sorgerechtsinhabers das Wissen, daß ein Wechsel der elterlichen Sorge zum nichtsorgeberechtigten Elternteil mit aller Wahrscheinlichkeit regelmäßig zu einer erheblichen Belastung des Kindes und damit zu einer Erschwerung seiner gedeihlichen Entwicklung führen würde.[210] Der Familienrichter hat daher in je-

---

[203] Vgl. auch § 52 a Abs. 3 S. 2 FGG.
[204] Schwab, ScheidungsR, 1995, Rdn. 268.
[205] Zu beachten ist, daß es bei Sorgerechtsregelungen immer nur um die relativ bessere Lösung gehen kann: vgl. BGH, FamRZ 1985, 169, 171.
[206] Vgl. Goldstein/Freud/Solnit, Jenseits des Kindeswohls, 1974, S. 49.
[207] Vgl. BGH, FamRZ 1985, 169, 170.
[208] Vgl. Mü-Ko/Hinz, BGB, 1992, § 1634, Rdn. 19.
[209] OLG Hamm, FamRZ 1992, 467, 468.
[210] Vgl. OLG Bamberg, FamRZ 1985, 1175, 1178.

dem Einzelfall unter Berücksichtigung dieser Bedenken abzuwägen, ob eine Änderung der Sorgerechtsverteilung im Hinblick auf die Befähigung des anderen Elternteils, den Kontakt zum nichtsorgeberechtigten Elternteil zu ermöglichen, aus triftigen, nachvollziehbaren Gründen angezeigt ist.[211]

Der mögliche Einsatz von Zwangsmitteln gemäß § 33 FGG erscheint in dem hochsensiblen Bereich der Eltern-Kind-Beziehung ebenfalls problematisch und der Grundkonzeption der sich ergänzenden materiell-, sozial- und verfahrenrechtlichen Normenkomplexe zunächst zu widersprechen. Gerade die Stärkung der elterlichen Rechtspositionen und der Schutz vor unnötigen staatlichen Eingriffen war Zielsetzung des am 1.7.1998 in Kraft getretenen Kindschaftsrechtsreformgesetzes.[212] Das inhaltliche Ziel, Eltern die Wahrnehmung ihrer Verantwortung zum Wohle ihrer Kinder zu ermöglichen, soll daher vornehmlich mit staatlicher Unterstützung und Beratung erfüllt werden.

Eine qualitative und präventive Beratung der Eltern erweist sich vielfach im Hinblick auf die Durchsetzung von Kindesinteressen als wesentlich hilfreicher als Zwangsmaßnahmen, die das Verhältnis des Kindes zu den Eltern belasten und dem Kindeswohl schaden können. Die Reform versucht jedoch, nach zwei Richtungen Spannungen abzubauen und will daher den Signaleffekt der Vollstreckung in den Vordergrund, die Fälle wirklicher Vollstreckung aber in den Hintergrund rücken.[213] Obwohl der Gesetzgeber sich der Problematik zwangsweise durchsetzbarer Entscheidungen bewußt war, sollte die Vollstreckbarkeit von Umgangsrechten und Besuchsregelungen durch Sanktionen nach § 33 FGG aufgrund der Signalwirkung dieser Maßnahmen und nicht zuletzt im Hinblick auf den verfassungsrechtlich garantierten Anspruch auf wirkungsvollen Rechtsschutz[214] weiterhin möglich bleiben.[215] Schon die Möglichkeit der Anwendung von Zwangsmitteln kann der entscheidende Grund dafür sein, daß der Umgang in einer Vielzahl von Fällen durchgeführt wird.[216] Insbesondere kann die Vollstreckbarkeit einer elterlichen Verpflichtung als Pendant zum Umgangsrecht des Kindes dazu beitragen, daß sich Eltern ihrer verbleibenden Verantwortung bewußt werden und zu einer Kooperation finden. Außer Zweifel steht, daß im Rahmen einer Konfliktsituation zunächst die Beratung und Unterstützung bei der Regelung und Durchsetzung von Umgangsrechten Vorrang vor staatlichen Zwangsmaßnahmen hat und einen wichtigen Beitrag dazu leistet, den materiell-rechtlichen Normen die entsprechende Geltung zu verschaffen.

---

[211] Vgl. FamRefK/Rogner, 1998, § 1684, Rdn. 31, der in Fällen des Umgangsboykotts bzw. Umgangssabotage einen Sorgerechtswechsel befürwortet.
[212] Vgl. BT-Drucks. 13/4899, S. 1.
[213] Vgl. Rauscher, FamRZ 1998, 329, 341.
[214] Vgl. zur angemessenen Verfahrensdauer: BVerfG, FamRZ 1997, 871, 873.
[215] Vgl. BT-Drucks. 13/4899, S. 69.
[216] Vgl. BT-Drucks. 13/4899, S. 69.

TEIL II
DIE BESCHRÄNKUNG DER UMGANGSBEFUGNIS NACH NEUEM RECHT

Der zweite Teil der Untersuchung legt den Schwerpunkt auf die Möglichkeiten, das elterliche Umgangsrecht im Interesse des Kindes einschränken bzw. ausschließen zu können. Der Gesetzgeber hat mit dem Inkrafttreten des Kindschaftsrechtsreformgesetzes die Befugnis des Familiengerichts, das Umgangsrecht einzuschränken bzw. auszuschließen, in einem eigenen Absatz (Absatz 4 des § 1684 BGB) geregelt.

In den folgenden Ausführungen wird dargelegt, in welchen familiären Konfliktsituationen die Einschränkung bzw. der Ausschluß der Umgangsbefugnis erforderlich werden kann, welche Beschänkungsmodalitäten auf Grundlage des § 1684 Abs. 4 BGB im einzelnen bestehen und welche Voraussetzungen an die Anordnung einer Umgangsbeschränkung zu stellen sind.

1. Kapitel: Die Notwendigkeit der Beschränkung des Umgangsrechts in besonderen Problemsituationen

In Fällen, in denen eine eigenständige Konfliktlösung der Eltern zur Beilegung von Umgangsstreitigkeiten nicht gelingt, ist eine Entscheidung des Familiengerichts erforderlich, um entweder die Umgangsbefugnis gemäß § 1684 Abs. 3 BGB konkret zu regeln oder, wenn dies das Kindeswohl verlangt, gemäß § 1684 Abs. 4 BGB das Recht zum Umgang ebenso konkret einzuschränken oder auszuschließen.[217]

Der zu regelnde Umgang des berechtigten Elternteils kann von der Natur der Sache her grundsätzlich nur ein beschränkter sein, wenn er nicht mit den Rechten des anderen Elternteils in Widerspruch geraten soll.[218] Davon sind die Möglichkeiten, das Umgangsrecht nach § 1684 Abs. 4 BGB einzuschränken, zu unterscheiden. Diese vom Kindesinteresse gebotenen Eingriffe in das elterliche Umgangsrecht sind in Ausübung des staatlichen Wächteramtes nach der Neuregelung des § 1684 BGB nur möglich, wenn das Wohl des Kindes eine solche Beschränkung erfordert oder das Kindeswohl gefährdet ist (vgl. § 1684 Abs. 4 S. 1 und 2 BGB).

Obwohl der Gesetzgeber - wie im ersten Teil dargelegt wurde - der Pflege der Beziehungen des Kindes zu beiden Elternteilen durch die neuen Bestimmungen

---

[217] Vgl. BGH, FamRZ 1994, 158, 159.
[218] Vgl. Schwab, ScheidungsR, 1995, Rdn. 249.

des Kindschaftsrechtsreformgesetzes eine hohe Bedeutung beimißt, sind gleichwohl in vielen Fällen die Belange des Kindes nur durch die Möglichkeit zu wahren, das Umgangsrecht der Eltern einzuschränken bzw. auszuschließen. Trennungen, Scheidungen und die Auflösung des gemeinsamen Familienhaushaltes stellen das soziale Konfliktfeld dar, in dem elterliche Gefühle eines subjektiven Rechts am Kind am stärksten formuliert und aktualisiert werden und ihren Ausdruck im Streit um das Umgangsrecht finden.[219] Da die Situationen nach einer Trennung oder Scheidung der Eltern so vielfältig sind, wie Familienleben, in denen Kinder aufwachsen, existiert im familiären Auflösungsprozeß ein breites Spektrum an Konfliktsituationen, die im Bereich des Umgangsrechts eine Regelung erschweren und die Durchsetzung von elterlichen Umgangsbefugnissen verhindern. Trotz dieser Vielfältigkeit und der Verknüpfung einzelner Problemsituationen soll im folgenden versucht werden, die im Zusammenhang mit der Umgangsfrage häufig auftretenden Probleme zu strukturieren, um eine Einordnung der Einschränkungsarten nach § 1684 Abs. 4 BGB zu ermöglichen.

A. Problemsituationen aufgrund hochstrittiger elterlicher Auseinandersetzungen

I. Verfeindung der Eltern und entgegenstehender Wille des Kindes

Eine Beschränkung des Umgangsrechts kommt vor allem in Betracht, wenn bei erheblichen Spannungen zwischen den Eltern die Besuchssituation durch die Begleitumstände der Trennung für Kinder unerträglich werden und daher nicht selten mit schädlichen Folgen für ihre persönliche Entwicklung verbunden sind.

In der Mehrzahl der Trennungs- und Scheidungsfälle haben die zwischen den Eltern ausgetragenen Konflikte negative Auswirkungen auf die Ausübung des Umgangsrechts mit dem Kind, so daß Besuchskontakte nicht oder nur unter großen Schwierigkeiten stattfinden können. Tatsächlich ist die psychische Befindlichkeit vieler getrenntlebender bzw. geschiedener Paare in sehr vielen Fällen so beschaffen, daß die weiter anhaltenden, vielfach aggressiv besetzten inneren Loslösungsprozesse eine Gesprächsbasis und damit eine Beruhigung der Beziehungen lange Zeit nicht zulassen.[220] Vielen Sorge- und Umgangsberechtigten bleibt der Blick für die Bedürfnisse der Kinder in der Trennungsfolgensituation verstellt, weil sie auf der einen Seite ihre zerbrochene Partnerschaft nicht verarbeitet haben und dem ehemaligen Partner vielfach nur aggressiv gegenübertreten können. Andererseits verlangen sie ihre negativen Gefühle gegenüber dem früheren Partner

---

[219] Vgl. Stein-Hilbers, FuR 1991, 198, 200.
[220] Vgl. Gaier, FamRZ 1990, 1330, 1331.

unbewußt den Kindern ab und führen so in diesen eine tatsächliche Abwehr gegen das Umgangsrecht herbei.[221]

Die starke Verfeindung der Eltern und die hieraus resultierende Abwehrhaltung der Kinder gegenüber regelmäßigen Besuchen des umgangsberechtigten Elternteils bilden daher in vielen Fällen der Trennungen den Grund für die Einschränkung bzw. den Ausschluß des Umgangsrechts.[222]

II. Traumatisierung des Kindes

Der Zerfall des familiären Systems stellt für die Mehrzahl der Kinder eine Tragödie dar, weil die Existenzgrundlage „Familie“ als Identität des Kindes mit Vater und Mutter entzogen wird.[223] Die Funktion der „Ursprungs“- Familie, den Kindern einen Hort für emotionale und soziale Sicherheit zu ermöglichen, geht durch die Auflösung des familiären Beziehungsgeflechts verloren und erzeugt bei Kindern Angst und Verunsicherung.[224] Dabei ist in diesem Zusammenhang zu berücksichtigen, daß es im Trennungserleben der Kinder keinen Unterschied macht, ob die Eltern verheiratet waren oder nicht.[225] Kinder aus nichtehelichen Lebensgemeinschaften erleben im Falle der Trennung der Eltern die gleichen traumatischen Trennungserfahrungen wie eheliche Kinder.[226] Die Veränderungen der Beziehungsstrukturen werden von Kindern dabei häufig als Bedrohung empfunden, zumal sie gleichzeitig die Gefahr beinhalten, den Kontakt zu dem Elternteil zu verlieren, mit dem das Kind künftig nicht mehr in einer häuslichen Gemeinschaft lebt. Bedeutet allein die Trennung der Eltern für das Kind eine so starke psychische Belastung, kann im Interesse des Kindes eine Einschränkung bzw. ein zeitweiliger Ausschluß der Besuchskontakte gerechtfertigt sein.[227]

III. Entfremdung des Kindes vom Umgangsberechtigten

Eine Entfremdung zwischen dem Kind und dem Umgangsberechtigten, d.h. die Herstellung einer singulären Beziehung zwischen dem Kind und einem Elternteil

---

221 Vgl. BGH, FamRZ 1980, 131, 133; OLG Bamberg, FamRZ 1989, 890, 892; OLG Celle, FamRZ 1989, 892; AG Bad Iburg, FamRZ 1988, 537, 540.

222 Vgl. dazu KG, FamRZ 1985, 639, 640; OLG Bamberg, FuR 1997, 276, 277; OLG Celle, FamRZ 1998, 1458, 1459; OLG Bamberg, FamRZ 1998, 969, 970; vgl. auch BGH, FamRZ 1985, 169 ff.

223 Vgl. Knappert, ZfJ 1991, 398, 399.

224 Vgl. Maywald, Zwischen Trauma und Chance, 1997, S. 274; KSB/Müller/Steurer, Das Betreute Umgangsrecht, S. 10.

225 Vgl. Balloff, ZfJ 1991, 189, 194.

226 Vgl. Balloff, ZfJ 1991, 189, 194.

227 Vgl. OLG Hamm, FamRZ 1995, 314; OLG Hamburg, FamRZ 1991, 471, 472; vgl. auch OLG Köln, FamRZ 1997, 1097

unter Ausschluß des anderen, tritt in einem breiten Kontinuum auf und kann auf unterschiedliche Gründe zurückzuführen sein.

In vielen Trennungs- und Scheidungsfällen stellt die Entfremdung des Kindes vom anderen Elternteil durch Umgangsvereitelung des Sorgeberechtigten die Hauptproblematik bei der Regelung des Umgangs dar. Dabei haben sich die von sorgeberechtigten Elternteilen meist vorgebrachten Argumente gegen die Durchführung von Besuchen beim anderen Elternteil als weitverbreitetes, stereotypisches Verhaltensmuster soweit verfestigt, daß sie den Charakter von Ritualen angenommen haben.[228] Da den Bedürfnissen und Interessen der Kinder im Zusammenhang ihrer Trennung von den Eltern eine untergeordnete Rolle eingeräumt wird, wird ihnen der Abbruch der Beziehungen zum anderen Elternteil oftmals vom Sorgeberechtigten aufgezwungen. Die Annahme, daß der Besuch beim außerhalb lebenden Elternteil mit negativen Konsequenzen für die kindliche Entwicklung einher geht, spielt dabei ebenso eine wichtige Rolle wie die negative Einstellung des sorgeberechtigten Elternteils gegenüber dem vormaligen Partner.[229] Eine darauf zurückzuführende Entfremdung ist in der Regel die Folge eines durch stetige Beeinflussung in Gang gesetzten psychischen Prozesses von seiten des sorgeberechtigten Elternteils.[230]

Weitere Gründe für Kontaktunterbrechung können psychopathologische Beeinträchtigungen beim nichtsorgeberechtigten Elternteil und Gefahrensituationen für das Kind sein. Möglicherweise haben sich die Eltern aber auch schon vor der Geburt des Kindes getrennt, so daß der Vater die Entwicklung des Kindes nicht von Anfang an begleiten konnte.[231] Eine Entfremdung ist auch dann Folge einer Elterntrennung, wenn der Umgangsberechtigte - aus welchen Gründen auch immer - die Besuche mit dem Kind längere Zeit ablehnt. Zum Teil führt aber auch der Beginn einer neuen Partnerbeziehung zu einer längeren Aussetzung der Besuchskontakte.[232]

Die Konsequenz einer Entfremdung ist häufig ein für die kindliche Entwicklung folgenschwerer und kaum noch rückgängig zu machender Abbruch jeglicher Beziehung zu dem ohnehin nur besuchsweise erlebten Elternteil.[233] In diesem Zusammenhang stellt sich vielmehr die Frage, ob durch die Möglichkeiten, das Um-

---

[228] Vgl. zu den Ritualen einer Umgangsvereitelung: Klenner, FamRZ 1995, 1529, 1530.
[229] Vgl. LBS/Fthenakis, Trennung, Scheidung und Wiederheirat, 1996, S. 122.
[230] Vgl. Ward/Harvey, ZfJ 1998, 237, die diesen Zustand als PAS („Parental Alienation Syndrome", Elterliches Feindbild-Syndrom) bezeichen.
[231] Vgl. OLG Hamm, FamRZ 1994, 58, 59; AG Bad Hersfeld, FamRZ 1998, 321, 322.
[232] Vgl. LBS/Fthenakis, Trennung, Scheidung und Wiederheirat, 1996, S. 122.
[233] Siehe Ward/Harvey, ZfJ 1998, 237.

gangsrecht einzuschränken, eine sukzessive Wiederaufnahme der Besuche in Betracht kommen kann.[234]

B. Problemsituationen aufgrund von Eigenschaften oder Verhaltensweisen des umgangsberechtigten Elternteils

I. Dem Umgangszweck zuwiderlaufende Motivation des Umgangsberechtigten

Die Beschränkung des Umgangsrecht kann auch auf den Umstand zurückzuführen sein, daß der Umgangsberechtigte eigensinnige Motive verfolgt und an einer Aufrechterhaltung oder Wiederherstellung der familiären Bande zu seinem Kind nur vordergründig interessiert ist.[235] Als Beispiele sind Verhaltensweisen des Umgangsberechtigten zu nennen, die einen Verstoß gegen die Wohlverhaltensnorm darstellen, wie z.B. das Aufhetzen des Kindes gegen den Sorgeberechtigten, die Störung des Mutter-Kind-Verhältnisses und das Ausnutzen des Umgangsrechts zu nachehelichen Auseinandersetzungen bzw. zur Eroberung des Sorgerechts.[236] Auch in Fällen, in denen der umgangsberechtigte Elternteil das vereinbarte Umgangsrecht nicht oder nur in unregelmäßigen Abständen wahrnimmt und eine desinteressierte Haltung gegenüber dem Kind erkennen läßt, kommt eine Beschränkung des Umgangsrechts in Betracht, solange der Umgangsberechtigte kein durch Verantwortung geprägtes Verhalten und die erforderliche Bereitschaft zum persönlichen Kontakt mit dem Kind zeigt.[237] Denkbar ist auch, daß der Umgangsberechtigte das Kind durch sein Verhalten in schwere Konflikte bringt, indem er versucht, das Kind religiös zu beeinflussen.[238]

Verfolgt daher der nichtsorgeberechtigte Elternteil dem Wohl des Kindes abträgliche Ziele und verstößt er gegen entsprechende Anordnungen des Gerichts, ist die Einschränkung bzw. der Ausschluß des Umgangsrechts zu erwägen.

II. Inhaftierung des Umgangsberechtigten

Eine ebenfalls im Rahmen des Umgangs problematische Situation ist die Ausgestaltung des Besuchsrechts, wenn sich der Umgangsberechtigte in Haft befindet.

---

[234] Vgl. LBS/Fthenakis, Trennung, Scheidung und Wiederheirat, 1996, S. 121.
[235] Vgl. OLG Hamm, FamRZ 1997, 693, 694.
[236] Vgl. Staudinger/Peschel-Gutzeit, BGB, 12. Aufl., 1997, § 1634, Rdn. 302; KG, FamRZ 1980, 399.
[237] Vgl. Staudinger/Peschel-Gutzeit, BGB, 12. Aufl., 1997, § 1634, Rdn. 297.
[238] Vgl. Schwab, ScheidungsR, 1995, Rdn. 255.

Aufgrund der wertentscheidenden Grundsatznorm des Art. 6 Abs. 1 GG kommt dem Schutz der Familie im Haftvollzug eine besondere Bedeutung zu.[239] Aufgabe des Staates ist es, in Erfüllung seiner verfassungsrechtlichen Pflicht für die Erhaltung von Ehe und Familie zu sorgen und entsprechend nachteilige Auswirkungen des Freiheitsentzuges im Rahmen des Möglichen und Zumutbaren, aber auch unter angemessener Beachtung der Belange der Allgemeinheit, zu begrenzen.[240] Daraus folgt, daß die Haftanstalt grundsätzlich die Möglichkeiten zu schaffen hat, damit Besuche des Kindes in einem Umfang stattfinden können, der ohne Beeinträchtigung der Ordnung der Anstalt möglich ist.[241] In diesen Fällen ist aufgrund des besonderen Umstandes der Situation das Umgangsrecht nicht oder nur unter bestimmten Einschränkungen zu verwirklichen.

III. Verdacht auf Entführung des Kindes

Bei der Trennung von gemischt-nationalen Partnerschaften wird von seiten des sorgeberechtigten Elternteils häufig die Entführung des Kindes ins Ausland befürchtet, insbesondere wenn der umgangsberechtigte Elternteil einem anderen Rechts- und Kulturkreis angehört. Nicht selten stellen sich bei binationalen Paaren aufgrund der unterschiedlichen kulturellen Zugehörigkeit auch im Zusammenhang mit der Trennung vom früheren Partner Schwierigkeiten ein, die sich konfliktverschärfend auswirken. Zuweilen hat insbesondere der Elternteil, dem das Sorgerecht nicht zugesprochen wurde, Probleme mit der Anerkennung der Entscheidung eines deutschen Familiengerichts über die Verteilung der elterlichen Sorge. Hinzu kommt die Angst des Nichtsorgeberechtigten, den Kontakt zum gemeinsamen Kind zu verlieren. Die Gefahr einer Entführung ist vor allem dann begründet, wenn der Umgangsberechtigte das Kind der sorgeberechtigten Mutter bereits in der Vergangenheit für längere Zeit vorenthalten hat.[242] In diesem Zusammenhang besteht die erneute Gefahr einer Kindesmitnahme des ausländischen Partners in sein Heimatland, so daß die Durchführung des Umgangsrechts in diesen Verdachtsfällen nur unter besonderen Einschränkungen ermöglicht werden kann.

IV. Sexueller Mißbrauch/Verdacht des sexuellen Mißbrauchs

Häufiger Grund für den Antrag auf Ausschluß des Umgangsrechts von seiten der sorgeberechtigten Mutter ist der Vorwurf gegenüber dem früheren Partner, das Kind sexuell mißbraucht zu haben. Die praktischen Erfahrungen zeigen dabei deutlich eine Zunahme des sexuellen Mißbrauchvorwurfs im Rahmen von famili-

---

239 Vgl. BVerfG, FamRZ 1993, 1296, 1297.
240 Vgl. BVerfG, FamRZ 1993, 1296, 1297.
241 Vgl. BVerfG, FamRZ 1993, 1296, 1297.
242 Vgl. OLG München, FamRZ 1993, 94, 95.

engerichtlichen Verfahren zu Sorge- und Umgangsregelungen.[243] Die Auseinandersetzung mit dem Kindesmißbrauch nimmt in diesem Zusammenhang sowohl in der Öffentlichkeit und den Medien als auch in der psychologischen, pädagogischen und juristischen Diskussion einen breiten Raum ein. Im familiengerichtlichen Verfahren kompliziert sich die Situation insofern, als der geäußerte Vorwurf des sexuellen Mißbrauchs durch einen Elternteil einen Vorteil in der zukünftigen Sorgerechts- und Umgangsregelungsfrage bewirken kann.[244]

Allein die Tatsache, daß die steigende Zahl von vermuteten sexuellen Mißbrauchshandlungen den Verdacht nahelegt, daß es sich hierbei um Folgen einer Überempfindlichkeit gegenüber diesem Thema oder gar um bewußte Instrumentalisierung im Sorge- und Umgangsverfahren handelt, darf nicht dazu führen, die Beachtung des Kindeswohls bei der Entscheidungsfindung oder auch nur in der Begründung zu vernachlässigen.[245]

Unter welchen Umständen hier die Einschränkung oder ein Ausschluß des Umgangsrechts in Betracht kommt, wird nicht einheitlich beantwortet. Es ist im wesentlichen von dem im Rahmen der Sachaufklärung festgestellten Grad der Wahrscheinlichkeit des sexuellen Mißbrauchs abhängig, welche Konsequenzen dies für die Umgangsberechtigung nach sich ziehen kann.

V. Schwere Erkrankung des Umgangsberechtigten

Grund für die Beschränkung des Umgangsrechts kann auch in dem Umstand begründet sein, daß der umgangsberechtigte Elternteil unter einer schweren Krankheit leidet, so daß eine Gefährdung des Kindeswohls durch persönliche Kontakte nicht auszuschließen ist.

Leidet der Umgangsberechtigte an einer ansteckenden Krankheit, ohne daß es möglich wäre, das Kind vor einer Ansteckung wirksam zu schützen, kann ein Ausschluß des Umgangs angezeigt sein.[246] Eine Beschränkung des Umgangsrechts wird auch dann erforderlich, wenn es sich bei der Gesundheitsstörung des Umgangsberechtigten um eine Geistes- bzw. Gemütskrankheit handelt, die mit einem für das Kind bedrohlichen Verhalten verbunden sein kann.[247] Auch wenn dem Kranken die Fähigkeit fehlt, sich auf das Kind einzustellen und seine Verhaltensweisen zu kontrollieren, kann der Umgang mit dem Kind nicht uneingeschränkt stattfinden. Ebenso ist in vielen Fällen bei Suchtkrankheiten die Begren-

---

243 Vgl. Salzgeber/Scholz/Wittenhagen/Aymans, FamRZ 1992, 1249.
244 Vgl. Salzgeber/Scholz/Wittenhagen/Aymans, FamRZ 1992, 1249.
245 Vgl. Schulze, Anmerkung zu OLG Frankfurt/M. vom 30.6.1995, FamRZ 1997, 42, 44.
246 Vgl. Staudinger/Peschel-Gutzeit, BGB, 12. Aufl., 1997, § 1634, Rdn. 281.
247 Vgl. Staudinger/Peschel-Gutzeit, BGB, 12. Aufl., 1997, § 1634, Rdn. 283; Erman/Michalski, BGB, 1993, § 1634, Rdn. 7.

zung der Umgangsbefugnis in Erwägung zu ziehen. In der Streßsituation einer Trennung bzw. Scheidung verschärft sich diese Problematik häufig, so daß zum Schutz des Kindes die damit verbundenen Schwierigkeiten bei einer Umgangsregelung zu berücksichtigen sind.

2. Kapitel: Möglichkeiten und Voraussetzungen für die Einschränkung und den Ausschluß des Umgangsrechts nach § 1684 Abs. 4 BGB

A. Änderungen in § 1684 Abs. 4 BGB im Vergleich zu § 1634 Abs. 2 Satz 2 BGB a.F.

I. Erforderlichkeit der Differenzierung zwischen persönlichem Umgang und anderen Umgangsformen

Die Regelung des § 1684 Abs. 4 BGB differenziert hinsichtlich der Beschränkung des Umgangsrechts nicht zwischen den unterschiedlichen Möglichkeiten der Umgangsformen. Im Gegensatz zu § 1634 Abs. 2 S. 2 BGB a.F., der den Ausschluß bzw. die Einschränkung des persönlichen Kontaktes betraf, bezieht sich Absatz 4 der Umgangsbestimmung auch hinsichtlich der Beschränkbarkeit des Umgangsrechts grundsätzlich auf alle Arten der Kommunikation zwischen dem Kind und dem Berechtigten.[248]

Während der Ausschluß des Umgangsrechts nach § 1634 Abs. 2 S. 2 BGB a.F. nicht selbstverständlich das Verbot enthielt, auch auf andere Weise Kontakt mit dem Kind zu suchen,[249] läßt § 1684 Abs. 4 BGB diese Schlußfolgerung nicht ohne weiteres zu.

Bei der Beschränkung des Umgangsrechts nach § 1684 Abs. 4 BGB ist daher hinsichtlich der Kommunikationsarten bei einer Umgangsregelung genau zu unterscheiden, in welcher Weise der Umgang eingeschränkt bzw. ausgeschlossen werden soll. Eine familiengerichtliche Entscheidung auf der Grundlage des § 1684 Abs. 4 BGB hat daher festzulegen, ob ausschließlich der persönliche Umgang oder auch andere Kontaktmöglichkeiten (z.B. Telefonate, Briefe) begrenzt werden. Am Maßstab des Kindeswohls ist daher im einzelnen festzulegen, welche Kontakte im Rahmen einer Problemsituation von der Umgangsbeschränkung erfaßt sind.

---

[248] Siehe S. 39, 40.

[249] Vgl. OLG Schleswig, SchlHA 1984, 173; vgl. auch Mü-Ko/Hinz, BGB, 1992, § 1634, Rdn. 40.

II. Einschränkung und Ausschluß des Vollzugs früherer Entscheidungen

Bei der Regelung des Umgangsrechts auf Grundlage des § 1684 Abs. 4 BGB ist die Möglichkeit hinzugekommen, auch den Vollzug früherer Entscheidungen über das Umgangsrecht einzuschränken oder auszuschließen. § 1634 Abs. 2 S. 2 BGB a.F. ermöglichte es bisher lediglich, das Umgangsrecht selbst auszuschließen oder einzuschränken. Bei dieser neuen Vollzugsbestimmung handelt es sich um eine verfahrensrechtliche Regelung, die im Interesse der Übersichtlichkeit in § 1684 Abs. 4 BGB bei der Ausschluß- und Einschränkungsmöglichkeit des Umgangsrechts geregelt wurde.[250] Ebenso wie die Vermittlung des Gerichts nach § 52 a FGG kann die Vollzugsbeschränkung einer Umgangsentscheidung als Instrument zur Schlichtung im Stadium der Vollstreckung von Umgangsentscheidungen eingesetzt werden, um die zwangsweise Durchsetzung einer Entscheidung nach § 33 FGG zu vermeiden.[251]

Hintergrund der über § 1634 Abs. 2 S. 2 BGB a.F. hinausgehenden Regelungsmöglichkeit ist die mißliche Erkenntnis, daß der das Kind betreuende Elternteil aufgrund seiner negativen Haltung gegenüber dem umgangsberechtigten Elternteil eine Situation für die Besuchskontakte des Kindes herbeiführen kann, die dem Kindeswohl schadet.[252] Zwar kann in solchen Fällen die Erziehungseignung des sorgeberechtigten Elternteils in Frage gestellt werden, wenn die obstruktive Einstellung des Sorgeberechtigten dazu führt, die ohnehin problematische Umgangssituation zu verschlechtern und das Kind gegen den Umgangsberechtigten zu beeinflussen.[253] Eine Entziehung der elterlichen Sorge als Maßnahme gegen den sorgeberechtigten Elternteil wird aber oft wegen der tatsächlichen Gegebenheiten nicht in Betracht kommen.[254]

Die Lösung zur Vermeidung einer problembehafteten Besuchsatmosphäre findet sich daher häufig in der Einschränkung bzw. Ausschluß des Umgangsrechts des anderen Elternteils. Die Beschränkung des Umgangsrechts als solches vermittelt jedoch dem Sorgerechtsinhaber gegenüber die falschen Signale. Diese Maßnahme unterstützt seine Hoffnung, als Inhaber der elterlichen Sorge jederzeit das „Recht auf seiner Seite“ zu haben und für sein ablehnendes Verhalten letztlich noch „belohnt“ zu werden.[255] Der Umgangsberechtigte seinerseits wird bei der Einschränkung seiner Berechtigung nicht verstehen bzw. verstanden haben, warum

---

250 BT-Drucks. 13/4899, S. 106.

251 Vgl. Rauscher, FamRZ 1998, 329, 341.

252 Rauscher, FamRZ 1998, 329, 341.

253 Vgl. BGH, FamRZ 1985, 169.

254 Greßmann, Neues KindschaftsR, 1998, Rdn. 501; vgl. auch S. 65.

255 Mühlens/Kirchmeier/Greßmann, Das neue KindschaftsR, 1998, S. 169.

das Verhalten des anderen Elternteils zum Anlaß genommen wird, ihm das Umgangsrecht zu versagen.[256]

Obwohl die Ergänzung in § 1684 Abs. 4 BGB de facto nichts an der Tatsache ändert, daß der umgangsberechtigte Elternteil bei einem Ausschluß des Vollzugs einer Umgangsentscheidung gemäß § 1684 Abs. 4 S. 1 1. Alt. BGB zeitweilig keine Besuche wahrnehmen kann, ist die der Bestimmung innewohnende Signalwirkung dennoch nicht zu verkennen. Der Umgangsberechtigte kann in Kenntnis der Wahrung seiner Rechte die zeitweilige Aussetzung der Vollziehung seiner Berechtigung im Interesse des Kindes eher akzeptieren, ohne sich als malefikanter Elternteil zu begreifen. Überdies ist der Ausschluß bzw. die Einschränkung des Vollzugs einer Umgangsentscheidung geeignet, die „Stigmatisierung" des ausgeschlossenen Elternteils gegenüber dem sozialen Umfeld zu vermeiden.[257] Demgegenüber wird dem Sorgeberechtigten klar werden, daß das Umgangsrecht des anderen Elternteils als solches weiter bestehen bleibt und nicht von Grund auf entfallen ist.[258] Gerade weil in streitigen Umgangsverfahren die Partnerkonflikte sehr häufig fortgesetzt werden, kann sich der gerichtliche Ausschluß der Umgangsbefugnis wie ein Sieg des sorgeberechtigten Elternteils und wie eine Niederlage des Umgangsberechtigten auswirken.[259]

Die Neuregelung ermöglicht es dem Gericht, zum Wohl des Kindes eine situative Entscheidung zu treffen, ohne das Recht des umgangsberechtigten Elternteils unmittelbar zu beschränken. Insoweit kann sich die Ergänzung zur Beschränkung des Vollzugs einer Umgangsregelung an den tatsächlichen Gegebenheiten entsprechend orientieren und in einer Umgangsentscheidung zum Ausdruck gebracht werden.[260]

B. Die Beschränkung des Umgangsrechts gemäß § 1684 Abs. 4 Satz 1 BGB

I. Die Eingriffsvoraussetzung des § 1684 Abs. 4 Satz 1 BGB

Eine zeitweilige Beschränkung des Umgangsrechts oder des Vollzugs einer früheren Entscheidung über das Umgangsrecht ist gemäß § 1684 Abs. 4 S. 1 BGB anzuordnen, soweit dies zum Wohl des Kindes erforderlich ist. Die Formulierung der Eingriffsvoraussetzung in Satz 1 des § 1684 Abs. 4 BGB für eine Umgangs-

---

256 Vgl. Greßmann, Neues KindschaftsR, 1998, Rdn. 501.

257 Vgl. dazu Staudinger/Peschel-Gutzeit, BGB, 12. Aufl., 1997, § 1634, Rdn. 279 (zur Nichtregelung des Umgangs).

258 Vgl. BT-Drucks. 13/4899, S. 106.

259 Staudinger/Peschel-Gutzeit, BGB, 12. Aufl., 1997, § 1634, Rdn. 279.

260 Vgl. dazu OLG Hamm, FamRZ 1997, 307.

einschränkung bzw. den Ausschluß des Umgangsrechts entspricht der bisherigen des § 1634 Abs. 2 S. 2 BGB a.F. [261]

1. Die Erforderlichkeit der Maßnahme

Die „Erforderlichkeit" der Maßnahme ist demzufolge Voraussetzung für die Anordnung der Beschränkung des Umgangsrechts bzw. seines Vollzuges nach § 1684 Abs. 4 S. 1 BGB. Unter welchen Umständen aber die Einschränkung des Besuchskontaktes bzw. der Kontaktabbruch zum Umgangsberechtigten als erforderlich anzusehen ist, wurde bislang für den Anwendungsbereich des § 1634 Abs. 2 S. 2 BGB a.F. in Rechtsprechung und Literatur, insbesondere im Hinblick auf den Ausschluß des Umgangsrechts, nicht einheitlich beurteilt.
Nach einer die Eingriffsschwelle sehr hoch ansetzenden Ansicht konnten Umgangskontakte nur ausgeschlossen werden, sobald die bestehende Sachlage die Eingriffsvoraussetzungen von § 1666 BGB erfüllt, mithin das Kindeswohl gefährdet war.[262] Im Hinblick auf die grundsätzliche Bedeutung der persönlichen Beziehung des Kindes zum umgangsberechtigten Elternteil war ein Ausschluß des Umgangs nur veranlaßt, wenn nach den Umständen des Einzelfalls der Schutz des Kindes dies erfordert, um eine konkrete, in der Gegenwart bestehende Gefährdung seiner körperlichen oder seelischen Entwicklung abzuwehren.[263] Die bloße Möglichkeit des Eintritts beispielsweise einer psychischen Störung des Kindes in der Zukunft aufgrund der Besuchskontakte mit dem Umgangsberechtigten bildete nach dieser Auffassung keinen ausreichenden Grund, um einen Ausschluß des Umgangsrechts zu begründen.[264]

Demgegenüber reichte nach einer anderen Ansicht das auf die Erfordernisse des § 1666 BGB eingegrenzte Verständnis für die Eingriffsschwelle und Anwendbarkeit des § 1634 Abs. 2 S. 2 BGB a.F. nicht aus, um Unzuträglichkeiten aus einer mißbräuchlichen Ausübung des Umgangsrechts abzuwenden.[265] Sowohl für die Einschränkung des Umgangs als auch für den Umgangsausschluß sollten deshalb triftige, das Kindeswohl nachhaltig berührende Gründe genügen.[266] Das Erfordernis einer Kindeswohlgefährdung als Eingriffsvoraussetzung für einen Umgangsausschluß wurde daher verneint. Ebenso wurde aber auch die teilweise vertreten-

---

[261] Vgl. auch § 1671 Abs. 3 S. 1 BGB a.F.
[262] Vgl. BVerfGE 31, 194, 209; BGH, FamRZ 1984, 1084, 1085; OLG Stuttgart, NJW 1981, 404, 405; OLG Celle, FamRZ 1990, 1026, 1027; OLG Hamm, FamRZ 1994, 58, 59; FamRZ 1997, 307, 308; 693, 694; 1095, 1096; OLG Köln, FamRZ 1997, 1097.
[263] Vgl. BVerfGE 31, 194, 209; BGH, FamRZ 1984, 1084; OLG Hamm, FamRZ 1997, 1095, 1096.
[264] Vgl. OLG Stuttgart, NJW 1981, 404, 405.
[265] Vgl. AG Kerpen, FamRZ 1998, 254.
[266] Vgl. Johannsen/Henrich/Jaeger, EheR, 2. Aufl., 1992, § 1634, Rdn. 34; Knöpfel, FamRZ 1983, 317, 323; OLG Karlsruhe, FamRZ 1990, 655, 656; OLG Hamburg, FamRZ 1991, 471, 472; AG Kerpen, FamRZ 1997, 254, 255.

de Ansicht, daß ein Umgangsausschluß schon dann gerechtfertigt ist, wenn dies dem Wohl des Kindes dienlich wäre, im Hinblick auf den verfassungsmäßigen Rang des Umgangsrechts und dem in den Gesetzesmaterialien erkennbar gewordenen Willen des Gesetzgebers abgelehnt.[267]

Den bislang hinsichtlich der Anwendung des § 1634 Abs. 2 S. 2 BGB a.F. bestehenden Streit über die Höhe der Eingriffsschwelle für die „Erforderlichkeit" einer einschränkenden Maßnahme beendet der Gesetzgeber mit der zusätzlichen Einfügung des Satzes 2 in § 1684 Abs. 4 BGB. Danach ist auf die Gefährdung des Kindeswohls nur dann abzustellen, wenn eine Einschränkung bzw. ein Ausschluß des Umgangsrechts oder seines Vollzuges für längere Zeit oder auf Dauer angeordnet werden soll. Der Gesetzgeber gibt mit der Differenzierung der Eingriffsschranken in § 1684 Abs. 4 S. 1 und 2 BGB hinsichtlich der Erforderlichkeit der familiengerichtlichen Anordnung nach § 1684 Abs. 4 S. 1 BGB der Ansicht den Vorrang, daß triftige, das Kindeswohl nachhaltig berührenden Gründe für die Einschränkung oder den Ausschluß des Umgangsrechts nach § 1684 Abs. 4 S. 1 BGB ausreichen.[268]

Diese Definition entspricht dabei im wesentlichen der Formulierung in § 1696 Abs. 1 BGB, der triftige, das Kindeswohl nachhaltig berührende Gründe für die Änderung von Anordnungen voraussetzt.[269] Nach der bisherigen Normbestimmung des § 1696 BGB a.F. konnte eine Sorgerechtsregelung geändert werden, „wenn dies im Interesse des Kindes angezeigt" war. Diese Voraussetzung war mit der Formulierung in § 1634 Abs. 2 S. 2 BGB a.F. „zum Wohl des Kindes erforderlich" gleichzusetzen,[270] da auch im Abänderungsverfahren eine Regelung nur aus triftigen, das Kindeswohl nachhaltig berührenden Gründen gerechtfertigt war.[271]

2. Das konkrete Kindeswohl als Bezugspunkt für die Umgangsbeschränkung

Bei der Prüfung, ob umgangseinschränkende Gründe die gerichtliche Anordnung nach § 1684 Abs. 4 S. 1 BGB erforderlich machen, ist von dem Grundsatz auszugehen, daß das Wohl des individuellen Kindes oberstes Regelungsprinzip aller Umgangsregelungen ist.[272] Diese schon zu § 1634 BGB a.F. vertretene allgemeine Meinung hat das Kindschaftsrechtsreformgesetz durch die Aufnahme des § 1697 a BGB, wodurch das Kindeswohl als allgemeiner Entscheidungsmaßstab

[267] OLG Hamm, FamRZ 1997, 1095, 1096.
[268] Vgl. dazu Johannsen/Henrich/Jaeger, EheR, 3. Aufl., 1998, § 1684, Rdn. 34.
[269] Vgl. Johannsen/Henrich/Jaeger, EheR, 3. Aufl., 1998, § 1684, Rdn. 34.
[270] Vgl. Kropholler, JZ 1984, 164.
[271] Vgl. Palandt/Diederichsen, BGB, 58. Aufl., 1999, § 1696, Rdn. 6.
[272] Vgl. Johannsen/Henrich/Jaeger, EheR, 3. Aufl., 1998, § 1684, Rdn.5, 23.

in Sorge- und Umgangsrechtsfällen gesetzlich festgelegt worden ist, normativ bestätigt.[273]

Der Begriff des „Kindeswohls" ist nicht lediglich Maßstab einer Entscheidung für Einschränkungen oder den Ausschluß des Umgangsrechts nach § 1684 Abs. 4 BGB. Vielmehr verweist das Kindschaftsrecht wiederholt auf das „Wohl des Kindes", so bei Eingriffen in die elterliche Sorge (§ 1666 BGB), bei Sorgerechtsregelungen nach der Scheidung (§ 1671 BGB) oder in anderen Fällen der Sorgerechtsübertragung (§§ 1678, 1680, 1681 BGB) sowie als Voraussetzung für die Adoption (§ 1741). Dieser Rechtsbegriff kann jedoch auf einer alles umfassenden abstrakten Ebene, für die er verwendet wird, nicht gehaltvoll definiert werden.[274] Schwerpunktkritik der Kindeswohlproblematik ist daher auch die Unbestimmtheit des Begriffs und die daraus folgende Gefahr einer subjektivistischen willkürlichen Handhabung durch die Gerichte.[275] Auch die Forderung an den Gesetzgeber, Generalkauseln möglichst zu vermeiden und durch Einzeltatbestände zu ersetzen oder einen Kriterienkatalog zur Beurteilung des Kindeswohls zu erstellen, um den Richter einem stärkeren Begründungszwang auszusetzen,[276] kann im Einzelfall nicht zu befriedigenden Ergebnissen führen. Die Suche nach einer kurzen griffigen Formel, die den Staat weitgehend aus der Familie heraushalten soll, gleichzeitig aber das Kindesinteresse verwirklichen soll und auch gegenüber den Eltern nicht ungerecht sein soll, ist und bleibt illusorisch.[277]

II. Einschränkungen des Umgangsrechts

Da die Eingriffe auf der Grundlage des § 1684 Abs. 4 BGB dem Verhältnismäßigkeitsprinzip unterstehen und auch der gesetzgeberische Wille zur Förderung der Eltern-Kind-Kontakte grundsätzlich Beachtung finden muß, sind Einschränkungen grundsätzlich vorrangig vor dem Ausschluß des Umgangsrechts zu prüfen.[278] Dabei ist bei der Art der Einschränkung zu beachten, daß sie lediglich auf ein Maß minimiert wird, das einer kontinuierlichen Entwicklung des Eltern-Kind-Verhältnisses nicht von vornherein im Wege steht. Das Umgangsrecht darf daher nur einschränkenden Bestimmungen unterworfen werden, wenn der Zweck des Umgangsrechts dadurch nicht über Gebühr gefährdet wird und das Wohl des Kindes diese Beschränkung erfordert.[279]

---

273 Vgl. Johannsen/Henrich/Jaeger, EheR, 3.Aufl., 1998, § 1684, Rdn. 5.
274 Vgl. Kropholler, JZ 1984, 164.
275 Vgl. Coester, Das Kindeswohl, 1983, S. 2; Luthin, FamRZ 1984, 114, 116.
276 Vgl. Schulze, Anm. zu OLG Frankfurt vom 30.06.1995, FamRZ 1997, 42, 44.
277 Vgl. Coester, Das Kindeswohl, 1983, S. 143.
278 Vgl. BGH, FamRZ 1980, 131, 132; FamRZ 1984, 1084; FamRZ 1994, 158, 160; Gernhuber, FamR, § 66 IV, S. 1071.
279 Vgl. OLG Hamm, FamRZ 1982, 93, 94.

1. Räumliche Einschränkung durch örtliche Vorgaben

Als Einschränkungen kommen - abweichend von der grundsätzlichen Entscheidungsfreiheit des Umgangsberechtigten über den Ort der Begegnung[280] - örtliche Vorgaben in Betracht. Geeigneter und richtiger Ort für die Ausübung des Umgangsrechts ist grundsätzlich die Wohnung des Berechtigten.[281] In der vom umgangsberechtigen Elternteil geprägten Häuslichkeit soll das Kind ihn selbst erleben dürfen, um so die verwandtschaftlichen Beziehungen mit allen ihren individuellen Einzelheiten möglichst unbefangen pflegen zu können.[282]

Das Umgangsrecht kann aber unter besonderen Umständen räumlich eingeschränkt werden, so daß der Berechtigte den Umgang nur an bestimmten Orten oder in bestimmten Gebieten ausüben darf.[283]

Für das Kind ist es möglicherweise wichtig, die ersten Kontakte nach der Trennung der Eltern in einer vertrauten Umgebung wahrzunehmen. Die neue Wohnung des umgangsberechtigten Elternteils kann Grund für Verängstigung und Irritation des Kindes sein, zumal der neue Aufenthalt des anderen Elternteils die Trennung nach außen hin verdeutlicht. Auch in Fällen, in denen das Kind eine Antipathie gegenüber einem neuen Lebenspartner des umgangsberechtigten Elternteils entwickelt hat, kann es erforderlich sein, das Besuchsrecht zunächst zeitweilig für die erste Phase nach der Trennung der Eltern in der Wohnung des Sorgeberechtigten, der Großeltern oder anderer vertrauter Personen stattfinden zu lassen. Soweit die Eltern aufgrund ihrer Streitigkeiten nicht in der Lage sind, eine einvernehmliche Lösung über den Ort des Umgangs zu treffen, bieten sich auch neutrale Orte, wie beispielsweise der Kindergarten, das Gemeindehaus oder andere Räume öffentlicher Institutionen an.[284] Die Wahl eines neutralen Ortes kommt auch in Betracht, wenn es für das Wohlbefinden des Kindes, beispielsweise aufgrund seines Alters oder nach einer längeren Umgangspause, erforderlich erscheint.

Die Frage der räumlichen Festlegung von Umgangskontakten stellt sich notwendigerweise auch in den Fällen, in denen sich der Umgangsberechtigte in Strafhaft befindet. Da allein die Inhaftierung des Berechtigten den Ausschluß des Umgangsrechts regelmäßig nicht rechtfertigt,[285] ist in diesem Zusammenhang die Ausübung des Umgangsrechts durch sachgemäße Anordnungen über Ort, Zeit

---

280 Vgl. § 1687 Abs. 1 S. 4 BGB, dazu Rauscher, FamRZ 1998, 329, 334.

281 BGH, FamRZ 1969, 148, 149; OLG Düsseldorf, FamRZ 1988, 1196; OLG München, FamRZ 1978, 614, 617.

282 Vgl. Johannsen/Henrich/Jaeger, EheR, 3. Aufl., 1998, § 1684, Rdn. 24.

283 Vgl. Oelkers, FamRZ 1995, 439, 453; Jauernig/Schlechtriem, BGB, 1997, § 1634, Rdn. 6.

284 Vgl. Oelkers, FamRZ 1995, 439, 454.

285 Vgl. BGH, FamRZ 1984, 1084, 1085.

und Art des Umgangs zu regeln. Das *Bundesverfassungsgericht* hat auf der Grundlage des Art. 6 GG im Fall der Untersuchungshaft festgestellt, daß die räumliche und personelle Ausstattung der JVA die Durchführung von familiären Besuchen grundsätzlich ermöglichen muß.[286] Obwohl in solchen Fällen nicht das Kindeswohl die räumliche Einschränkung des Umgangsrechts erforderlich macht, sondern die Tatsache der Inhaftierung des Berechtigten, bleibt es aufgrund der besonderen Umstände notwendig, aus Rücksicht auf das Wohl des Kindes die Zumutbarkeit dieser Besuchskontakte zu prüfen. Durch entsprechende Ausgestaltung des Umgangs außerhalb der Strafanstalt, etwa im Zusammenhang mit einem Hafturlaub, können die Besuchskontakte beispielsweise auch in der Wohnung der Großeltern oder des Bewährungshelfers durchgeführt werden.[287]

Eine räumliche Einschränkung des Umgangsrechts kommt auch in Betracht, wenn eine Entführung des Kindes ins Ausland verhindert werden soll. In diesen Fällen wird es teilweise als ausreichend erachtet, das Umgangsrecht dahingehend einzuschränken, daß es nur innerhalb Deutschlands ausgeübt werden darf.[288]

2. Zeitliche Einschränkung

Die zeitliche Ausgestaltung des Umgangsrechts liegt bei der Regelung der Besuchskontakte im tatrichterlichen Ermessen. Was die Häufigkeit und zeitliche Bestimmung des Umgangs betrifft, so verbietet sich grundsätzlich von der gesetzlichen Zielrichtung her jede Schematisierung. Das nach Umständen des Einzelfalls zu findende Maß des Umgangs hängt vor allem von dem Alter, dem Entwicklungs- und Gesundheitszustand des Kindes, der Intensität seiner bisherigen Beziehungen zum Umgangsberechtigten, aber auch von der Entfernung der Wohnorte ab.[289]

Im allgemeinen wird aber eine Besuchsregelung festgelegt, die einen regelmäßigen, sich wiederholenden Umgang des Kindes mit dem nichtsorgeberechtigten Elternteil von jeweils kurzer Dauer vorsieht.

a) Aufgrund des geringen Alters des Kindes

Die Umgangsbefugnis ist grundsätzlich nicht allein wegen des geringen Alters des Kindes einzuschränken oder auszuschließen.[290] Um dem Sinn des Umgangsrechts zu entsprechen und der Gefahr einer Entfremdung zwischen dem Kind und dem Elternteil, mit dem das Kind nicht in einer häuslichen Gemeinschaft lebt, vorzu-

---

[286] Vgl. BVerfG, FamRZ 1993, 1296, 1297.
[287] Vgl. BGH, FamRZ 1984, 1084, 1085.
[288] Siehe OLG München, FamRZ 1993, 94, 95; OLG Karlsruhe, FamRZ 1996, 424, 425.
[289] OLG Hamm, FamRZ 1990, 654, 655.
[290] OLG Stuttgart, NJW 1981, 404, 405; Oelkers, FamRZ 1995, 1385, 1390.

beugen, besteht ein Umgangsrecht uneingeschränkt auch im Verhältnis zu einem Kleinkind oder Säugling.[291] Im Hinblick auf eine gedeihliche und gesunde Entwicklung des Kindes ist um so eher bei Kleinkindern, die in der Phase des Erlernens sozialer Kontakte die wichtige Bezugsperson des anderen Elternteils nicht entbehren sollten, der Kontakt zum Nichtsorgeberechtigten bedeutsam.[292] Entscheidend ist, daß sich die Ausgestaltung des Besuchsrechts am motorischen, sprachlichen und psychosozialen Entwickungsstand des Kindes und dessen Interessen orientiert.

In Betracht kommen daher zeitlich reduzierte Treffen, die dem Bedürfnis und der Fähigkeit des Kindes zur Erhaltung dieser Kontakte entsprechen. Die Zeitdauer des jeweiligen Kontaktes mit dem Kind ist möglichst so zu bemessen, daß eine sinnvolle Ausübung des Umgangs möglich ist und sich eine wirkliche Vertrautheit zwischen dem Umgangsberechtigten und dem Kind entwickeln kann.[293] Im Gegensatz zu dem üblichen Drei- bis Vierwochenrhythmus ist es angebracht, die Treffen bei Kleinkindern in kürzeren Abständen, dafür aber jeweils auf wenige Stunden zu begrenzen.[294] Hat das Kind sich mit der Wohnung des Umgangsberechtigten vertraut gemacht und ist die Beziehung des Kindes zum umgangsberechtigten Elternteil stabil und gefestigt, sind Wochenendbesuche mit Übernachtungen nicht per se ausgeschlossen, sondern vom Einzelfall abhängig.[295] Die Bedeutung von Übernachtungsbesuchen ist insbesondere bei Kleinkindern nicht geringzuschätzen, da hierdurch auch - im Vergleich zu den überwiegend spielerischen Aspekten der Begegnungsgemeinschaft - der versorgende und pflegerische Aspekt einer Eltern-Kind-Beziehung zum Ausdruck kommen kann. Auch im Hinblick auf eine stärkere kognitive und emotionale Präsenz des umgangsberechtigten Elternteils ist die Möglichkeit der Übernachtung wichtig, da das Kind in der Entwicklung bzw. Aufrechterhaltung einer vertrauensvollen Beziehung zum anderen Elternteil erfahren kann, daß der Vater bzw. die Mutter „am Morgen immer noch da ist“.[296]

b) Aufgrund anderer Problemsituationen

In problematischen Situationen, wie beipielsweise einer tiefgreifenden Verfeindung der Eltern oder auch bei einer großen Entfernung der Wohnorte sollte überlegt werden, ob nicht vielmehr gegenüber dem von der Rechtsprechung bevorzugten periodischen Umgang eine Umgangsregelung in Zeitblöcken zu treffen

[291] Vgl. OLG Celle, FamRZ 1990, 1026, 1027.
[292] Vgl. OLG Celle, FamRZ 1990, 1026, 1027.
[293] Vgl. OLG Hamm, FamRZ 1990, 654, 655.
[294] Vgl. Oelkers, FamRZ 1995, 439, 454.
[295] Vgl. Plattner, FamRZ 1993, 384, 385.
[296] Vgl. Plattner, FamRZ 1993, 384, 385.

ist.[297] In solchen Fällen könnte ein mehrwöchiger Besuch des Kindes bei dem anderen Elternteil zu einer wesentlichen Entkrampfung bzw. Normalisierung der Beziehung führen und das Kind zu dem umgangsberechtigten Elternteil im Gegensatz zu den sonst als Ausnahmesituation empfundenen periodischen Besuchen eine normale Gefühlsbeziehung entwickeln.[298]

Bei längerer Unterbrechung der Besuchskontakte empfiehlt sich oft ein stufenweiser Übergang von kürzeren zu allmählich länger werdenden Besuchen.[299] Gegenüber einer früheren großzügigeren Regelung kann an den ersten Besuchstagen die Besuchsdauer reduziert werden, um einerseits den Kontaktaufbau nicht zusätzlich zu gefährden und andererseits den Zweck des Umgangsrechts nicht in Frage zu stellen.[300]

Derartige zeitliche Einschränkungen der Umgangsberechtigung sind - abweichend vom „Normalmaß" - an den Bedürfnissen und Belangen des Kindes auszurichten, wobei Praktikabilitätserwägungen von seiten des Umgangsberechtigten zurückzustehen haben.[301]

3. Einschränkung durch Erteilung von Auflagen

Die Einschränkung des Umgangsrechts kann auch durch die Erteilung bestimmter Auflagen erfolgen, die Art und Weise des Umgangs betreffen. Dabei entspricht es der herrschenden Meinung in Literatur und Rechtsprechung, daß die Ausgestaltung und Ausübung des Umgangsrechts des nichtsorgeberechtigten Elternteils grundsätzlich nicht an Bestimmungen des Sorgeberechtigten gebunden ist.[302] Entsprechend dem Zweck des Umgangsrechts ist es dem Kind und dem umgangsberechtigten Elternteil außerdem zu ermöglichen, ihre Beziehung zueinander möglichst ungezwungen zu pflegen.[303]

a) Bestimmung der Abwesenheit eines Dritten

Im Zusammenhang mit einer außerordentlich problematischen Trennung der Eltern oder besonderen Vorfällen in der Vergangenheit kann aber dem umgangsberechtigten Elternteil aufgegeben werden, das Kind nicht mit einer dritten Person in Beziehung treten zu lassen.[304] Obwohl ihm grundsätzlich auch nach neuem

---

[297] Vgl. Palandt/Diederichsen, BGB, 58. Aufl., 1999, § 1684, Rdn. 29.
[298] Vgl. Palandt/Diederichsen, BGB, 58. Aufl., 1999, § 1684, Rdn. 29.
[299] OLG München, FamRZ 1978, 614, 617; vgl. auch OLG Hamm, FamRZ 1994, 58, 59.
[300] Vgl. OLG München, FamRZ 1978, 614, 617.
[301] Vgl. BVerfG, FamRZ 1993, 662, 664.
[302] Vgl. hierzu OLG Hamm, FamRZ 1982, 93, 94.
[303] Vgl. Johannsen/Henrich/Jaeger, EheR, 3. Aufl., 1998, § 1684, Rdn. 22, 31.
[304] OLG Düsseldorf, FamRZ 1992, 205; vgl, auch OLG Hamm, FamRZ 1996, 562.

Recht gemäß §§ 1687 a, 1687 Abs. 1 S. 4 und Abs. 2 BGB das Recht zur Dritt-Umgangsbestimmung zufällt,[305] ist es unter bestimmten Voraussetzungen erforderlich, diese - im Rahmen des Umgangsrechts bestehende - Befugnis einzuschränken.

In Betracht kommt die Erteilung einer derartigen Auflage, wenn beispielsweise das Kind starke Vorbehalte gegen den neuen Partner des umgangsberechtigten Elternteils vorbringt und die Kontakte zum Vater bzw. zur Mutter durch die Anwesenheit eines Dritten gefährdet würden. Allerdings ist die Tatsache, daß beide Eltern nach der Trennung und Scheidung die Möglichkeit haben, sich einem neuen Partner zuzuwenden, grundsätzlich als Scheidungsfolge zu bewerten, deren Erkenntnis den Kindern aus der ehemaligen Beziehung nicht erspart werden kann.[306] Das Erfordernis einer Umgangsbeschränkung gegenüber der Teilnahme des neuen Partners am Besuchsaufenthalt des Kindes kann in der Regel nicht anerkannt werden, selbst wenn die neue Partnerbeziehung der Grund für die Elterntrennung war.[307]

In vielen Fällen ist es aber aus Rücksicht auf den verfassungsrechtlichen Schutz einer bestehenden Ehe und im Interesse des Kindes in der Trennungszeit der Eltern vor einer rechtskräftigen Scheidung erforderlich, das Umgangsrecht dahingehend einzuschränken, daß es nicht in Anwesenheit des neuen Partners des umgangsberechtigten Elternteils durchgeführt werden darf.[308] Wesentlicher Gesichtspunkt ist dabei, daß dem Wohle der Kinder in erster Linie die Wiederherstellung der Lebensgemeinschaft der Eltern dient und sie soweit wie möglich aus dem Streit der Eltern herausgehalten werden sollen.[309] Auch kann dem trennungsunwilligen Sorgeberechtigten vor der Rechtskraft der Scheidung nicht zugemutet werden, dafür zu sorgen, daß die Kinder eine positive Einstellung zum neuen Partner des Ehegatten gewinnen.[310]

Im Gegenteil hat der sorgeberechtigte Elternteil das gute Recht alles zu tun, was zur Wiederherstellung der bestehenden Ehe dienen kann. Zu verkennen ist auch nicht, daß gerade bei jüngeren Kindern das Zusammentreffen mit dem neuen Partner des Umgangsberechtigten als solches zu seelischen Konflikten und Belastungen führen kann, da sie in ihrem Verhalten gegenüber dem neuen Partner in einen seelischen Zwiespalt geraten können.[311]

---

[305] Rauscher, FamRZ 1998, 329, 334; Johannsen/Henrich/Jaeger, EheR, 3. Aufl., 1998, § 1684, Rdn. 31.
[306] Vgl. OLG Hamm, FamRZ 1982, 93, 94.
[307] Vgl. Johannsen/Henrich/Jaeger, EheR, 3. Aufl., 1998, § 1684, Rdn. 31.
[308] Vgl. Mü-Ko/Hinz, BGB, 1992, § 1634, Rdn. 36; Soegel/Strätz, BGB, 1987, § 1634, Rdn. 24; vgl. auch OLG Nürnberg, FamRZ 1998, 976.
[309] Vgl. OLG Köln, FamRZ 1982, 1236; Erman/Michalski, BGB, 1993, § 1634, Rdn. 21.
[310] Vgl. OLG Köln, FamRZ 1982, 1236.
[311] Vgl. OLG Köln, FamRZ 1982, 1236.

Geht im Zusammenhang mit einer Negativbewertung des neuen Partners das Interesse des Kindes an dem umgangsberechtigten Elternteil verloren, ist es ebenso in einem solchen Fall erforderlich, zur Aufrechterhaltung der Eltern-Kind-Beziehung das Umgangsrecht - zumindest für eine gewisse Übergangszeit - mit der Anordnung zu regeln, daß es nicht in Anwesenheit des neuen Partners durchgeführt werden darf.[312]

Die ausdrückliche Erteilung einer solchen Auflage ist außerdem in Erwägung zu ziehen, wenn sich dritte Personen aus dem Verwandten- bzw. Bekanntenkreis des umgangsberechtigten Elternteils gegenüber dem Kind einer Verfehlung schuldig gemacht haben. Dies ist beispielsweise dann der Fall, wenn gegen den zweiten Ehemann der umgangsberechtigten Mutter wegen des Verdachts des sexuellen Mißbrauchs zu Lasten der betroffenen Kinder ermittelt worden ist.[313] Auch wenn dem Umgangsberechtigten selbst kein Vorwurf gemacht werden kann, ist zum Schutz des Kindes die Auflagenerteilung erforderlich, um zukünftig sicherzustellen, daß das Kind keinem Konflikt bei der Durchführung des Umgangs ausgesetzt wird.[314]

b) Erteilung bestimmter Verhaltensanforderungen

Das Familiengericht kann hinsichtlich der Einschränkung des Umgangs auch Auflagen erteilen, die die Einhaltung bestimmter gesundheitlicher Notwendigkeiten umfaßt oder sich auf das Vermeiden bestimmter Gesprächsthemen bzw. Unternehmungen beziehen.[315]

Der Umgangsberechtigte hat sich im Rahmen der Ausübung des Besuchsrechts an dem Entwicklungs- und Gesundheitszustand des Kindes zu orientieren und darauf zu achten, daß das Kind nicht gesundheitlich gefährdet wird.[316] In diesem Zusammenhang kann dem Umgangsberechtigten auferlegt werden, bestimmte Aktivitäten mit dem Kind zu unterlassen[317] oder gewisse gesundheitliche Vorsichtsmaßnahmen zu treffen. Ist beispielsweise eine regelmäßige Medikamenteneinnahme notwendig, hat der Umgangsberechtigte, die Einnahme der Medikamente zu kontrollieren und bei der Ausübung des Umgangs der physischen Belastbarkeit des Kindes besondere Aufmerksamkeit zu schenken.

---

[312] Vgl. Johannsen/Henrich/Jaeger, EheR, 3. Aufl., 1998, § 1684, Rdn. 31.
[313] Vgl. OLG Düsseldorf, FamRZ 1992, 205, 206.
[314] Vgl. auch OLG Hamm, FamRZ 1996, 562, 563.
[315] Vgl. Walter, ZfJ 1996, 270, 271.
[316] Vgl. Mü-Ko/Hinz, BGB, 1992, § 1634, Rdn. 33.
[317] Zum Verbot, das Kind auf einem Motorrad mitzunehmen: OLG München, FamRZ 1998, 974, 975.

Denkbar ist ebenso, daß dem Umgangsberechtigten die Auflage erteilt wird, während der Wahrnehmung der Besuchskontakte bestimmte Themen im Gespräch mit dem Kind zu vermeiden. So kann es insbesondere bei hochstreitigen Elterntrennungen erforderlich sein, aus Rücksicht auf die psychische Belastbarkeit des Kindes einem Umgangsberechtigten, der die Trennung von dem ehemaligen Partner noch nicht verarbeitet hat und über das Kind weiterhin Kontakt zum Sorgeberechtigten sucht, das Ausfragen des Kindes über den anderen Elternteil zu untersagen. Vor dem Hintergrund der konkreten familiären Situation kann daher der Familienrichter in einem Umgangsbeschluß bzw. einer Umgangsvereinbarung das Ausklammern bestimmter „Reizthemen" als Bedingung für den Umgang mit dem Kind bestimmten.

In Fällen, in denen der Umgangsberechtigte eine ausländische Staatsangehörigkeit besitzt und der sorgeberechtigte Elternteil den begründeten Verdacht hat, daß der ehemalige Ehepartner das Kind in sein Heimatland entführt, wird von einigen Gerichten die Ausübung des Umgangsrechts von der Hinterlegung des Passes oder Personalausweises abhängig gemacht.[318] Die Frage, ob das Familiengericht jedoch eine solche Anordnung treffen darf, wird in Rechtsprechung und Schrifttum nicht einhellig beantwortet. Es entspricht einer teilweise geübten Praxis der Gerichte, die Hinterlegung von Pässen in dieser Problemsituation anzuordnen. Demgegenüber hält jedoch eine andere Auffassung derartige Anordnungen aus öffentlich-rechtlichen Gründen für unzulässig.[319]

Auflagen dieser Art können auch in anderen Fällen zur Sicherstellung der mit der Umgangsrechtsausübung verbundenen Pflichten erlassen werden.[320] Um der Verletzung der Wohlverhaltenspflicht zu begegnen, hat das Kindschaftsrechtsreformgesetz dem Familiengericht die Befugnis verliehen, den betreffenden Elternteil durch Anordnungen zur Erfüllung seiner Pflicht anzuhalten (vgl. § 1684 Abs. 3 S. 2 BGB). Insbesondere stehen dem Familienrichter bei Pflichtverstößen des Umgangsberechtigten eine Vielfalt möglicher Gebots- und Untersagungsverfügungen zur Seite, die sich hinsichtlich der Ausübung des Umgangs einschränkend auswirken können.[321]

III. Ausschluß des Umgangsrechts

Ein Ausschluß der Besuchskontakte nach § 1684 Abs. 4 S. 1 BGB als eingreifenste Maßnahme in das verfassungsrechtlich geschützte Umgangsrecht ist in Wahr-

---

318 Vgl. OLG Köln, FamRZ 1972, 572.

319 Vgl. OLG Karlsruhe, FamRZ 1996, 424, 425; Staudinger/Peschel-Gutzeit, BGB, 12. Aufl., 1997, § 1634, Rdn. 303.

320 Vgl. Mü-Ko/Hinz, BGB, 1992, § 1634, Rdn. 33.

321 Vgl. Johannsen/Henrich/Jaeger, EheR, 3. Aufl., 1998, § 1684, Rdn. 15, 16.

nehmung des Wächteramtes (Art. 6 Abs. 2 S. 2 GG) durch das Familiengericht grundsätzlich nur in Ausnahmefällen gerechtfertigt.[322]

Im Hinblick auf das Prinzip der Verhältnismäßigkeit und des geringstmöglichen Eingriffs besteht weitgehend Einigkeit dahingehend, daß ein Ausschluß des Umgangs nur erfolgen darf, wenn die bloße Einschränkung oder die sachgerechte Ausgestaltung des Umgangs durch Auflagen nicht genügt.[323] Auch auf Grundlage der neuen Bestimmung des § 1684 Abs. 4 S. 1 BGB ist ein Ausschluß des Umgangs nur gerechtfertigt, wenn das Wohl des Kindes nicht durch die Einschränkung des Umgangs oder die Veränderung seiner Modalitäten ausreichend geschützt werden kann. Da auch ein nur zeitweiliger Ausschluß des Besuchskontaktes zu einer Entfremdung des Kindes zum Umgangsberechtigten führen und damit dem gesetzgeberischen Zweck zuwiderlaufen würde, ist ein Umgangsausschluß auch weiterhin nur restriktiv zu handhaben.[324]

Für einen zeitlich begrenzten Ausschluß des Umgangsrechts nach § 1684 Abs. 4 S. 1 BGB müssen daher hinreichende Anhaltspunkte vorliegen, um die (weitere) Durchführung der Besuche für eine bestimmte Zeit aus Gründen des Kindeswohls auszusetzen.

IV. Dauer der Einschränkung bzw. des Ausschlusses nach § 1684 Abs. 4 Satz 1 BGB

Eine genaue zeitliche Bestimmung für die Beschränkung des Umgangsrechts nach § 1684 Abs. 4 S. 1 BGB trifft der Gesetzgeber nicht. Wird der in § 1684 Abs. 4 S. 1 BGB nicht ausdrücklich formulierte Zeitfaktor im Rückgriff auf Satz 2 des § 1684 Abs. 4 BGB bestimmt, wird deutlich, daß eine Umgangsbeschränkung nach Satz 1 nicht für längere Zeit oder auf Dauer angeordnet werden kann. Anders als die bisherige Regelung ist daher der längere bzw. dauerhafte Ausschluß des Umgangsrechts im Hinblick auf die „Erforderlichkeit" einer Umgangsbeschränkung nach § 1684 Abs. 4 S. 1 BGB ausgeschlossen. Im Sinne einer Negativbestimmung „nicht für längere Zeit oder auf Dauer" wird deutlich, daß sowohl die Einschränkung als auch der Ausschluß des Umgangsrechts nach § 1684 Abs. 4 S. 1 BGB nur für kurze Zeit angeordnet werden kann.

---

322 Vgl. BGH, FamRZ 1984, 1084.

323 Vgl. BVerfGE 31, 194, 209; BGH, FamRZ 1984, 1084; FamRZ 1994, 158, 160; OLG Celle, FamRZ 1987, 622, 623; OLG Hamm, FamRZ 1994, 58, 59; OLG Köln, FamRZ 1997, 1097; OLG Hamm, FamRZ 1997, 1095, 1096; Schwab, ScheidungsR, 1995, Rdn. 249.

324 Siehe OLG Köln, FamRZ 1997, 1097; vgl. auch OLG Düsseldorf, FamRZ 1994, 1277, 1278.

Welchen genauen Zeitraum die Bezeichnung „nicht für längere Zeit bzw. für kurze Zeit“ umfaßt, könnte im Hinblick auf familienrechtliche Vorschrift des § 1579 Nr. 1 BGB beantwortet werden. Die dort bezeichnete „Ehe von kurzer Dauer“ ist im allgemeinen dann zu bejahen, wenn sie eine Ehedauer von drei Jahren nicht überschreitet.[325] Allerdings ist die Zeitbestimmung in § 1684 Abs. 4 BGB bei einer am Kindeswohl orientierten Entscheidung immer auch im Hinblick auf das subjektive Zeitempfinden eines Kindes zu bestimmen.[326] Forschungsergebnisse haben gezeigt, daß das kindliche Zeitbewußtsein in einem engen Zusammenhang mit psychologischen Bindungen und dem Bedürfnis des Kindes nach Kontinuität steht und sich analog zur Intelligenzentwicklung phasenhaft ausbildet.[327] Auf Grundlage dieser Untersuchungen wurde festgestellt, daß die Fähigkeit zur Wahrnehmung und Schätzung von Zeit im Laufe der Entwicklung erworben und mit zunehmendem Alter erweitert und gefestigt wird.[328]

Da beispielsweise von einem Kleinkind schon ein zeitlicher Abstand der Besuche von einem Monat als Abstand von einem Jahr empfunden wird,[329] ist bei der Anordnung des Umgangsausschlusses diese entwicklungsbedingte Einschätzung von Zeitabständen mit einzubeziehen. Erst ab dem siebten Lebensjahr sind nahezu alle Kinder zu einer Vorstellung von Dauer fähig und setzen dafür Zählstrategien ein.[330] Angesichts des unterschiedlichen Zeitverständnisses in einzelnen Entwicklungsphasen sind generelle Normen für die Festsetzung von zeitlichen Fristen sowohl für die Umgangsdauer als auch für den Umgangsausschluß schwierig zu bestimmen.[331] Vielmehr müßte auf Grundlage dieser psychologischen Erkenntnisse geklärt werden, welche situativen und kindspezifischen Merkmale vorliegen, anhand derer familienrechtliche Entscheidungen so getroffen werden können, daß sie dem jeweiligen Kind und dessen Zeitempfinden am ehesten entsprechen.[332]

Hinzu kommt, daß sich der Anwendungsbereich einer gerichtlichen Umgangsregelung tatsächlich in den meisten Fällen auf die Besuchskontakte von Kindern bis zum vierzehnten Lebensjahr bezieht. Da in der Kindheitsphase der Entwicklungsprozeß eines Kindes verhältnismäßig schnell voran schreitet, ist der Umgangsberechtigte bei einer langjährigen Einschränkung von Besuchskontakten oder eines Umgangsausschlusses in erheblicher Weise von entscheidenden Entwicklungsphasen des Kindes ausgeschlossen.

---

325 Vgl. Palandt/Diederichsen, BGB, 58. Aufl., 1999, § 1579, Rdn. 13.
326 Vgl. Johannsen/Henrich/Jaeger, EheR, 3. Aufl., 1998, § 1684, Rdn. 34.
327 Vgl. Goldstein, Freud, Solnit, Jenseits des Kindeswohls, 1974, S. 39, 40; Piagets, Bildung des Zeitbegriffs beim Kind, 1955, S. 359.
328 Siehe hierzu Plattner, FamRZ 1993, 384.
329 Vgl. Oelkers, FamRZ 1995, 1385, 1388.
330 Vgl. Plattner, FamRZ 1993, 384.
331 Vgl. Plattner, FamRZ 1993, 384, 385.
332 Vgl. Plattner, FamRZ 1993, 384, 385.

Vor diesem Hintergrund ist fraglich, ob bei einem Zeitraum von einem bis drei Jahren die ungeschriebene Voraussetzung von § 1684 Abs. 4 S. 1 BGB „nicht für eine längere Zeit" noch erfüllt ist. Auch in Anbetracht der gesetzgeberischen Zielsetzung, die Beziehung des Kindes zu beiden Elternteilen auch nach der Trennung bzw. Scheidung der Partnerschaft grundsätzlich aufrechtzuerhalten und eine irreversible Entfremdung des Kindes zum Umgangsberechtigten zu vermeiden, ist ein Ein- bis Dreijahreszeitraum für die Beschränkung des Umgangsrechts vielmehr als längere zeitliche Begrenzung einzuordnen.

Mit der Differenzierung der unterschiedlichen Eingriffslegitimationen der Sätze 1 und 2 des § 1684 Abs. 4 BGB und den geringeren Anforderungen an eine Einschränkung oder einen Ausschluß des Umgangs nach § 1684 Abs. 4 S. 1 BGB wird deutlich, daß eine Anordnung nach Satz 1 maximal einen Jahreszeitraum umfassen kann. Will man kindliche Zeitstrukturen bei der Gestaltung des Umgangsrechts und insbesondere bei der Bestimmung der Ausschlußdauer entsprechend den Bedürfnissen des Kindes berücksichtigen, muß die Komplexität des kindlichen Bewußtseins von Zeit mit in die Betrachtung eingehen.[333] Da das nach § 1684 Abs. 4 S. 1 BGB zu bestimmende Zeitmaß auf den obersten Maßstab des Kindeswohls zu beziehen ist, wird man es unter Berücksichtigung der Einzelfallumstände relativieren und insbesondere vom Alter und Zeitempfinden des Kindes abhängig machen müssen.[334]

Mit aller Zurückhaltung gegenüber Generalisierungen könnte man ab der Vollendung des siebten Lebensjahres die Grenze zur „längeren Zeit" bei einem halben Jahr, ab der Vollendung des zwölften Lebensjahres bei einem Jahr und bei jüngeren Kindern deutlich kürzer ziehen, etwa ein bis drei Monate.[335]

Des weiteren ist bei der Grenzziehung zwischen kurzfristigen und längerfristigen Beschränkungen auch die Häufigkeit der bisherigen Umgangskontakte miteinzubeziehen. So wird z.B. bei einem wöchentlichen Umgang ein Ausschluß von mehr als drei Monaten schon nicht mehr nur als kurzfristig angesehen werden können.[336]

Die Beschränkung des Umgangsrechts ist auf Grundlage der Regelung des § 1684 Abs. 4 S. 1 BGB daher unter Berücksichtigung der dargestellten Kriterien nur für einen Zeitraum von wenigen Monaten bis maximal einem Jahr anzuordnen. Wird gemäß § 1684 Abs. 4 S. 1 BGB eine zeitweilige Umgangsbeschränkung angeordnet, bedarf es aus Gründen der Rechtssicherheit und Klarheit für alle Beteiligten der genauen Festlegung des Endtermins, entweder in Form eines

---

[333] Vgl. Plattner, FamRZ 1993, 384, 386.
[334] Vgl. Johannsen/Henrich/Jaeger, EheR, 3. Aufl., 1998, § 1684, Rdn. 34.
[335] Vgl. Johannsen/Henrich/Jaeger, EheR, 3. Aufl., 1998, § 1684, Rdn. 34.
[336] Vgl. FamRefK/Rogner, 1998, § 1684, Rdn. 22.

Kalendertages oder des sicheren Eintritts eines zukünftigen Ereignisses (z.B. Entlassung des Umgangsberechtigten aus der Strafhaft).[337] Die gerichtliche Entscheidung muß daher die zeitliche Begrenzung der Maßnahme klar erkennen lassen.

C. Die Beschränkung des Umgangsrechts gemäß § 1684 Abs. 4 Satz 2 BGB

I. Die Eingriffsvoraussetzung des § 1684 Abs. 4 Satz 2 BGB

Das neue Recht erhöht in § 1684 Abs. 4 BGB die gesetzliche Schwelle für den Ausschluß und die Einschränkung des Umgangsrechts oder den Vollzug einer Umgangsentscheidung für längere Zeit oder auf Dauer. In einem solchen Fall kann gemäß § 1684 Abs. 4 S. 2 BGB eine Entscheidung nur ergehen, wenn andernfalls das Wohl des Kindes gefährdet wäre.

Die Regelung in Satz 2 ist durch den Vorschlag des Rechtsausschusses nach Satz 1 des Regierungsentwurfes zu § 1684 Abs. 4 BGB eingefügt worden.[338] Die Bestimmung des § 1684 Abs. 4 BGB legt mit den unterschiedlichen Formulierungen in Satz 1 und 2 ausdrücklich eine Differenzierung der Eingriffsvoraussetzung für die Beschränkung des Umgangsrechts (und seines Vollzuges) fest.

Mit der Abstufung der unterschiedlichen Eingriffsvoraussetzungen verdeutlicht der Gesetzgeber die Notwendigkeit zur Beachtung des Verhältnismäßigkeitsprinzips bei der Beschränkung der Besuchskontakte. Dieses Prinzip verpflichtet die Gerichte im Rahmen der Auslegung und Abwägung der unbestimmten Rechtsbegriffe und des richterlichen Ermessensspielraums eine Entscheidung zu treffen, die am ehesten geeignet ist, den angestrebten Zweck zu erreichen, wobei die Wirkung der grundrechtseingreifenden Entscheidung nicht außer Verhältnis zum beabsichtigten Erfolg stehen darf.[339] Die Ergänzung des § 1684 Abs. 4 BGB vollzieht und konkretisiert damit die bereits in der Rechtsprechung vorgenommene Abwägung hinsichtlich der Auswahl der einschränkenden Maßnahme.[340] Gleichwohl obliegt dem Familiengericht nunmehr die schwierige Aufgabe, zwischen den Belastungen graduell zu differenzieren, die für das Kind mit der uneingeschränkten Ausübung des Umgangsrechts verbunden sind bzw. wären.[341]

---

337 Vgl. Mü-Ko/Hinz, BGB, 1992, § 1634, Rdn. 44; BGH, FamRZ 1984, 1084, 1085; OLG Celle, FamRZ 1990, 1026; OLG Köln, FamRZ 1997, 1097.

338 Siehe Mühlens/Kirchmeier/Greßmann, Das neue KindschaftsR, 1998, S. 170.

339 Vgl. Jarass/Pieroth, GG, 1997, Art. 20, Rdn. 56-61.

340 Vgl. Mühlens/Kirchmeier/Greßmann, Das neue KindschaftsR, 1998, S. 170; Palandt/Diederichsen, BGB, 58. Aufl., 1999, § 1684, Rdn. 49; FamRefK/Rogner, 1998, § 1684, Rdn. 21.

341 Vgl. Schwab/Wagenitz, FamRZ 1997, 1377, 1381; FamRefK/Rogner, 1998, § 1684, Rdn. 22.

1. Gefährdung des Kindeswohls

Die Beschränkung des Umgangsrechts ist nach § 1684 Abs. 4 S. 2 BGB nur gerechtfertigt, wenn der Schutz des Kindes dies nach den Umständen erfordert, um eine Gefährdung seiner körperlichen und seelischen Entwicklung abzuwenden.[342] Diese - bislang für den Ausschluß des Umgangsrechts nach § 1634 Abs. 2 S. 2 BGB a.F. - von der höchstrichterlichen Rechtsprechung[343] geforderte Voraussetzung bezieht sich nunmehr nach Inkrafttreten der Kindschaftsrechtsreform sowohl auf die Einschränkung als auch auf den Ausschluß des Umgangsrechts für längere Zeit oder auf Dauer.

In Anlehnung an diese Anforderung muß die Beschränkung des Umgangs nach § 1684 Abs. 4 S. 2 BGB die Eingriffsvoraussetzungen des § 1666 BGB erfüllen und geeignet sein, eine konkrete, in der Gegenwart bestehende Gefährdung des Kindeswohls abzuwenden.[344] Als unbestimmter Rechtsbegriff ist die Kindeswohlgefährdung insoweit Eingriffslegitimation, als es die staatliche Intervention in das verfassungsrechtlich geschützte elterliche Umgangsrecht überhaupt erst rechtfertigt, zugleich aber Entscheidungsmaßstab für den Inhalt des Eingriffs ist.[345]

Eine Gefährdung des Kindeswohls liegt bei begründeter, gegenwärtiger Besorgnis der Gefährdung des körperlichen, geistigen oder seelischen Wohls vor.[346] Das Kindeswohl wird gegen Gefährdungen geschützt, die sich aus den gesamten, mit der Besuchssituation zusammenhängenden Umständen und insbesondere aus dem Verhalten des Umgangsberechtigten ergeben. Damit kann die Anordnung einer Beschränkung nach § 1684 Abs. 4 S. 2 BGB aufgrund einer handlungsbezogenen Rechts- bzw. Pflichtenwidrigkeit des Umgangsberechtigten (z.B. sexueller Mißbrauch, Entführung, Beeinflussung des Kindes) oder aufgrund einer Zustands- und Risikozurechnung zu Lasten des Umgangsberechtigten (z.B. gefährdendes Verhalten Dritter, Traumatisierung des Kindes infolge der Trennung, Inhaftierung) erfolgen.

Der Gesetzgeber hat im Zusammenhang mit der Unbestimmtheit des Rechtsbegriffs „Kindeswohlgefährdung" auf eine detaillierte Umschreibung von Eingriffsvoraussetzungen, vergleichbar mit denen des § 1666 BGB, verzichtet. Aufgrund der Bedeutung der Eingriffsvorschrift des § 1666 BGB wurde die Aufführung der

---

342 Mühlens/Kirchmeier/Greßmann, Das neue KindschaftsR, 1998, S. 170.
343 Vgl. BVerfGE 31, 194, 209; BVerfG, FamRZ 1983, 872, 874; BGH, FamRZ 1984, 1084.
344 Johannsen/Henrich/Jaeger, EheR, 3. Aufl., 1998, § 1684, Rdn. 34; vgl. auch OLG Hamm, FamRZ 1997, 693, 694; OLG Celle, FamRZ 1990, 1026, 1027.
345 Vgl. Mü-Ko/Hinz, BGB, 1992, § 1666, Rdn. 23.
346 Palandt/Diederichsen, BGB, 58. Aufl., 1999, § 1666, Rdn. 15; Mü-Ko/Hinz, BGB, 1992, § 1666, Rdn. 22.

Merkmale „durch mißbräuchliche Ausübung der elterlichen Sorge" oder „durch Vernachlässigung des Kindes" beibehalten, um eine zu allgemeine Formulierung zu vermeiden.[347] Eine ähnliche Auflistung eines nicht abschließenden, beispielhaften Kataloges von Eingriffsmerkmalen im Hinblick auf die Anordnungsbefugnisse des Familiengerichts zur Beschränkung des Umgangsrechts nach § 1684 Abs. 4 S. 2 BGB hat der Gesetzgeber jedoch nicht vorgenommen.

2. Restriktive Anwendbarkeit der Bestimmung

Der Wortlaut der Bestimmung durch den Begriff „andernfalls" macht deutlich, daß eine Entscheidung zum Ausschluß oder der Einschränkung des Umgangs für längere Zeit oder auf Dauer auf Grundlage des § 1684 Abs. 4 S. 2 BGB nur in Ausnahmefällen ergehen kann.

Der Grundsatz der Verhältnismäßigkeit gilt insbesondere für die staatlichen Eingriffsakte im Verhältnis der Sätze 1 und 2 des § 1684 Abs. 4 BGB. Aus der gesetzgeberischen Differenzierung der Eingriffsvoraussetzungen und der möglichen Eingriffsmaßnahmen des Familiengerichts ergibt sich die abgestufte Reihenfolge, daß kurzzeitige Umgangsbeschränkungen vorrangig vor längeren oder dauerhaften Beschränkungen zu prüfen sind.

Betrachtet man die normative gesetzgeberische Zielsetzung, daß nach der Trennung der Eltern grundsätzlich die Beziehung des Kindes zu beiden Eltern aufrechtzuerhalten ist, entspricht die Anordnung einer Einschränkung des Umgangsrechts unter der strengeren Voraussetzung der Kindeswohlgefährdung in Satz 2 des § 1684 Abs. 4 BGB eher der Bedeutung des Umgangsrechts als die Möglichkeit eines Umgangsausschlusses auf Grundlage des § 1684 Abs. 4 S. 1 BGB. Der verbleibende, wenn auch für längere Zeit in zeitlicher, räumlicher oder anderweitiger Hinsicht eingeschränkte Besuchskontakt mit dem Kind stellt unter Berücksichtigung dieses Gesichtspunktes zunächst die weniger einschneidende Maßnahme dar. Insofern widerspricht der Umgangsausschluß nach § 1684 Abs. 4 S. 1 BGB der gesetzgeberischen Idee, möglichst den Kontakt zum Umgangsberechtigten aufrechtzuerhalten. Zweckmäßiger wäre daher eine Norm zur Umgangsbeschränkung gewesen, die eine Einschränkung des Umgangs aufgrund triftiger, das Kindeswohl berührender Gründe und einen zeitweiligen oder dauerhaften Umgangsausschluß bei Vorliegen einer Kindeswohlgefährdung formuliert hätte. Jedoch sind die Übergänge von derartigen Gründen zur Gefährdung des Kindeswohls fließend[348] und der Unterschied zwischen beiden Rechtfertigungsschranken schwierig.[349]

[347] Siehe Greßmann, Neues KindschaftsR, 1998, Rdn. 266, 267.
[348] Vgl. Johannsen/Henrich/Jaeger, EheR, 3. Aufl., 1998, § 1684, Rdn. 34.
[349] Vgl. Schwab/Wagenitz, FamRZ 1997, 1377, 1381.

Anknüpfungspunkt für die Unterscheidung der beiden Eingriffsvoraussetzungen nach § 1684 Abs. 4 S. 1 und 2 BGB ist neben der Formulierung der unterschiedlichen Voraussetzungen die Zeitdauer der gerichtlichen Anordnung zur Beschränkung des Umgangsrechts. Die längere Dauer einer umgangseinschränkenden Maßnahme ist nach der Normsetzung des § 1684 Abs. 4 BGB demnach Grund für die strengere Anforderung an eine Einschränkung oder einen Ausschluß nach § 1684 Abs. 4 S. 2 BGB. Die Bestimmung des § 1684 Abs. 4 BGB stellt generell die Ausnahme des Regelfalls eines zwar näher zu bestimmenden, aber grundsätzlich uneingeschränkten Umgangsrechts dar. Im Verhältnis dazu ist die kurzzeitige Umgangsbeschränkung nach § 1684 Abs. 4 S. 1 BGB - ob als Einschränkung oder Ausschluß - aufgrund der kürzeren Dauer der Maßnahme der geringfügigere Eingriff in das elterliche Umgangsrecht. Die Zeitbestimmung soll damit zum Ausdruck bringen, daß die Einschränkung bzw. der Ausschluß des Umgangsrechts grundsätzlich auf das im Einzelfall Notwendige zu begrenzen ist.

II. Einschränkung und Ausschluß nach § 1684 Abs. 4 Satz 2 BGB

Für eine Maßnahme nach § 1684 Abs. 4 S. 2 BGB gilt im Verhältnis von Einschränkung und Ausschluß des Umgangsrechts ebenso wie für die Umgangsbeschränkung nach Satz 1 der Grundsatz der Verhältnismäßigkeit. Ein länger andauernder oder dauerhafter Ausschluß des Umgangsrechts ist im Stufenverhältnis des § 1684 Abs. 4 BGB der gravierendste und einschneidenste Eingriff in das verfassungsrechtlich verankerte Recht auf Umgang mit dem Kind. Demnach sind Einschränkungen immer vorrangig vor dem Ausschluß der Umgangsberechtigung zu prüfen.

III. Dauer der Umgangsbeschränkung

Die umgangsrechtliche Entscheidung nach § 1684 Abs. 4 S. 2 BGB schränkt das Umgangsrecht für längere Zeit oder auf Dauer ein. Da das Gesetz nicht erkennen läßt, wie lang eine „längere Zeit" ist, ist es unter Berücksichtigung der Umstände des Einzelfalls zu relativieren und insbesondere vom Alter und Zeitempfinden des Kindes abhängig zu machen.[350] Entsprechend den Ausführungen zu B. IV. ist eine zeitliche Stufenfolge anzusetzen, die bei einem Jahreszeitraum beginnt, bei jüngeren Kindern jedoch auch schon wenige Monate betragen kann.

Ebenso wie bei § 1684 Abs. 4 S. 1 erfordert die Anordnung einer längeren Umgangsbeschränkung nach Satz 2 die Festlegung eines Kalendertages oder den Eintritt eines bestimmten Ereignisses als Endpunkt der Maßnahme.[351]

---

[350] Vgl. Johannsen/Henrich/Jaeger, EheR, 3. Aufl., 1998, § 1684, Rdn. 34.
[351] Siehe Fn. 337.

D. Die Einschränkung des Umgangsrechts gemäß § 1684 Abs. 4 Satz 3 und 4 BGB

I. Die Anordnungsbefugnis des Familiengerichts zum beschützten Umgang

Die familiengerichtliche Anordnungsbefugnis nach § 1684 Abs. 4 S. 3 BGB stellt eine weitere Möglichkeit zur Einschränkung des Umgangsrechts dar. Auf Grundlage dieser neuen Bestimmung kann das Familiengericht eine Umgangsregelung mit der Anordnung treffen, daß der Umgang nur in Anwesenheit eines mitwirkungsbereiten Dritten stattfinden darf. In den Gesetzgebungsmaterialien wird diese Form der Einschränkung von Besuchskontakten als „beschützter Umgang" bezeichnet.[352]

Das Gericht kann die Anordnung eines beschützten Umgangs nach § 1684 Abs. 4 S. 3 BGB nur mit Wirkung gegenüber den Eltern treffen.[353] Die rechtsgestaltende Wirkung der Anordnung gemäß § 1684 Abs. 4 S. 3 BGB entfaltet sich nur insoweit, als daß das Recht des Elternteils auf Umgang mit dem Kind unmittelbar durch die Anwesenheit eines Dritten bei der Durchführung dieser Befugnis eingeschränkt wird.

II. Die Eingriffsvoraussetzung des § 1684 Abs. 4 Satz 3 BGB

Die explizite familiengerichtliche Anordnungsbefugnis beruht auf der allgemeinen Befugnis des Familiengerichts zur Einschränkung des Umgangs nach § 1684 Abs. 4 S. 1 BGB.[354] Durch das Wort „insbesondere" in Satz 3 und der systematischen Stellung der Anordnungsbefugnis wird aber deutlich, daß der beschützte Umgang eine besondere Form der Umgangseinschränkung ist, die sowohl unter der Voraussetzung des § 1684 Abs. 4 S. 1 BGB als auch unter der des § 1684 Abs. 4 S. 2 BGB angeordnet werden kann. Neben der Bestimmung einer mitwirkungsbereiten dritten Person setzt § 1684 Abs. 4 S. 3 BGB daher voraus, daß der beschützte Umgang zum Wohle des Kindes erforderlich ist bzw. das Wohl des Kindes ohne die Anordnung einer Begleitperson gefährdet wäre.

Grundsätzlich reicht die niedrige Eingriffsschwelle „zum Wohl des Kindes erforderlich" gemäß § 1684 Abs. 4 S. 1 BGB aus, um eine beschützte Umgangsregelung zu verfügen.[355] In der Regel wird der beschützte Umgang aufgrund der Notwendigkeit der Anwesenheit eines Dritten und möglicherweise der Bereitstellung kindgerechter Räumlichkeiten nur für eine gewisse Übergangsphase stattfinden. Folglich kann die Umgangseinschränkung nach Satz 3 des § 1684 Abs. 4 BGB

---

[352] BT-Drucks. 13/4899, S. 106.
[353] Vgl. Rauscher, FamRZ 1998, 329, 335.
[354] Vgl. Johannsen/Henrich/Jaeger, EheR, 3. Aufl., 1998, § 1684, Rdn. 32.
[355] Vgl. Johannsen/Henrich/Jaeger, EheR, 3. Aufl., 1998, § 1684, Rdn. 32.

erfolgen, wenn triftige, das Kindeswohl nachhaltig berührende Gründe die Anwesenheit einer dritten Person während der Durchführung der Besuche erfordern.

Dennoch kann der Familienrichter, um einen Umgangsausschluß zu vermeiden, den beschützten Umgang auch auf Grundlage des § 1684 Abs. 4 S. 3 i.V.m. S. 2 BGB für längere Zeit anordnen, wenn der Schutz des Kindes dies nach den Umständen erfordert, um eine Gefährdung seiner körperlichen und seelischen Entwicklung abzuwenden. Das setzt voraus, daß die kontinuierliche Anwesenheit eines mitwirkungsbereiten Dritten während der Durchführung der beschützten Besuche für den bestimmten längeren Zeitraum auch gewährleistet ist.

TEIL III
DER BESCHÜTZTE UMGANG
- eine historische und rechtstatsächliche Darstellung -

Mit der Anordnung des beschützten Umgangs in § 1684 Abs. 4 S. 3 und 4 BGB durch das Kindschaftsrechtsreformgesetz fand eine Maßnahme Eingang in den Gesetzestext, die bisher nicht ausdrücklich gesetzlich geregelt war und deren Auswirkungen und „Erfolgsaussichten" wenig bekannt sind.[356]

In welchen Fällen der beschützte Umgang eine geeignete Möglichkeit ist, eine Umgangsproblematik einschränkend zu regeln und unter welchen Voraussetzungen die Anwesenheit eines Dritten bei der Durchführung von Besuchskontakten nach § 1684 Abs. 4 S. 3 und 4 BGB erforderlich werden kann, wird in den folgenden Ausführungen näher untersucht.

Ein historischer Rückblick über die rechtlichen Grundlagen dieser Einschränkungsform soll dazu dienen, das Rechtsverständnis der neuen Bestimmung unter Berücksichtigung der bisherigen Rechtslage zu erleichtern. Im Anschluß daran erfolgt eine kurze Bestandsaufnahme der zu diesem Themenbereich in der Literatur bisher veröffentlichten Anmerkungen und Beiträge.

Ferner wird anhand exemplarischer Modellbeispiele in anderen Städten und auf Grundlage einer - auf die Hansestadt Hamburg begrenzten - rechtstatsächlichen Darstellung des Themenbereichs versucht, die praktische Umsetzung beschützter Umgangsregelungen durch die Beteiligung verschiedener Institutionen und die damit im Zusammenhang stehenden Probleme zu verdeutlichen.

1. Kapitel: Einführung

A. Gesetzgeberische Zielsetzung

Mit der Einführung des § 1684 Abs. 4 Satz 3 und 4 BGB als besondere Einschränkungsform wird erstmals explizit eine Art von Besuchskontakten geregelt, die in Anwesenheit eines Dritten durchgeführt werden.

Die Möglichkeit des beschützten Umgangs ist im Rahmen der Kindschaftsrechtsreform gesetzlich geregelt worden, um hierbei zu verdeutlichen, daß ein völliger Ausschluß des Umgangs wegen des Erforderlichkeitsgrundsatzes nur dann in Betracht kommt, wenn ein eingeschränkter, insbesondere beschützter, Umgang nicht

---

[356] Vgl. Fthenakis, FPR 1998, 84, 89.

ausreicht, das Wohl des Kindes zu gewährleisten.[357] Mit der ausdrücklichen Regelung des beschützten Umgangs soll sichergestellt werden, daß auch in besonders schwierigen Fallkonstellationen unter Wahrung des Kindeswohls das Umgangsrecht ausgeübt werden kann.[358]

Oftmals läßt sich in besonderen Problemsituationen eine für die Beteiligten eines Umgangsrechtsverfahrens akzeptable Lösung nur dadurch finden, daß der Umgang in Gegenwart eines Dritten stattfindet.[359] Um dies zu verdeutlichen, hat der Gesetzgeber den beschützten Umgang als Modalität der Beschränkung des Umgangsrechts ausdrücklich in den Normbereich des § 1684 Abs. 4 BGB aufgenommen.[360]

B. Begriffsbestimmung

Der Gesetzgeber hat - wie bereits erwähnt - in den Materialien des Kindschaftsrechtsreformgesetzes den Umgang in Anwesenheit einer dritten Person, den das Familiengericht auf Grundlage der neuen Vorschrift des § 1684 Abs. 4 S. 3 und 4 BGB anordnen kann, als beschützten Umgang bezeichnet.

Im Hinblick auf den Zweck der Besuchsregelung und der Anwesenheit des Dritten bei der Durchführung von Umgangsregelungen kommt auch die Bezeichnung „begleitetes Umgangsrecht" in Betracht, da die dritte Person die Besuchskontakte des Kindes mit dem umgangsberechtigten Elternteil durch ihre Teilnahme begleitet.[361]

In der Rechtsprechung wurde und wird zum Teil noch heute die Formulierung „behütetes" oder „beaufsichtigtes Umgangsrecht" benutzt, wenn in einer besonderen Problemsituation die Beteiligung einer dritten Person in Erwägung gezogen wird.[362] Vereinzelt wird der Besuchskontakt eines Kindes mit dem umgangsberechtigten Elternteil in kontrollbedürftigen Situationen auch als „kontrollierter Umgang" bezeichnet.[363]

---

357 BT-Drucks. 13/4899, S. 106.

358 Vgl. Wiesner, ZfJ 1997, 29, 32.

359 Vgl. BT-Drucks. 13/4899, S. 79.

360 Vgl. FamRefK/Rogner, 1998, § 1684, Rdn. 23; Palandt/Diederichsen, BGB, 58. Aufl., 1999, § 1684, Rdn. 50.

361 Vgl. Lossen/Vergho, FamRZ 1998, 1218, 1220; LBS/Fthenakis, Trennung, Scheidung und Wiederheirat, 1996, S. 118; vgl. auch Palandt/Diederichsen, BGB, 58. Aufl., 1999, § 1684, Rdn. 50.

362 Siehe OLG Hamburg, FamRZ 1996, 422; OLG Celle, FamRZ 1998, 1458, 1461; vgl. auch LBS/Fthenakis, Trennung, Scheidung und Wiederheirat, 1996, S. 118.

363 Vgl. Fegert, JugH 1998, 145, 147; vgl. auch Lorenzen-Linke/Balloff, FamRZ 1993, 1032.

Gängiger und wesentlich verbreiteter ist die Bezeichnung „betreutes Umgangsrecht".[364] Dieser Terminus stammt von der Beratungsstelle des Deutschen Kinderschutzbundes (Ulm/Neu-Ulm) und verdankt seine Bezeichnung der Art und Weise der Durchführung dieser Umgangseinschränkung.[365] Mit dem „betreuten Umgangsrecht" wird im Rahmen eines umfassenden Beratungsangebotes den Kindern die Möglichkeit gegeben, unter spannungsarmen Bedingungen und unter dem Schutz von Mitarbeitern des KSB eine Beziehung zu beiden Elternteilen auch nach deren Trennung aufzubauen und zu pflegen. Neben der Betreuung des Kindes während der Besuche mit dem umgangsberechtigten Elternteil können beide Eltern die Beratung durch fachqualifiziertes Personal in Anspruch nehmen.[366]

Da es als erstrebenswert betrachtet wird - jedenfalls für die vorliegende Arbeit - einen einheitlichen Begriff für diese Art der Umgangseinschränkung zu verwenden, bevorzugt die Verfasserin die Verwendung des Begriffs beschützter Umgang. Diese Bezeichnung macht deutlich, daß es im wesentlichen bei der Durchführung des Umgangsrechts unter Mitwirkung eines Dritten um den Schutz des Kindes geht.

Anknüpfungspunkt bei dieser Begriffsbestimmung ist das Wohl des Kindes, dessen Schutz und Förderung im Mittelpunkt aller familienrechtlichen Bestimmungen steht. Die vom Gesetzgeber geregelte Anordnungsbefugnis des Familiengerichts zur Bestimmung der Anwesenheit eines Dritten schließt nicht gleichzeitig eine darüber hinausgehende Betreuung der Familie durch Beratungsangebote mit ein, wie sie das Ulmer-Modell vorsieht. Des weiteren wird mit dem Begriff der „Betreuung" vielmehr das Gesetz zur Reform des Rechts der Vormundschaft und Pflegschaft für Volljährige (Betreuungsgesetz) verbunden, das am 1.1.1992 in Kraft getreten ist.[367] Die Termini „begleitet", „beaufsichtigt", „kontrolliert" und „behütet" orientieren sich zwar an der Tätigkeit des Dritten bei der Durchführung einer Umgangsregelung, berücksichtigen aber in diesem Zusammenhang den Schutzgedanken dieser Umgangsform zu wenig. Überdies impliziert der Begriff der „Beaufsichtigung" oder „Kontrolle" eine negative Assoziation, die dem Gedanken des beschützten Umgangs nicht gerecht wird.

---

364 Vgl. KSB/Müller/Steurer, Das Betreute Umgangsrecht; Walter, ZfJ 1996, 270, 276; ZfJ 1994, 325; Fegert, JugH 1998, 145, 147; siehe auch im Anhang, KSB/Betreuter Umgang.

365 Vgl. KSB/Müller/Steurer, Das Betreute Umgangsrecht.

366 Vgl. Gaier, FamRZ 1990, 1330, 1331.

367 BGBl I. 2002, 12.9.1990.

2. Kapitel: Historischer Rückblick und Hintergrund einer Umgangsregelung in Anwesenheit eines Dritten

A. Entstehungsgeschichte des beschützten Umgangs auf Grundlage der bisherigen Rechtsvorschriften

I. Das „beaufsichtigte“ Verkehrsrecht bis 1958

Die Anordnung des beschützten Umgangs ist zwar erstmals ausdrücklich als Möglichkeit zur Einschränkung des Umgangsrechts gesetzlich geregelt, jedoch ist diese Form der Durchführung des Umgangsrechts nicht neu. Bereits nach § 101 des Preußischen Allgemeinen Landrechts II 2 (1794) war vorgesehen, daß es dem richterlichen Ermessen vorbehalten bleibt, wie oft und unter welcher Aufsicht Besuche der Eltern mit ihren Kindern zu gestatten sind.[368]

Die Aufnahme einer ausdrücklichen Bestimmung zum Umgangsrecht fand am 1.1.1900 als § 1636 BGB Eingang in das Bürgerliche Gesetzbuch. Satz 2 dieser Regelung bestimmte, daß das Vormundschaftsgericht befugt war, den persönlichen Verkehr des gemäß § 1635 BGB von der Sorge für die Person des Kindes ausgeschlossenen Elternteils mit dem Kinde näher zu regeln. Die gesetzliche Regelung bestimmte damit nicht ausdrücklich, daß Besuche des Kindes mit dem nichtsorgeberechtigten Elternteil gegebenfalls nur unter Aufsicht stattfinden können. Dennoch umfaßte die dadurch festgesetzte Zuständigkeit des Vormundschaftsgerichts auch die Möglichkeit zum Erlaß einer Anordnung, den persönlichen Verkehr mit dem Kinde nur unter Aufsicht eines Dritten stattfinden zu lassen.[369] Zur Überwachung der Besuche konnte das Vormundschaftsgericht einen besonderen Pfleger bestellen, dem es die Regelung einzelner Fragen übertragen konnte.[370] Die wesentliche Ausgestaltung der Verkehrsregelung, insbesondere die Festsetzung der Zusammenkünfte nach Ort, Zeit, Dauer und Art, verblieb jedoch beim Vormundschaftsgericht.[371]

Seit Anfang der zwanziger Jahre bestimmten die familien- und sozialrechtlichen Vorschriften bei der Ausführung gerichtlicher Verkehrsregelungen eine Zusammenarbeit der damaligen Jugendwohlfahrtsbehörden mit dem zuständigen Vormundschaftsgericht. Entsprechend der gerichtlichen Anordnungsmöglichkeit in § 1636 BGB a.F. sah § 43 Abs. 1 S. 4 des Reichsgesetzes für Jugendwohlfahrt (RJWG) vom 9.7.1922 vor, daß das Vormundschaftsgericht das Jugendamt mit der Ausführung seiner Anordnungen aus § 1636 S. 2 BGB a. F. mit dessen Ein-

368 Vgl. Staudinger/Schwoerer, BGB, 10./11. Aufl., 1966, § 1634, Rdn. 1.
369 Vgl. Staudinger/Engelmann, BGB, 9. Aufl., 1926, § 1636, S. 1033.
370 Vgl. Staudinger/Engelmann, BGB, 9. Aufl., 1926, § 1636, S. 1034.
371 Vgl. Staudinger/Engelmann, BGB, 9. Aufl., 1926, § 1636, S. 1034.

verständnis betrauen konnte.[372] Die jugendamtliche Mitwirkung im Vormundschaftswesen gehörte zu den hoheitlichen Aufgaben gemäß § 3 RJWG, wonach das Jugendamt verpflichtet war, das Vormundschaftsgericht bei seinen Entscheidungen zu unterstützen.[373] Dabei kam es schon damals darauf an, daß das Jugendamt in einem möglichst frühen Stadium der Ehezerrüttung im Interesse der Kinder tätig wurde.[374] Im Zusammenhang mit der aus § 43 Abs. 1 S. 4 RJWG gegebenen Mitwirkung bei der Regelung des Verkehrs zwischen dem Elternteil und dem Kinde konnte das Jugendamt beispielsweise die Stelle bestimmen, an welcher der Verkehr stattfinden sollte, und Maßnahmen für Abholung und Zurückbringung des Kindes treffen.[375] Auf Grundlage dieser Bestimmungen war es auch zulässig, daß das Vormundschaftsgericht das Jugendamt mit dessen Einverständnis als Pfleger zur Aufsicht des Verkehrs bestimmen konnte.[376]

Sachgemäße Anordnungen des Vormundschaftsgerichts über Zeit, Ort und Bedingungen des Verkehrs, die dazu dienten, einer Gefahr für das Wohl des Kindes vorzubeugen, waren von maßgeblicher Bedeutung, da keine Bestimmung existierte, die den Ausschluß des Verkehrsrechtes vorsah. Unter Berufung auf diese Auffassung des Gesetzgebers hielt die Rechtsprechung bis zu Beginn der zwanziger Jahre eine Anordnung, die den Verkehr völlig untersagte oder einer solchen Untersagung im Ergebnis gleichkam, strikt für unzulässig.[377] Eine Anordnung des Vormundschaftsgerichts, das Verkehrsrecht durch Auflagen einzuschränken, insbesondere nur unter der Aufsicht eines Dritten stattfinden zu lassen, war daher in bestimmten Situationen mit Rücksicht auf das leibliche und geistige Wohl des Kindes von entscheidender Relevanz. Die Überwachung des Verkehrs durch einen Pfleger wurde beispielsweise dann als erforderlich angesehen, wenn die nichtsorgeberechtigte Mutter des Kindes Prostituierte war oder bei längeren Ferienbesuchen die Bestellung einer Vertrauensperson veranlaßt war, um das Kind im Sinne der Anschauungen des erziehungsberechtigten Elternteils zu überwachen.[378]

Anstelle der Bestimmung des § 1636 BGB a.F. trat 1938 die Vorschrift des § 82 EheG a.F., der erstmals in Absatz 2 Satz 2 dem Vormundschaftsgericht ausdrücklich das Recht einräumte, den Verkehr aus Gründen des Kindeswohls für bestimmte Zeit oder dauernd auszuschließen. Damit sollten Unzuträglichkeiten, die sich aus einer mißbräuchlichen Ausnutzung des Verkehrsrechts ergaben, wir-

---

[372] Vgl. Friedeberg/Polligkeit, RJWG, 1930, § 43, S. 387.
[373] Vgl. Friedeberg/Polligkeit, RJWG, 1930, § 43, S. 387; dazu auch Oberloskamp, FamRZ 1992, 1241, 1242.
[374] Friedeberg/Polligkeit, RJWG, 1930, § 43, S. 390, 391.
[375] Friedeberg/Polligkeit, RJWG, 1930, § 43, S. 391.
[376] Vgl. Staudinger/Engelmann, BGB, 9. Aufl., 1926, § 1636, S. 1033, 1036.
[377] Staudinger/Schwoerer, BGB, 10./11. Aufl., 1966, § 1634, Rdn. 82.
[378] Vgl. Staudinger/Engelmann, BGB, 9. Aufl., 1926, § 1636, S. 1034, 1035.

kungsvoll verhindert werden.[379] Voraussetzung für einen solchen Ausschluß war, daß er dem Wohl des Kindes diente. Darüber hinaus hatte das Vormundschaftsgericht - wie nach § 1636 BGB a.F. - auf Grundlage der allgemeinen Befugnis zur Regelung des Verkehrsrechts die Möglichkeit, die Besuche mit dem Kind einzuschränken.

Das Kontrollratsgesetz Nr. 16 übernahm mit Wirkung vom 20.2.1946 den Wortlaut des § 82 EheG a.F. unverändert als § 75 EheG a.F., während das RJWG schon 1945 von den Besatzungsmächten für weiterhin gültig erklärt wurde.[380] Im Verhältnis der Möglichkeiten zur Beschränkung des Verkehrsrechts hatte das Vormundschaftsgericht Einschränkungen des Verkehrsrechts auf Grundlage der allgemeinen Regelungsbefugnis vorrangig vor einem Ausschluß zu prüfen, so daß letzteres nur gerechtfertigt war, wenn sich andere Möglichkeiten, das Kind vor einer von dem Verkehrsberechtigten ausgehenden Gefahr zu bewahren, nicht boten.[381]

II. Die „Überwachung" des Verkehrsrechts bis 1976

Das Gleichberechtigungsgesetz, das am 1.7.1958 in Kraft trat, fügte die Bestimmung des § 75 EheG a.F. als § 1634 BGB a.F. wieder in das Bürgerliche Gesetzbuch ein und knüpfte den Ausschluß des Verkehrs an die strengere Voraussetzung, daß er zum Wohl des Kindes erforderlich sein mußte.[382] Auch wenn das Wohl des Kindes „suprema lex" blieb, erfolgte die Regelung und Durchsetzung des Umgangs aufgrund der damaligen Rechtslage vornehmlich zur Wahrung des Elternrechts, d.h. zugunsten desjenigen, der auf sein Sorgerecht verzichtet hatte.[383] Als elementarster Teil des Elternrechts sollte das Verkehrsrecht dem nichtsorgeberechtigen Elternteil, der in dieser Hinsicht gerade wegen des Verlustes des Sorgerechts besonders schutzbedürftig erschien, in der Regel erhalten bleiben.[384]

Eine ausdrückliche Möglichkeit zur Einschränkung des Verkehrsrechts erwähnte auch § 1634 BGB a.F. nicht. Vielmehr enthielt auch hier die Regelungsbefugnis des Vormundschaftsgerichts in Absatz 2 Satz 1 das Recht, genaue, erschöpfende und vollstreckbare Bestimmungen über Zeit, Ort und Art des Verkehrs und seine praktische Durchführung zu treffen.[385] Insbesondere konnte das Vormundschaftsgericht auch auf Grundlage dieser Vorschrift anordnen, daß im Interesse des Kindes der Verkehr in Anwesenheit einer Vertrauensperson (Überwachungspfleger

[379] Vgl. Staudinger/Schwoerer, BGB, 10./11. Aufl., 1966, § 1634, Rdn. 83.
[380] Vgl. Hill, JWG, 1975, S. 18.
[381] Vgl. SchlHoLG, ZblJR 1957, 276, 277.
[382] Vgl. Staudinger/Schwoerer, BGB, 10./11. Aufl., 1966, § 1634, Rdn. 83.
[383] Vgl. Staudinger/Schwoerer, BGB, 10./11. Aufl., 1966, § 1634, Rdn. 53.
[384] Vgl. OLG Karlsruhe, FamRZ 1958, 332.
[385] Vgl. BayObLG, MDR 1953, 45.

bzw. Helfer) stattzufinden hat.[386] Dies setzte voraus, daß ohne diese Anordnung das Wohl des Kindes aus besonderen Gründen gefährdet gewesen wäre.[387] Dadurch, daß die Anordnung der Anwesenheit einer Aufsichtsperson beim Verkehr mit dem Kind als scharfer Eingriff in das natürliche Recht des verkehrsberechtigten Elternteils betrachtet wurde,[388] wurde sie auf seltene Fälle, beispielsweise bei einer anstreckenden Krankheit oder Trunksucht des Verkehrsberechtigten,[389] für Kinder im Säuglingsalter[390] oder bei ungünstiger Einflußnahme des Berechtigten auf das Kind,[391] beschränkt.

Die Aufsichtsperson für die Durchführung des Besuchsrechts war vom Vormundschaftsgericht neutral auszuwählen. In Frage kam diesbezüglich in erster Linie ein Vertreter des Jugendamtes, da gegen den Willen des verkehrsberechtigten Elternteils weder ein Verwandter noch der Sorgeberechtigte selbst als Dritter bestimmt werden konnte.[392] Das Gesetz für Jugendwohlfahrt (JWG) vom 11.8.1961, das in seinen Grundlagen und Strukturprinzipien auf dem RJWG von 1922 beruhte und als 2. Novelle 1962 in Kraft trat, nahm aufgrund des Wandels gesellschaftlicher Anschauungen vereinzelte Änderungen, insbesondere die Erweiterung der Aufgaben der Jugendwohlfahrtsbehörden, vor.[393] Nach dem neuen Jugendhilfegesetz konnte danach das Vormundschaftsgericht das Jugendamt ohne sein Einverständnis mit der Ausführung von Anordnungen betrauen (§ 48 Abs. 2 S. 2 JWG) und einen Jugendamtsmitarbeiter als dritte Person für die Durchführung des „beaufsichtigten Verkehrsrechts" bestimmen.[394] Diese Unterstützungspflicht der Jugendbehörde erleichterte im Rahmen der Gerichtshilfe die Umsetzung gerichtlicher Umgangsentscheidungen.

Durch das Änderungsgesetz vom 6.8.1970[395] zum JWG wurden zudem auch die Streitigkeiten über den Verkehr des nichtehelichen Kindes mit seinem Vater (§ 1711 Abs. 1 S. 2 BGB a.F.) in den Geltungsbereich mit einbezogen und § 48 Abs. 2 S. 2 JWG a.F. als selbständige Bestimmung (§ 48 c JWG a.F.) konstruiert.[396] Ein Vollzug vormundschaftsgerichtlicher Verkehrsentscheidungen durch das Jugendamt gemäß § 1634 BGB a.F. i.V.m. § 48 c JWG kam in Betracht,

---

386 Vgl. Staudinger/Schwoerer, BGB, 10./11. Aufl., 1966, § 1634, Rdn. 72.
387 Vgl. OLG Hamm, FamRZ 1959, 169; Palandt/Lauterbach, BGB, 31. Aufl., 1972, § 1634, Anm. 3.
388 Vgl. Staudinger/Schwoerer, BGB, 10./11. Aufl., 1966, Rdn. 73.
389 Palandt/Lauterbach, BGB, 31. Aufl., 1972, § 1634, Anm. 3.
390 Vgl. Erman/Ronke, BGB, 1993, § 1634, Anm. 2 Ba.
391 Vgl. RG, OLG-Rspr 46, 201.
392 Vgl. Staudinger/Schwoerer, BGB, 10./11. Aufl., 1966, § 1634, Rdn. 75.
393 Vgl. Friedeberg/Polligkeit/Giese, JWG, 1972, S. XIII, XVI.
394 Staudinger/Schwoerer, BGB, 10./11. Aufl., 1966, § 1634, Rdn. 75; vgl. auch Potrykus, JWG, 1972, § 48 c, S. 293.
395 BGBl I 1197.
396 Vgl. Potrykus, JWG, 1972, § 48 c, S. 293; Friedeberg/Polligkeit/Giese, JWG, S. 141.

wenn beispielsweise die Abholung des Kindes an den Besuchstagen und seine Begleitung zum besuchsberechtigten Elternteil organisiert werden sollten oder auch die Überwachung der Besuchskontakte in besonderen Situationen z.B. wegen der Gefahr einer Entführung des Kindes verhindern sollte.[397] Die Einschaltung des Jugendamtes bei Vollzug des Verkehrs des nichtehelichen Vaters mit seinem Kind (§ 1711 Abs. 1 S. 2 BGB a.F.) spielte hingegen aufgrund der zu dieser Zeit normativen Betrachtungsweise der Vorschrift des § 1711 BGB a.F. eine eher geringere Rolle.[398]

III. Das „beschützte" Umgangsrecht nach dem Inkrafttreten des 1. EheRG, SorgeRG und KJHG

Durch das Erste Gesetz zur Reform des Ehe- und Familienrechts (1. EheRG) vom 14.6.1976[399] ist das Scheidungsrecht in den §§ 1564-1587p in das BGB aufgenommen und das Verfahren in Familiensachen in den §§ 606-638 ZPO wesentlich umgestaltet worden, so daß hinsichtlich der Regelung des Besuchsrechts mit dem Kind die Zuständigkeit des Familiengerichts begründet wurde (§ 621 Abs. 1 Nr. 2 ZPO). Das Gesetz zur Neuregelung des Rechts der elterlichen Sorge vom 18.7.1979[400] regelte die Fassung des § 1634 BGB a.F. neu und ersetzte den Ausdruck „Verkehr" durch den Begriff „Umgang". Außer der sprachlichen Neuerung wurde u.a. die Wohlverhaltensklausel in Satz 2 eingefügt und ein Auskunftsrecht des Nichtsorgeberechtigten über die persönlichen Verhältnisse des Kindes anerkannt.[401]

Auf Grundlage des geänderten § 1634 BGB konnte das Familiengericht gemäß Absatz 2 Satz 2 der Bestimmung nunmehr ausdrücklich die Umgangsbefugnis einschränken, wenn dies zum Wohle des Kindes erforderlich war. Eine gerichtliche Anordnung, die Besuchskontakte nur in Anwesenheit einer dritten Person zu gestatten, war eine von verschiedenen anderen Möglichkeiten zur Einschränkung des Umgangsrechts.

Noch auf Grundlage des § 48 c JWG a.F. konnte ein Vertreter des Jugendamtes als Dritter zur Ausführung einer entsprechenden gerichtlichen Anordnung herangezogen werden.[402] Nach dem Inkrafttreten des Kinder- und Jugendhilfegesetzes (KJHG) vom 1.1.1991 entfiel jedoch die gemäß § 48 c JWG mögliche Aufgabenzuweisung des Gerichts an das Jugendamt zur Ausführung von Anordnungen

---

[397] Vgl. Potrykus, JWG, 1972, § 48 c, S. 294.
[398] Vgl. Potrykus, JWG, 1972, § 48 c, S. 274; § 48 a, Bem. 8.
[399] BGBl. I 1421.
[400] BGBl. I S. 1061/BT-Drucks. 8/2788, S. 55, in Kraft getreten am 1.1.1980.
[401] Vgl. Schwab, ScheidungsR, 1995, Rdn. 216.
[402] Vgl. Soergel/Strätz, BGB, 1987, § 1634, Rdn. 25.

nach §§ 1634, 1711 BGB, da diese Vorschrift mit Ablösung des JWG durch das KJHG ersatzlos gestrichen wurde.

Zwar sieht das KJHG in § 50 Absatz 1 nach wie vor eine Mitwirkungsverpflichtung der Jugendämter bei allen Personensorgeentscheidungen der Vormundschafts- und Familiengerichte vor, jedoch stellt diese Vorschrift keine ausreichende Grundlage dar, das Jugendamt zu einem bestimmten Tun zu veranlassen.[403] Vielmehr verdeutlicht die Mitwirkungspflicht lediglich einen eigenständigen Handlungsauftrag des Jugendamtes.[404] In beschützten Umgangsfällen konnte das Familiengericht nunmehr nach der neuen Rechtslage das Jugendamt, das gemäß § 18 Abs. 4 S. 2 KJHG a.F. zur Herstellung von Besuchskontakten und bei der Ausführung gerichtlicher oder vereinbarter Umgangsregelungen in geeigneten Fällen Hilfestellung leisten sollte, lediglich um Unterstützung bitten.[405]

Hintergrund dieser Neugestaltung war die Grundkonzeption des KJHG, wonach das eingriffs- und ordnungsrechtliche Instrumentarium des JWG durch ein modernes, präventiv orientiertes Leistungsgesetz abgelöst werden sollte.[406] Dieser Wechsel im staatlichen Interventionsansatz mit einer stärkeren Akzentuierung der Jugendhilfe auf vorsorgende sozialrechtliche Hilfe und Förderung einer verantwortlichen elterlichen Selbstregelung anstelle repressiver Eingriffe hatte folglich auch Konsequenzen für den Status der Jugendhilfe.[407] Nunmehr war das Jugendamt durch den ihr vom Gesetzgeber neu zugewiesenen Aufgabenbereich eine eigenständige, an fachliche Weisungen nicht gebundene, und dem Gericht nicht untergeordnete Behörde.[408]

Obwohl bereits der Vorgänger des JWG und des KJHG, das Reichsgesetz für Jugendwohlfahrt, das Prinzip der Zusammenarbeit des öffentlichen Trägers der Jugendhilfe mit den freien Trägern als eines der grundlegenden Strukturprinzipien des Jugendwohlfahrtsrechts regelte,[409] und auch auf Grundlage des alten § 48 c JWG nicht zwingend ein Vertreter des Jugendamtes Dritter einer beschützten Umgangsregelung sein mußte, waren die Familiengerichte - neben der freiwilligen Mitwirkungsbereitschaft der Jugendämter - vermehrt auf die Bereitwilligkeit anderer, insbesondere der Mitarbeiter privater Jugendhilfeträger und Beratungsstellen angewiesen, so daß eine einheitliche Praxis zur gerichtlichen Anordnung des beschützten Umgangs nicht gewährleistet war.

---

403 Vgl. Mrozynski, KJHG, 2. Aufl., 1994, § 50, Anm. 1a, § 27, Anm. 2c.
404 Vgl. Jans/Happe/Saurbier, KJHG, 1998, Erl. zu Art. 1, § 50, S. 2.
405 Vgl. Mü-Ko/Hinz, BGB, 1992, § 1634, Rdn. 38.
406 BT-Drucks. 11/5948, S. 1.
407 Vgl. Coester, FamRZ 1992, 617, 618.
408 Vgl. Oberloskamp, FamRZ 1992, 1241, 1245.
409 Vgl. Friedeberg/Polligkeit/Giese, JWG, 1972, Einl., S. XIII.

1. Die Vereinbarung oder Anordnung des beschützten Umgangs durch die Familiengerichte auf Grundlage des § 1634 Abs. 2 Satz 2 BGB a.F.

Die Familiengerichte haben entweder formlos die Mitwirkung einer vom Jugendamt oder einer anderen Institution durchgeführten bzw. einer durch das Jugendamt vermittelten sachkundigen Begleitung bei der Umsetzung des Umgangsrechts[410] vereinbart oder auf Grundlage der allgemeinen Regelungsbefugnis zur Einschränkung des Umgangsrechts gemäß § 1634 Abs. 2 S. 2 BGB a.F. die Anwesenheit eines Dritten angeordnet, wenn dies zum Wohle des Kindes erforderlich war.[411]

In Fällen, in denen beispielsweise aufgrund einer Entfremdung eine behutsame Kontaktaufnahme zwischen dem Umgangsberechtigten und seinem Kind notwendig war, fand der Umgang für die Anfangsphase der Besuchskontakte in Begleitung eines Mitarbeiters einer Erziehungsberatungsstelle, des Jugendamtes oder einer anderen, dem Kind vertrauten Person statt.[412] Die Durchführung des beschützten Umgangs wurde des weiteren von einzelnen Gerichten befürwortet, um eine Gefährdung des Kindes auszuschließen, weil pädophile Neigungen des umgangsberechtigten Vaters erwiesen waren[413] oder der Verdacht des sexuellen Mißbrauchs bestand.[414] In diesen Fällen stellte die Mitwirkung des Kinderschutzbundes bzw. einer durch das Jugendamt vermittelten sachkundigen Begleitung den Besuchskontakt sicher und schaffte auf diese Weise einen dem Wohle des Kindes entsprechenden Umgangsrahmen.

Auch für das Umgangsrecht eines nichtehelichen Vaters gemäß § 1711 Abs. 2 S. 1 BGB wurde der beschützte Umgang in Einzelfällen (z.B. bei entgegenstehendem Willen der Mutter) in Erwägung gezogen, um den familiären Bindungen zwischen dem nichtsorgeberechtigten Vater und seinem Kind Rechnung zu tragen.[415]

Vereinzelt wurde durch die Oberlandesgerichte die Regelung eines beschützten Umgangs in Betracht gezogen, jedoch aus unterschiedlichen Gründen abgelehnt. Nach Meinung des *OLG Bamberg* reicht die Anwesenheit eines Dritten bei dem Verdacht des sexuellen Mißbrauchs dann nicht aus, eine mögliche Gefährdung des Kindes auszuschließen, wenn es nach dem Ermittlungsergebnis durchaus möglich erscheint, daß sich der Umgangsberechtigte selbst durch einen anwesen-

---

410 Vgl. OLG Düsseldorf, FamRZ 1994, 1277; OLG Stuttgart, NJW 1981, 404, 405.

411 AG Kerpen, FamRZ 1998, 254, 255; OLG Hamm, FamRZ 1995, 314; FamRZ 1993, 1233; KG, FamRZ 1989, 656, 657.

412 Siehe OLG Hamm, FamRZ 1996, 424; FamRZ 1994, 57, 59; KG, FamRZ 1989, 656, 660.

413 Vgl. OLG Hamm, FamRZ 1993, 1233, 1235.

414 Vgl. AG Kerpen, FamRZ 1998, 254, 255.

415 Vgl. LG Zweibrücken, FamRZ 1997, 633, 634; Mü-Ko/Hinz, BGB, 1992, § 1711, Rdn. 8.

den Dritten von sexuellen Handlungen nicht abhalten läßt.[416] Einem Ausschluß der Besuchskontakte wurde gegenüber dem beschützten Umgang auch dann der Vorzug gegeben, wenn das Kind aufgrund tatsächlicher negativer Erlebnisse die Besuche der Eltern ablehnt[417] oder eine beschützte Umgangsregelung eine Entführung des Kindes nicht verhindern konnte.[418] In einem solchen Zusammenhang sei die Frage, ob bei den Zusammenkünften ein Dritter anwesend ist, folglich ohne Bedeutung.[419] Der Umgang in Begleitung einer dritten Person kam auch dann nicht in Frage, wenn nach Auffassung des Gerichts erst die Beruhigung des sozialen Umfeldes und die Verarbeitung eines erlittenen Traumas erreicht werden sollte und ein zeitweiliger Umgangsausschluß sich vorerst als die geeignetere Maßnahme erwies.[420]

Auf der anderen Seite wurde vom *OLG Stuttgart* in Abwägung aller Einzelumstände der Umgang eines des sexuellen Mißbrauchs verdächtigten Elternteils mit den Kindern uneingeschränkt gewährt, wenn eine grundsätzlich positive und stabile Eltern-Kind-Beziehung konstatiert werden konnte und die Kinder fähig erschienen, sich durch entsprechende Artikulation selbst zu schützen.[421] Unter Hinweis auf das hinreichende Problembewußtsein und Alter der Kinder konnte nach Überzeugung des Gerichts in einem solchen Fall auf die Anwesenheit einer dritten Person bei der Durchführung der Besuchskontakte verzichtet werden.[422]

2. Die Anordnung eines Umgangspflegers gemäß § 1634 Abs. 2 Satz 2 BGB a.F. i.V.m. § 1671 Abs. 5 Satz 1 BGB a.F.

Neben der Möglichkeit gemäß § 1634 Abs. 2 S. 2 BGB a.F. Besuchskontakte durch die Anwesenheit eines Dritten in freiwilliger Zusammenarbeit mit verschiedenen Institutionen einzuschränken, suchten in Einzelfällen die Gerichte zur Durchführung einer beschützten Umgangsregelung die Lösung über die Anordnung einer Pflegschaft auf Grundlage des § 1634 Abs. 2 S. 2 i.V.m. § 1671 Abs. 5 S. 1 BGB a.F.[423]

Nach der bisherigen Regelung des § 1671 Abs. 5 S. 1 BGB a.F. konnte das Familiengericht einem Sorgeberechtigten die Befugnis der partiellen Aufenthaltsbestimmung entziehen und auf einen Pfleger übertragen, wenn dies erforderlich war, um eine Gefahr für das Wohl des Kindes abzuwenden. Als Inhaber des Aufent-

---

[416] Vgl. OLG Bamberg, FamRZ 1994, 719.
[417] Vgl. OLG Celle, FamRZ 1998, 1458, 1461.
[418] Vgl. OLG Hamm, FuR 1998, 410.
[419] OLG Celle, FamRZ 1998, 1458, 1461.
[420] Vgl. OLG Hamm, FamRZ 1995, 314; OLG Frankfurt/M., FamRZ 1995, 1431, 1432.
[421] Vgl. OLG Stuttgart, FamRZ 1994, 718.
[422] OLG Stuttgart, FamRZ 1994, 718, 719.
[423] Siehe OLG Bamberg, FamRZ 1985, 1175, 1178.

haltsbestimmungsrechtes sollte der Pfleger den Vollzug einer gerichtlichen Anordnung über die Ausübung des Besuchsrechts ermöglichen, um den Umgang des Kindes mit dem nichtsorgeberechtigten Elternteil zu gewährleisten (sog. Umgangspfleger).[424]

Nach Ansicht des *OLG Hamburg* war eine Pflegschaftsanordnung zur Herstellung der räumlichen und persönlichen Voraussetzungen für das Umgangsrecht erforderlich, wenn mangels anderer personeller Alternativen zum Schutz des Umgangs kein anderer Dritter zur Verfügung stand.[425] Um etwaigen Ängsten und Vorbehalten der sorgeberechtigten Mutter gegen einen unbeaufsichtigten Umgang des Vaters mit dem Kinde vorzubeugen, könne nach Ansicht des Gerichts ein Pfleger dafür sorgen, daß die Kontakte in Anwesenheit eines Dritten stattfinden.[426] Auch in einem Beschwerdeverfahren vor dem *OLG Celle* wurde zur Vermeidung eines Umgangsausschlusses und zur Bereitstellung geeigneter Räumlichkeiten die sachgerechte und nähere Ausgestaltung des Umgangsrechts auf einen Pfleger übertragen.[427]

Eine andere Fallgestaltung betrifft hingegen die Pflegschaftsanordnung in Verbindung mit dem zeitlich begrenzten Entzug des elterlichen Aufenthaltsbestimmungsrechts, wenn dadurch die Durchsetzung des Umgangsrechts gewährleistet werden sollte.[428] In Fällen, in denen sich der Sorgeberechtigte weigert, den Umgang des Kindes mit dem anderen Elternteil zu ermöglichen, wurde ein Pfleger angeordnet, um die Übergabe des Kindes an den Umgangsberechtigten zu ermöglichen.[429]

Der *Bundesgerichtshof* trug in seiner Entscheidung vom 12.3.1986 jedoch grundsätzliche Bedenken gegen die Geeignetheit einer solchen Maßnahme zur Verwirklichung des Umgangsrechts vor.[430] Angesichts der Bedeutung des grundrechtlich geschützten Elternrechts mußte die Pflegschaftsanordnung zum einen notwendig sein, um eine drohende Kindesgefährdung zu vermeiden und darüber hinaus geeignet sein, die Ausübung des Umgangs herbeizuführen.[431] Im Falle der konsequenten Weigerung des Sorgeberechtigten war aber letztlich auch der Pfleger ebenso wie der umgangsberechtigte Elternteil (in Fällen, in denen keine Pfleg-

---

424 Vgl. Schwab, ScheidungsR, 1995, Rdn. 267; Johannsen/Henrich/Jaeger, EheR, 1992, 2. Aufl., § 1634, Rdn. 33; Soegel/Strätz, BGB, 1987, § 1634, Rdn. 25; OLG Hamburg, FamRZ 1996, 422, 424.
425 OLG Hamburg, FamRZ 1996, 422, 424.
426 Vgl. OLG Hamburg, FamRZ 1996, 422, 423.
427 Vgl. OLG Celle, FamRZ 1990, 1026, 1028.
428 Vgl. OLG Köln, FamRZ 1998, 1463, 1464; OLG Bamberg, FamRZ 1985, 1175, 1178.
429 Vgl. OLG Bamberg, FamRZ 1985, 1075, 1078.
430 BGH, NJW-RR 1986, 1264, 1265.
431 Vgl. Schwab, ScheidungsR, 1995, Rdn. 267.

schaftsanordnung bestand) auf die gerichtliche Hilfe in Form der Androhung und Festsetzung von Zwangsgeldern angewiesen.[432]

Durch das Kindschaftsrechtsreformgesetz ist die Bestimmung des § 1671 Abs. 5 BGB a.F. entfallen, so daß nunmehr auf Grundlage der neuen Vorschrift des § 1697 BGB i.V.m. § 1666 BGB das Familiengericht zur Abwendung einer Kindeswohlgefährdung eine Pflegschaft anordnen kann.[433] Als Möglichkeit zur Schaffung der personellen und räumlichen Umgangsvoraussetzungen oder zur Durchsetzung des Umgangsrechts erscheint nach dieser Änderung die Anordnung eines Pflegers unter den strengeren Maßstäben einer Pflegschaftsanordnung und im Hinblick auf die Neuregelung des § 1684 Abs. 4 S. 3 BGB nur in Ausnahmefällen praktikabel.[434]

B. Themenerörterung in der Literatur

Der historische Rückblick verdeutlicht, daß der beschützte Umgang keine neue Form der Umgangseinschränkung ist, sondern schon früh der Bedarf bestand, durch gerichtlich einschränkende Anordnungen, Besuche des Kindes beim nichtsorgeberechtigten Elternteil nur in Anwesenheit einer dritten Person stattfinden zu lassen. Dennoch zählte bislang der beschützte Umgang im Schrifttum nur zu den peripher behandelten Themen im Zusammenhang mit der Erörterung der Umgangsproblematik.

In der Kommentarliteratur wurde unter Bezugnahme auf die zu diesem Themenbereich ergangene Rechtsprechung das Besuchsrecht in Anwesenheit einer dritten Person lediglich kurz und als Ausnahmekonstruktion behandelt.[435] Die Hinzuziehung einer dritten Person als Aufsichtsperson kam danach als Einschränkung der Umgangsbefugnis i.S.v. § 1634 Abs. 2 S. 2 BGB a.F. nur unter besonderen Umständen in Betracht, wenn ein Umgangsausschluß nicht gerechtfertigt war und ohne eine derartige Anordnung das Umgangsrecht nicht zweckentsprechend ausgeübt werden konnte.[436] Die exemplarisch aufgeführten Fallgruppen in der Kommentarliteratur, in denen die Anordnung des beschützten Umgangs in Betracht kam, sind im wesentlichen den Einzelfällen der dazu veröffentlichten Gerichtsentscheidungen entnommen worden.

---

[432] BGH, NJW-RR 1986, 1264, 1265.

[433] Vgl. BT-Drucks. 13/4899, S. 100, 109 ff.

[434] Vgl. auch Johannsen/Henrich/Jaeger, EheR, 3. Aufl., 1998, § 1684, Rdn. 16; Palandt/ Diederichsen, BGB, 58. Aufl., 1999, § 1684, Rdn. 12.

[435] Vgl. Mü-Ko/Hinz, BGB, 1992, § 1634, Rdn. 38; Staudinger/Peschel-Gutzeit, BGB, 12. Aufl., 1997, § 1634, Rdn. 65-68; Soegel/Strätz, BGB, 12. Aufl., 1987, § 1634, Rdn. 25; Palandt/Diederichsen, BGB, 58. Aufl., 1998, § 1634, Rdn. 37; Erman/Michalski, BGB, 1993, § 1634, Rdn. 18.

[436] Vgl. Soergel/Strätz, BGB, 12. Aufl., 1987, § 1634, Rdn. 25; Mü-Ko/Hinz, BGB, 1992, § 1634, Rdn. 38; Johannsen/Henrich/Jaeger, EheR, 2. Aufl., 1992, § 1634, Rdn. 33.

Nur vereinzelt findet der beschützte Umgang Erwähnung in Aufsätzen und Abhandlungen, die sich zumeist darauf beschränken, diese Form des eingeschränkten Umgangsrechts als Alternative gegenüber einem gänzlichen Kontaktabbruch der Eltern-Kind-Beziehung in Problemsituationen zu empfehlen.[437] In einem Beitrag aus dem Jahre 1996 wird zwischen „begleiteten" und „beaufsichtigten" Besuchskontakten unterschieden, wobei erstere als Teil einer Interventionsstrategie zur Wiederherstellung der Eltern-Kind-Beziehung angezeigt seien, wenn eine noch zu entwickelnde bzw. derzeit nicht problemfreie Beziehung zwischen dem Kind und dem umgangsberechtigten Elternteil existiere.[438] Ein „beaufsichtigter" Kontakt sei hingegen als Teil einer therapeutischen Intervention anzusehen, mit dem Ziel, den Schutz des Kindes anbetrachts einer beeinträchtigenden oder gefährdenden Eltern-Kind-Beziehung zu gewährleisten.[439] Als kritische Anmerkung zum neu eingeführten § 1684 Abs. 4 S. 3 und 4 BGB empfiehlt derselbe Autor den beschützten Umgang in der Rechtspraxis mit der gebotenen Zurückhaltung durchzuführen, da grundsätzlich kontextuelle Bedingungen zur Ausgestaltung der Beziehungen des Kindes zu seinem Elternteil nicht förderlich seien und die Gewinnung von Alltagserfahrungen weitgehend ausschließe.[440]

In Kurzdarstellungen wurde das Konzept des „betreuten Umgangsrechts" des Deutschen Kinderschutzbundes der Verbände in Ulm und Konstanz als Beispiel einer konstruktiven Intervention in umgangsrechtlichen Problemsituationen geschildert.[441]

Die neusten Artikel zum Kindschaftsrechtsreformgesetz begrüßen im Interesse des Kindes grundsätzlich die Neueinführung des § 1684 Abs. 4 S. 3 und 4 BGB zum beschützen Umgang, betonen aber gleichzeitig den sich daraus ergebenden Bedarf an kompetenter Beratungs- und Interventionsqualität.[442]

---

437 Vgl. Bosch, Anmerkung zu BGH vom 11.7.1984, FamRZ 1985, 169, 172; Lorenzen-Linke/Balloff, FamRZ 1993, 1032; Oelkers, FamRZ 1995, 1385, 1392; Walter, ZfJ 1996, 270, 271; Arntzen, Elterliche Sorge, 1994, S. 51, 52; siehe auch Gernhuber, FamR, § 66, S. 1071; Schwab, ScheidungsR, 1995, Rdn. 252.

438 Vgl. LBS/Fthenakis, Trennung, Scheidung und Wiederheirat, 1996, S. 118.

439 LBS/Fthenakis, Trennung, Scheidung und Wiederheirat, 1996, S. 100.

440 Vgl. Fthenaktis, FPR 1998, 84, 89.

441 Vgl. Gaier, FamRZ 1990, 1330, 1331; Südkurier, Betreutes Umgangsrecht, ZfJ 1994, 325.

442 Vgl. Fegert, JugH 1998, 145, 147; Weber, JugH 1998, 166, 171; Gerth, KindPrax 1998, 15, 17.

3. Kapitel: Eine rechtstatsächliche Darstellung des beschützten Umgangs

A. Die Umsetzung beschützter Umgangsregelungen anhand exemplarischer Modellbeispiele

I. Das „Betreuungsmodell“ des Deutschen Kinderschutzbundes, Ortsverband Ulm/Neu-Ulm e.V.

Als Angebot an Trennungs- und Scheidungsfamilien wird das Konzept des „betreuten Umgangsrechts“, das auf die Initiative des Deutschen Kinderschutzbundes, Ortsverband Ulm/Neu-Ulm e.V. aus dem Jahre 1984 zurückgeht, über den Gesamtverband des Deutschen Kinderschutzbundes auch in anderen Verbänden praktiziert. Das „betreute Besuchsrecht“ wird seitdem zwar nicht flächendeckend angeboten, stellt aber in vielen Groß- und Mittelstädten eine wesentliche Hilfe für Gerichte und Jugendämter dar.[443]

Die Betreuung von Umgangsregelungen durch den KSB stellt eine Dienstleistung dar, die den von fortdauernden Elternkonflikten betroffenen Kindern hilft, den Kontakt zum besuchsberechtigten Elternteil zu erhalten oder wieder einzurichten. Die betreute Umgangsregelung wird als Kontaktmöglichkeit zwischen dem Nichtsorgeberechtigten und dem Kind aus folgenden Gründen eingerichtet: Angst vor weiterer Ausübung familialer Gewalt, Gefahr von Entführungen, behutsamer Aufbau von Beziehungen nach langjähriger Trennung, Sorge um den seelischen Schaden des Kindes bei Besuchen, Alkoholismus des Besuchsberechtigten, Verdacht des sexuellen Mißbrauchs und in anderen vergleichbaren Problemsituationen. Über die Betreuung während der Ausübung der Umgangsregelung hinaus werden den Eltern beratende Gespräche mit ausgebildeten Fachkräften angeboten.

Zur Vorbereitung der Eltern-Kind-Besuche wird die Struktur der Umgangsregelung auf Grundlage eines richterlichen Beschlusses oder einer außergerichtlichen Vereinbarung individuell verabredet und vertraglich in einem Regelwerk abgesichert. Zusätzlich werden Vorbereitungstreffen zwischen dem Kind und der Betreuungsperson vereinbart, bevor der erste Besuchskontakt mit dem umgangsberechtigten Elternteil stattfinden kann. Für die Besuche des Kindes mit dem umgangsberechtigten Elternteil stellt der Kinderschutzbund Räumlichkeiten und Spielmaterial zur Verfügung. Während der Durchführung der Umgangskontakte ist eine Betreuungsperson anwesend, die die Aufgabe hat, eine möglichst vertrauensvolle und angstabbauende Atmosphäre zu schaffen und auf die Einhaltung der vereinbarten Regeln zu achten. Die Besuchskontakte finden in einem regelmäßigen und kontinuierlichen Rhythmus statt und werden erst beendet, wenn die El-

---

[443] Vgl. KSB/Müller/Steurer, Das Betreute Umgangsrecht, S. 7.

tern in gegenseitiger Verantwortung in der Lage sind, den Umgang mit dem Kind eigenständig zu regeln.[444]

Das Ulmer Modell ist aufgrund seiner professionellen und erfolgreichen Konzeption als vorbildliches Beispiel hervorzuheben. Auf Grundlage dieses Umgangsmodells bieten weitere Institutionen, wie beispielsweise der iaf (Verband Binationaler Familien und Partnerschaften in München, Frankfurt und Hamburg) betreute Umgangsregelung für betroffene Familien an.

II. Die Spezialberatungsstelle des Deutschen Roten Kreuzes in Berlin

In seiner Spezialberatungsstelle bietet das Deutsche Rote Kreuz in Berlin mit sechs Mitarbeitern seit 1992 die Betreuung von Umgangskontakten an. Das hier angewandte Konzept des „Betreuten Umgangs" ist entstanden aus der praktischen Arbeit der Beratungsstelle, die vornehmlich Fälle bei Gefahr einer Kindesentführung betreute. Mit Hilfe von unterstützenden Mitteln einer Projektförderung konnte der betreute Umgang auf eine intensivere Beratung und Unterstützung von hochstrittigen Trennungs- und Scheidungsfamilien ausgedehnt werden, so daß die Betreuung von Umgangskontakten, neben den Fällen von Kindesentzug, auch bei Kindern, die unter elterlichen Auseinandersetzungen leiden bzw. lange Zeit keinen Kontakt zu dem anderen Elternteil hatten oder Gewaltanwendung bzw. sexuellen Mißbrauch erfahren haben, Anwendung findet.

Die Beratungsstelle des DRK bereitet den betreuten Umgang durch intensive und gründliche Elterngespräche vor, damit die Eltern lernen, Paar- und Elternebene zu trennen und sich in die Erlebnis- und Bedürfniswelt ihres Kindes hineinzuversetzen. Der Schwerpunkt dieses Betreuungsmodells liegt daher auf der Beratung der Eltern, mit denen zunächst getrennte Gespräche, dann gemeinsame Gespräche geführt werden, um die Basis für eine Elterneinigung zur Regelung des betreuten Umgangs zu schaffen.

Auf der Grundlage dieser Gespräche werden die genauen Modalitäten für den Umgang mit dem Kind festgelegt. Die Beratungsstelle verfügt über zwei Spielzimmer, in denen die Besuche von montags bis samstags stattfinden können. Vor dem ersten Besuchskontakt lernt das Kind die zuständige Mitarbeiterin und die Räumlichkeiten kennen. Die betreuten Besuche finden so lange statt (im Durchschnitt zwei bis drei Monate, teilweise auch bis zu einem Jahr) bis die Eltern eigenständig in der Lage sind, den Umgang mit dem Kind zu vereinbaren. In der Regel kommen die Besuche alle vierzehn Tage zustande, die individuelle Besuchsfrequenz orientiert sich jedoch an der Bereitschaft und den Möglichkeiten der jeweiligen Familie. Es unterscheidet sich jedoch in einigen Punkten von der

[444] Vgl. die ausführliche Darstellung der konzeptionellen Grundlagen: KSB/Müller/Steurer, Das Betreute Umgangsrecht.

Konzeption des KSB. Während der Durchführung der Umgangskontakte ist kein Mitarbeiter der Beratungsstelle unmittelbar anwesend, sondern befindet sich in einem Nebenzimmer, zu dem die Kinder jederzeit Zugang haben. Eine Kontroll- bzw. Überwachungsfunktion durch die physische Anwesenheit einer dritten Person wird daher nicht übernommen. Sofern eine permanente Anwesenheit von seiten des sorgeberechtigten Elternteils gewünscht wird, sind in Einzelfällen die Sorgeberechtigten selbst bei der Ausübung des Umgangsrechts anwesend, wenn sich der umgangsberechtigte Elternteil damit einverstanden erklärt.

Ergänzend zu dieser Form des betreuten Umgangs bietet die Beratungsstelle eine spezielle Betreuung von trennungs- und scheidungsgeschädigten Kindern an. In einer Kindergruppe können betroffene Kinder einmal wöchentlich drei Monate lang zusammentreffen, um über ihre Ängste und Sorgen zu sprechen und um Lösungsmöglichkeiten zu finden.

III. Die Beratungsstelle des evangelischen Kirchenkreises Koblenz

Besuchskontakte zwischen Eltern und Kindern werden seit Mitte der achziger Jahre auch von der evangelischen Beratungsstelle des Kirchenkreises Koblenz begleitet. Die dort von einem Mitarbeiter beschützten Umgangsregelungen finden in enger Zusammenarbeit mit den Familiengerichten und Jugendämtern statt und beruhen auf einer direktiven Beratung der Eltern. Daneben werden Anfragen zur Durchführung dieser Form der Besuchskontakte von seiten betroffener Eltern, auch außerhalb Koblenz, gestellt.

Die Notwendigkeit eines beschützten Umgangs ergibt sich in der Regel bei folgenden Fallkonstellationen: psychische Erkrankung oder Alkoholabhängigkeit des umgangsberechtigten Elternteils, Neuanbahnung der Besuche nach längerer Unterbrechung (z.B. wegen Inhaftierung), Verdacht des sexuellen Mißbrauchs bzw. Entführungsgefahr, Gewaltausübung gegenüber Mutter und Kind und bei erheblichen Spannungen zwischen den Eltern.

Die Modalitäten des beschützten Umgangs werden von dem Mitarbeiter in Gesprächen mit den Eltern festgelegt. Voraussetzung ist, daß die Eltern sich zu der Einhaltung der von der Beratungsstelle aufgestellten Bedingungen bereit erklären. Für die Durchführung der Besuche werden ca. zehn Stunden anberaumt und im einzelnen festgelegt. Der erste einstündige Besuchskontakt findet in Anwesenheit des Mitarbeiters statt, der sich einen Eindruck von der Eltern-Kind-Beziehung verschafft und im Anschluß ein Gespräch mit dem Umgangsberechtigten führt. In den folgenden drei Sitzungen befindet sich der Mitarbeiter in einem Nebenzimmer, in dem er jederzeit erreichbar ist. Verlaufen die Besuchskontakte bis zu diesem Zeitpunkt erfolgreich, können sie auch außerhalb der Beratungsstelle, beispielsweise auf einem öffentlichen Spielplatz stattfinden. Im folgenden wird bei erfolgreichem Verlauf der Kontakte die Besuchszeit auf drei bis vier Stunden ausgeweitet und dem Umgangsberechtigten gestattet, in einem festgelegten Rahmen die Besuche frei zu gestalten.

B. Ergebnisse der Befragungen zum Thema „beschützter Umgang in Problemsituationen" am Beispiel der Hansestadt Hamburg

Von Mitte 1997 bis Ende 1998 wurden zu dem Thema „beschützter Umgang" Ansprechpartner in der Hansestadt Hamburg gesucht, die über ihre Erfahrungen im Zusammenhang mit der Begleitung von Besuchskontakten durch eine dritte Person befragt werden sollten. In diesem Kontext wurden fünfundvierzig ausführliche Gespräche mit Familienrichtern der Amtsgerichte und Mitarbeitern öffentlicher und privater Institutionen geführt.

Die Themenbefragung erstreckte sich auf den zeitlichen Geltungsbereich der alten Regelung des § 1634 Abs. 2 S. 2 BGB a.F. sowie der neuen Bestimmung des § 1684 Abs. 4 S. 3 und 4 BGB. Die praktische Durchführung beschützter Umgangsregelungen blieb seit dem Inkrafttreten der neuen Kindschaftsrechtsreform im wesentlichen unverändert. Nachfragen seit dem 1. Juli 1998 haben ergeben, daß es keine institutionelle Vorbereitung auf das neue Recht im Hinblick auf die Umsetzung beschützter Regelungen gibt. In den letzten Gesprächen mit den Mitarbeiterinnen der Allgemeinen Sozialen Dienste in Hamburg-Altona und Hamburg-Nord wurde jedoch deutlich, daß interne Anweisungen der Jugendamtsleitung bestehen, wonach die Möglichkeiten zur Durchführung des beschützten Umgangs von den einzelnen Ortsämtern grundsätzlich vorzuhalten sind, aufgrund mangelnder personeller und finanzieller Mittel zur Zeit aber nicht umgesetzt werden. In diesem Zusammenhang prüfen die Jugendämter/Allgemeine Soziale Dienste die Übernahme der Leistung nach § 18 Abs. 3 S. 4 KJHG durch private Träger. Verhandlungen mit den in Frage kommenden Institutionen scheiterten jedoch bisher an Unstimmigkeiten bezüglich finanzieller Aspekte.

Die Suche nach geeigneten Institutionen der Hansestadt Hamburg, die bei der Herstellung von Umgangskontakten, insbesondere unter Mitwirkung eines ihrer Mitarbeiter, Unterstützung gewähren, stellte sich als aufwendig und schwierig heraus. Die Recherche ergab, daß das Leistungsangebot der Jugendämter/Allgemeinen Sozialen Dienste hinsichtlich der Betreuung von Umgangsregelungen je nach Stadtbezirk unterschiedlich ausgeprägt war.

Während die öffentlichen Jugendhilfeträger in Hamburg-Harburg und Hamburg-Wandsbek keine oder nur in geringem Umfang Mitarbeiter bzw. Räume für die Durchführung von Umgangsregelungen zur Verfügung stellen, existieren die materiellen und personellen Möglichkeiten für die Herstellung von Umgangskontakten und Hilfestellung bei der Ausführung vereinbarter bzw. gerichtlich angeordneter Umgangsregelungen seit Jahren in einigen Unterbezirken in Hamburg-Nord und Hamburg-Altona. In unterschiedlichem Umfang werden auch Räume und Mitarbeiter der jeweiligen örtlichen Erziehungsberatungsstellen zur Verfügung gestellt. Von ca. zwölf der befragten Jugendämter/Allgemeine Soziale Dienste konnten lediglich vier Stellen kindgerecht ausgestattete Räumlichkeiten anbieten, um beschützte Umgangsregelungen durchzuführen. Sofern keine eigenen Spielräume vorhanden sind, werden Besuchskontakte in den Räumen der Erziehungsberatungsstelle in Hamburg-Eppendorf oder außerhalb von festgelegten Räumlichkeiten (z.B. Spielplatz, Zoo, Einkaufscity usw.) in Anwesenheit eines Jugendamtsmitarbeiters durchgeführt.

Einige private Institutionen gaben zwar Auskunft über die Probleme im Zusammenhang mit der Durchführung von Umgangsregelungen, erklärten sich aber größtenteils zur Umsetzung beschützter Umgangsregelungen außerstande. Bis zur Erarbeitung der Konzeption „Betreuter Umgang" von November 1998 engagierte sich der Landesverband Hamburg des Deutschen Kinderschutzbundes e.V. - im Gegensatz zum Ulmer Ortsverband - nicht auf diesem Gebiet. Auf Druck der neuen Gesetzeslage hat der Landesverband Hamburg das im folgenden dargestellte Konzept entwickelt, das mit Hilfe ehrenamtlicher Mitarbeiter als Betreuungspersonen noch in diesem Jahr umgesetzt werden soll. Allerdings ist der KSB bei der zukünftigen Umsetzung des Projekts auf die Zusammenarbeit und vor allem die finanzielle Beteiligung der öffentlichen Jugendhilfe angewiesen, so daß abzuwarten bleibt, ob das Angebot realisiert werden kann.

Unbeteiligt an der Durchführung des beschützten Umgangs sind sowohl im Hinblick auf die bisherige Regelung als auch die Gesetzesänderung durch das Kindschaftsrechtsreformgesetz: der Verein Kinderschutz und Jugendwohlfahrt e.V.; die Erziehungsberatungsstelle des Caritasverbandes für Hamburg e.V.; die evangelische Beratungsstelle für Erziehungs-, Ehe-, Partner- und Lebensfragen des Diakonischen Werkes in Hamburg; der Verein für Psychosoziale Beratung und Information von Frauen; das Beratungs- und Seelsorgezentrum an der Hauptkirche St. Petri sowie der Verein Väteraufbruch für Kinder e.V.

Im folgenden wird das auf langjähriger Erfahrung beruhende Leistungsangebot von den Mitarbeitern des Jugendamtes/Allgemeine Soziale Dienste in Hamburg-Altona, Hamburg-Nord und der Sozialen Dienste: Frauenhäuser exemplarisch dargestellt. Des weiteren wird die Arbeit des Interessenverbandes Ausländischer Frauen (iaf) sowie die Konzeption des Deutschen Kinderschutzbundes, Landesverband Hamburg e.V. geschildert.

Im Anschluß daran erfolgt eine zusammenfassende Darstellung der mit Familienrichtern der Amtsgerichte Hamburg-Mitte, Hamburg-Altona, Hamburg-Blankenese, Hamburg-Harburg und Hamburg-Wandsbek geführten Gespräche.

Aus der Fülle der im Rahmen der Befragungen erhaltenen Informationen kristallisieren sich drei Schwerpunkte heraus, die bei der Durchführung beschützter Umgangsregelungen entscheidend sind: 1. Initiative und Fallgruppen hinsichtlich der Durchführung beschützter Umgangsregelungen, 2. Die organisatorische Planung zur Umsetzung der Regelungen, 3. Ziel und Bedeutung beschützter Umgangsregelungen. Die folgende Darstellung konzentriert sich daher jeweils auf die Betrachtung dieser drei Aspekte.

I. Erfahrungswerte des Allgemeinen für Soziale Dienstes in Hamburg-Altona

1. Initiative und Fallgruppen

Neben der allgemeinen Trennungs- und Scheidungsberatung wird vor allem für den Bereich Bahrenfeld, Flottbek, Othmarschen der beschützte Umgang von Mitarbeitern des Allgemeinen Sozialen Dienstes seit Ende der siebziger Jahre durchgeführt.

Beschützte Umgangsregelungen werden entweder in Zusammenarbeit mit dem zuständigen Familiengericht aufgrund einer entsprechenden Anordnung oder auf eigene Initative hin durchgeführt. Einen großen Raum nimmt die Begleitung von Besuchsrechten von nichtehelichen Vätern ein, da sich besonderes in diesen Fällen die Mütter gegen einen Umgang des Kindes mit dem Vater aussprechen. Besondere Umgangsprobleme treten ebenso bei hochschwierigen Scheidungen auf sowie bei der Neuanbahnung des Kontaktes, wenn die Kinder den Umgangsberechtigen lange Zeit nicht gesehen haben. Häufige Problemfälle sind auch der von der sorgeberechtigten Mutter geäußerte Vorwurf des sexuellen Mißbrauchs oder die Erkrankung des Umgangsberechtigten.

2. Die organisatorische Planung

Die Durchführung beschützter Umgangsregelungen wird aufgrund der seit dem JWG geltenden Gesetzeslage als originäre Aufgabe des Allgemeinen Sozialen Dienstes begriffen. Jährlich werden ca. zwölf bis vierzehn sog. „Kontaktfälle" von vier Mitarbeitern in Problemsituationen betreut. Die Besuche konnten bis November 1998 in einem dafür vorgesehenen Spielraum des ASD stattfinden. Seit dem Umzug der Abteilung steht jedoch kein Raum mehr zur Verfügung, so daß die Mitarbeiterinnen, insbesondere aufgrund der Zunahme beschützter Umgangsfälle bemüht sind, entsprechende Räumlichkeiten zu finden. Bisher wurde der Umgang von einem Mitarbeiter oder in manchen Fällen auch von einem Familienangehörigen begleitet.

Vor der Durchführung der Umgangskontakte werden die einzelnen Modalitäten mit den Eltern im Detail - in den meisten Fällen schriftlich - geklärt und genaustens abgesprochen. Die Auseinandersetzungen mit den Eltern im Rahmen der Absprachen zum beschützten Umgang bilden dabei den Schwerpunkt der sozialpädagogischen Arbeit. Das Amt für Soziale Dienste leistet in diesem Zusammenhang in Gesprächen mit den Eltern Überzeugungsarbeit, in denen die Notwendigkeit der Besuche des Kindes mit dem umgangsberechtigten Elternteil und die Folgen eines Nichtkontaktes (Idealisierung des Vaters/der Mutter durch das Kind; Fragen nach Identität; Auftreten negativer Verhaltensweisen gegenüber dem Sorgeberechtigten) dargestellt werden. Nach Ablauf der Umgangskontakte teilt die jeweilige Mitarbeiterin dem zuständigen Familienrichter das Ergebnis der Besuche mit.

3. Ziel und Bedeutung

Die Durchführung beschützter Umgangsregelungen wird für die Aufrechterhaltung des Eltern-Kind-Kontaktes in Konfliktsituationen als unabdingbar und notwendig eingeschätzt. Das Umgangsmodell des beschützten Umgangs hat sich in vielen familiären Problemfällen als einzige Möglichkeit erwiesen, Eltern-Kind-Kontakte aufrechtzuerhalten. Durch die Reduzierung des Umgangsrechts (z.B. durch zeitweiligen Umgangsausschluß) erfolgt nach den Erfahrungen der Mitarbeiter kein schrittweiser Abbau des Interesses am anderen Elternteil - wie dies oftmals von Müttern gewünscht wird - sondern verstärkt die Sehnsucht nach dem abwesenden Elternteil. Entscheidend ist, daß Kinder möglichst früh die Auseinandersetzung mit dem anderen Elternteil lernen und eine reale Einschätzung erhalten, auch wenn die familiären Voraussetzungen in Einzelfällen problematisch sind.

II. Erfahrungswerte des Allgemeinen Sozialen Dienstes Hamburg-Nord

1. Initiative und Fallgruppen

Das Angebot zur Mitwirkung an Umgangsregelungen existiert seit 1990, wobei die Behörde selbst, teilweise im Vorwege eines Scheidungsverfahrens, teilweise in Zusammenarbeit mit dem zuständigen Familiengericht, initiativ tätig wird.

2. Die organisatorische Planung

Für die Durchführung des „beschützten Umgangs“ stehen adäquate Räumlichkeiten zur Verfügung, in denen die Eltern-Kind-Kontakte bis zu einer Dreiviertelstunde stattfinden können. Die Anwesenheit der Mitarbeiter orientiert sich dabei an der jeweiligen Fallkonstellation, so daß es in hochstrittigen Trennungsfällen häufig ausreicht, daß neutrale Räumlichkeiten bestehen, in denen die Besuche stattfinden können. Auch in Fällen, in denen der umgangsberechtigte Elternteil außerhalb Hamburgs lebt, bieten die Räume des Allgemeinen Sozialen Dienstes die Möglichkeit, das Umgangsrecht wahrzunehmen. Die Hilfeleistung wird mehrmals im Jahr, teilweise in unregelmäßigen Abständen in Anspruch genommen. Nach Ablauf der vereinbarten Besuche wird in laufenden Scheidungsverfahren dem Familiengericht über die Umsetzung der Umgangsregelung Bericht erstattet.

3. Ziel und Bedeutung

Auch hier wird die Bedeutung der Herstellung von Umgangskontakten von den beteiligten Mitarbeitern hoch eingeschätzt. In vielen Fällen reichen jedoch einige beschützte Treffen aus, um die auf beiden Seiten bestehenden Ängste der Eltern abzubauen und die Hemmschwelle für eine Einigung zu senken.

III. Erfahrungswerte des Sozialen Dienstes: Frauenhäuser

1. Initiative und Fallgruppen

Für die behördliche Stelle der Fachstelle Soziale Dienste: Frauenhäuser betreuen regelmäßig sechs Mitarbeiterinnen betroffene Frauen von Beginn bis zum Ende ihres Aufenthaltes im Frauenhaus.[445] Bei ihrer täglichen Arbeit befassen sich die Mitarbeiterinnen in Zusammenarbeit mit den Frauen in gemeinsamen Gesprächen mit der Lösung von Sorge- und Umgangsrechtskonflikten, wobei versucht wird, Umgangskontakte zwischen dem Vater und den Kindern herzustellen. Im Vordergrund der täglichen Begleitbesuche steht der Schutzaspekt im Falle von Bedrohungen der Mutter und/oder des Kindes, von Entführungsverdacht, Gewaltanwendungen oder sexuellem Mißbrauch. Der beschützte Umgang erfolgt meistens auf Initiative der Sozialen Dienste: Frauenhäuser in Zusammenarbeit mit den Familienrichtern und betroffenen Müttern. Nur in Extremsituationen, wie beispielsweise bei massiver Bedrohung des Kindes oder der Mutter, wird von seiten der Mitarbeiterinnen eine beschützte Umgangsregelung abgelehnt.

2. Die organisatorische Planung

Die Durchführung des beschützten Umgangsrechts erfordert eine organisatorisch aufwendige Planung, da mit beiden Elternteilen Vorgespräche geführt werden, der erste Kontakt zu dem Kind hergestellt wird und die Treffen im einzelnen organisiert und festgelegt werden.

---

445 Insgesamt existieren 210 Plätze in sechs Frauenhäusern der Stadt Hamburg.

In der Regel werden drei Begleittermine vereinbart, die - neben der Schutzfunktion durch die Anwesenheit des Dritten - auch dazu dienen, eine Vertrauensbasis zu schaffen, um die Eltern zu befähigen, eigene Umgangsregelungen zu finden. Die Besuchstermine erfolgen in unterschiedlichen Zeitabständen und sind auf ein bis zwei Stunden begrenzt. Die beschützten Umgangskontakte werden in den Räumen der Erziehungsberatungsstelle (Hamburg-Nord) oder an öffentlichen Plätzen durchgeführt. Während der Umgangsausübung verhalten sich die zuständigen Mitarbeiterinnen zurückhaltend, versuchen Gespräche mit dem Umgangsberechtigten zu vermeiden und unterbrechen die Kommunikation zwischen dem Kind und dem Vater nur dann, wenn die getroffenen Vereinbarungen verletzt werden. Zur Vermeidung einer Bedrohung oder Beeinflussung des Kindes in der Muttersprache bei Familien nichtdeutscher Nationalität wird darauf geachtet, daß während des Umgangs die deutsche Sprache Anwendung findet.

Im Anschluß an die drei Termine führen die Mitarbeiterinnen Gespräche mit den Eltern (entweder getrennt oder gemeinsam) und bemühen sich um die Erarbeitung einer unbetreuten Umgangsregelung. Zum Teil ist die Begleitung des Umgangs über diese Termine hinaus erforderlich, so daß für daran anschließende Besuchskontakte eine andere dritte Person aus dem Freundes-, Bekannten- und Verwandtenkreis gesucht wird, die das beschützte Umgangsrecht weiterführt. In manchen Fällen reicht es im Anschluß an die unmittelbare Betreuung des Umgangs aus, einen neutralen Ort (z.B. Kindergarten, Schule, McDonald's, Polizeidienststelle, öffentliche Plätze) für die Übergabe des Kindes zu vereinbaren, so daß sich dann die Aufgabe des Dritten darauf beschränkt, das Kind an die vereinbarte Stelle zu bringen und nach dem Treffen mit dem Vater wieder abzuholen.

Die Mitarbeiterinnen erstatten nach den durchgeführten Umgangsterminen dem zuständigen Familiengericht in einer Sachstandsmitteilung Bericht und überprüfen durch Rücksprache mit den Eltern im einem Zeitraum von einem halben Jahr, ob die vereinbarte Umgangsregelung Bestand hat und weiterhin stattfindet. Bei Beendigung des Aufenthaltes im Frauenhaus übernehmen in der Regel die zuständigen örtlichen Stellen der Allgemeinen Sozialen Dienste die Beratung für die betroffenen Frauen.

3. Ziel und Bedeutung

Der Durchführung des beschützten Umgangs wird eine hohe Bedeutung beigemessen, da unmittelbar nach der Trennung der Eltern durch behutsame Intervention eine Beruhigung der familiären Verhältnisse eintreten kann und einvernehmliche Lösungen mit den Eltern auf den Weg gebracht werden können. Zur Überbrückung der schwierigen Trennungphase halten die Mitarbeiterinnen den beschützten Umgang zum Wohle des Kindes für unerläßlich. Nach Einschätzung der Mitarbeiterinnen der Fachstelle Soziale Dienste: Frauenhäuser erkennen die

Eltern (auch Mütter, die die Besuche des Kindes mit dem Vater zunächst ablehnten) die Bedeutung und den Sinn des persönlichen Umgangs und sind in ihrer problematischen Situation dankbar für die Mithilfe bei der Regelung der Besuchskontakte. In ca. fünfzig Prozent der Fälle wird nach Abschluß der drei Begleittermine der Eltern-Kind-Kontakt erfolgreich aufrechterhalten.

IV. Erfahrungswerte des iaf (- Interessenverband Ausländischer Frauen - Verband binationaler Familien und Partnerschaften)

1. Initiative und Fallgruppen

Der iaf ist eine Selbsthilfeorganisation, die im Rahmen ihrer interkulturellen Beratungsarbeit auch vereinbarte bzw. gerichtlich angeordnete Umgangsregelungen, insbesondere im Hinblick auf den Verdacht oder die Androhung einer Kindesentführung ins Ausland, durch eine Mitarbeiterin begleitet.

Die Organisation bietet insbesondere binationalen Trennungs- und Scheidungspaaren psychologische Betreuung und allgemeine Beratung für beide Eltern hinsichtlich der Regelung des Sorge- und Umgangsrechts an. Unter Teilnahme einer pädagogisch geschulten Person stellt der iaf Besuchsmöglichkeiten zwischen dem umgangsberechtigten Elternteil und dem Kind seit 1992 bereit.

Der Verband orientiert sich bei der Organisation und Konzeption seiner Arbeit an dem, vom Ulmer Kinderschutzbund erarbeiteten Modell des „Betreuten Umgangs“. Initiator für die Durchführung eines beschützten Besuchsrechts ist in vielen Fällen der Verband selbst, aber auch Rechtsanwälte und Familienrichter bitten um die Mithilfe des Verbandes in problematischen Umgangssituationen.

Häufigster Anlaß für Vereinbarung einer beschützten Umgangsregelung ist die Angst des Sorgeberechtigten vor einer Entführung des Kindes ins Ausland, aber auch zur Neuanbahnung des Umgangsrechts nach langer Besuchspause oder bei dem von der Mutter erhobenen Vorwurf des sexuellen Mißbrauchs wird die Regelung der Besuchskontakte unter Beteiligung eines Dritten erforderlich.

2. Die organisatorische Planung

Der iaf stellt einen Raum zur Verfügung, in dem der beschützte Umgang stattfinden kann. Ein Mitarbeiter der Organisation hilft bei der Anbahnung des Erstkontaktes, wenn bereits eine Entfremdung zwischen dem Kind und dem umgangsberechtigten Elternteil eingetreten ist. In allen übrigen Fällen befindet sich der Mitarbeiter in einem Nebenraum, um einen ungestörten und unbeschwerten Eltern-Kind-Kontakt zu ermöglichen. Die Mitarbeiter des iaf versuchen die Besuche so oft wie möglich herzustellen und orientieren sich an den zeitlichen Möglichkeiten der Eltern, so daß die Umgangskontakte in der Regel einmal pro Woche bzw. zweimal im Monat stattfinden können.

3. Ziel und Bedeutung

Dem beschützten Umgangsrecht kommt auch im Rahmen der Tätigkeit des iaf, die von allen Mitarbeitern aktiv unterstützt wird, eine große Bedeutung zu. In der Mehrzahl der Fälle sprechen sich die sorgeberechtigten Mütter zwar gegen die Durchführung von Umgangskontakten aus, lassen sich in der Beratung aber von der Notwendigkeit der Beziehung des Kindes zum anderen Elternteil überzeugen. Auch die umgangsberechtigten Väter lehnen in aller Regel die Mitwirkung einer dritten Person beim Umgang mit dem Kind zunächst ab, da sie sich zu Unrecht verdächtigt und beobachtet fühlen.

Letztlich wird der beschützte Umgang jedoch von beiden Elternteilen als einzige Möglichkeit begriffen, Besuche zwischen dem Umgangsberechtigten und dem Kind stattfinden zu lassen.

V. Das Konzept des Deutschen Kinderschutzbundes, Landesverband Hamburg e.V.[446]

1. Initiative und Fallgruppen

Das Konzept des Landesverbandes Hamburg beruht auf verschiedenen, schon vorhandenen Konzeptionen anderer Orts- und Landesverbände des Deutschen Kinderschutzbundes. Der Schwerpunkt des Hamburger Konzeptes liegt auf der Durchführung der Umgangsbegleitung zur Anbahnung, Wiederherstellung oder Weiterführung der Besuchskontakte zwischen dem Kind und dem umgangsberechtigten Elternteil.

Der Zugang zu dem Projekt ist grundsätzlich auf zwei Wegen möglich: Eltern und Kinder können sich an das Projekt wenden, weil sie von dem Angebot gehört haben oder von einer anderen Institution weiter vermittelt wurden. Andererseits können auch die Familienrichter den Eltern auferlegen, sich an den KSB zu wenden. In jedem Fall entscheidet die Projektleitung, ob ein betreuter Umgang angeboten werden kann.

2. Die organisatorische Planung

In einer Vorbereitungsphase sollen die Modalitäten der Umgangsbetreuung mit den Eltern verbindlich vereinbart werden, wobei durch eine detaillierte Festlegung des Rhythmus, Wochentag, Tageszeit und Dauer, die Regelmäßigkeit und

[446] Siehe im Anhang, KSB, Betreuter Umgang.

Kontinuität der Besuche gewährleistet werden soll. Nach vorbereitenden Gesprächen mit den Eltern und dem Kind sollen die Besuchskontakte in Anwesenheit eines Betreuers in den dafür vorgesehenen Räumlichkeiten stattfinden. Je nach Vereinbarung wird es aber auch möglich sein, außerhalb der Räumlichkeiten den betreuten Umgang in Form von „Ausflügen“ (z.B. Spielplatzbesuche, Spaziergänge usw.) durchzuführen. Ehrenamtliche Mitarbeiter, die den Umgang begleiten, sollen durch ein kurzes Ausbildungsprogramm für ihre Aufgabe als Betreuer qualifiziert werden, wobei hinsichtlich besonderer Problemfälle (sexueller Mißbrauch, Entführungsgefahr) die Fachkompetenz von Mitarbeitern der vorhandenen Einrichtungen des KSB (Kinderschutzzentren, Familienberatungsstellen und Kinderhäuser) genutzt werden können.

3. Ziel und Bedeutung

Im Rahmen der Kinderschutzarbeit soll im Hinblick auf die neue Gesetzeslage das Kindesrecht auf Umgang mit beiden Elternteilen stärker gefördert werden und auch in schwierigen, scheinbar aussichtslosen Fällen der Umgang vermittelt werden. Übergeordnetes Ziel des betreuten Umgangs bleibt durch die unterstützende Beratung der Mitarbeiter, die Befähigung der Eltern, ohne die Hilfe eines Dritten eigenständige Besuchsregelung zu vereinbaren.

VI. Erfahrungswerte von Familienrichtern der Amtsgerichte in Hamburg-Mitte, Hamburg-Altona, Hamburg-Blankenese, Hamburg-Harburg und Hamburg-Wandsbek

1. Initiative und Fallgruppen

Von fünfzehn der befragten Familienrichter der Amtsgerichte in Hamburg haben zehn Richter in der gerichtlichen Praxis bei einer Reihe von Problemfällen Erfahrungen mit Umgangsregelungen, die eine dritte Person begleitet hat, gesammelt. In den Gerichtsbezirken Hamburg-Altona und Hamburg-Nord, konnten die Familienrichter in einigen Fällen beschützte Umgangsregelung mit Hilfe der zuständigen Jugendämter/Allgemeinen Sozialen Diensten vereinbaren. Hingegen sehen die Richter in Hamburg-Harburg aufgrund fehlender Schutzräume und mangels aktiv engagierter Amtsmitarbeiter keine Möglichkeit, beschützte Umgangsregelungen zu realisieren, obwohl sich diese Umgangseinschränkung zur Aufrechterhaltung der Eltern-Kind-Beziehung in einigen Fällen angeboten hätte.

Die Vereinbarung, einen Dritten als Vertrauensperson für eine Umgangsregelung zu benennen, kam in der Mehrzahl der Fälle durch die Vermittlung des Jugendamtes zustande, beruhte teilweise aber auch auf der Anregung der Parteien selbst. Die Initiative der Familienrichter zur Anordnung oder Vereinbarung einer beschützten Umgangsregelung war im wesentlichen von den angebotenen örtlichen

Möglichkeiten der Jugendhilfeträger oder örtlichen Beratungsstellen abhängig. Beschützte Umgangsregelungen wurden in Familiensituationen angeordnet bzw. vereinbart, in denen der Verdacht des sexuellen Mißbrauchs bestand bzw. die Gefahr einer Entführung des Kindes oder der Gewaltanwendung gegenüber dem Kind befürchtet wurde. Zwei der befragten Richter stellten in diesem Zusammenhang fest, daß sich die Problematik eines beschützten Umgangs häufiger bei ausländischen bzw. binationalen Familien als bei deutschen Familien ergab.

Auch bei Alkoholproblemen des Umgangsberechtigten oder der Ablehnung von Besuchen durch das Kind bei einer Entfremdung vom nichtsorgeberechtigten Elternteil wurde der beschützte Umgang als Anbahnungsregelung als erforderlich betrachtet. In den meisten Fällen führten die subjektiven Ängste auf seiten der sorgeberechtigen Mutter - auch wenn diese sich als unbegründet erwiesen - zu einer Umgangsregelung unter Mitwirkung einer dritten Person, um das gegenseitige elterliche Mißtrauen abzubauen. Das beschützte Umgangsrecht ist die Folge von Vorwürfen, die zumeist von seiten der Mütter im Gerichtsverfahren erhoben werden, und denen durch die Anordnung, das Umgangsrecht durch die Mitwirkung einer dritten Person einzuschränken, Rechnung getragen wird.

2. Die organisatorische Planung

Der Einigung mit den Eltern zur Lösung von Umgangskonflikten kommt im familienrechtlichen Verfahren eine hohe Bedeutung zu. Die Familienrichter bemühen sich, im Rahmen des Erörterungstermins Überzeugungsarbeit für den weiteren Kontakt des Kindes zum nichtsorgeberechtigten Elternteil zu leisten und weisen auf das Beratungsangebot der Jugendhilfe hin. Nach allgemeiner Erfahrung stößt eine Umgangsregelung, die vom Gericht den Parteien aufoktroyiert wird und nicht auf dem Konsens beider Eltern beruht, in der praktischen Umsetzung auf große Schwierigkeiten. Die Familienrichter sind daher darauf angewiesen - auch für die Regelung des beschützten Umgangs -, die Eltern zur Kooperation zu bewegen, um das Umgangsrecht und das Kindeswohl durch die vereinbarte Besuchsregelung fördern zu können.

Die Suche nach einem geeigneten Dritten, der den Umgang begleiten könnte, wird von allen befragten Richtern grundsätzlich als problematisch eingestuft, da es in Hamburg bisher keine spezielle institutionelle Einrichtung gibt, die sich auf die Umsetzung des beschützten Umgangsrechts konzentriert. Daher ist oftmals viel Zeit und Aufwand mit der Auswahl einer dritten neutralen Person verbunden, wobei auch kreative Lösungswege gesucht werden.

Für die Durchführung beschützter Umgangsregelungen wird in erster Linie das Jugendamt/Allgemeine Soziale Dienste gefragt, ob Mitarbeiter bzw. Räume zur Verfügung stehen. Vielfach konnte jedoch die Mithilfe in diesem Bereich aufgrund mangelnder finanzieller und personeller Mittel nicht in Anspruch genommen werden. Im günstigsten Fall betreuen die Allgemeinen Sozialen Dienste einige Problemfälle, um letztlich, unterstützt durch die Beratung, eine einvernehmliche Lösung zu erzielen.

Infolge der bürokratischen und unflexiblen Handhabung der Umgangsproblematik durch die Ämter wird für die Zusammenarbeit auf dem Gebiet von problembehafteten Umgangsregelungen teilweise auf freie Träger zurückgegriffen. Aber auch Verwandte und Bekannte der Familie, die das Vertrauen beider Eltern besitzen, werden als Dritte für die Durchführung der Besuche akzeptiert. In Fällen, in denen Sachverständige am gerichtlichen Verfahren beteiligt waren, bot sich an, das beschützte Umgangsrecht mit dem Gutachter zu erörtern und gegebenenfalls die ersten Besuche nach der Elterntrennung in dessen Praxisräumen durchzuführen. Der beschützte Umgang konnte in einigen Fällen auch in der Form vereinbart werden, daß in einem Raum des von dem Kind frequentierten Kindergartens, der Schule oder in kirchlichen Gemeinderäumen in Anwesenheit des Erziehers bzw. einer anderen Person (Praktikant, familiäre Vertrauensperson) die Kontakte zustande kamen.

Prozeßtechnisch wird der beschützte Umgang von den Familienrichtern entweder formlos verabredet, als Vereinbarung der Eltern protokolliert oder in einem Umgangsbeschluß in Einzelheiten, auch unter Benennung der dritten Person, festgelegt. Die Familienrichter vereinbaren in der Regel gemeinsam mit den Eltern und dritten Beteiligten drei bis vier Probebesuche und versuchen anschließend aufgrund der Mitteilung durch die Beteiligten, neue Verabredungen zu treffen, nach anderen Lösungswegen zu suchen oder das Scheitern der Besuchsregelung zu akzeptieren.

Für die Berichterstattungsverpflichtung des Dritten existieren keine festen Regeln. Üblicherweise teilt die dritte Person dem Familienrichter nach der Durchführung der Besuche mit, ob die vereinbarte Regelung erfolgreich verlaufen ist oder nicht. Sechs der befragten Richter forderten von dem beteiligten Dritten eine Berichtsmitteilung an, während vier Richter unaufgefordert eine entsprechende Rückmeldung der Beteiligten erwarteten. Sofern die beschützte Umgangsregelung nicht zufriedenstellend durchgeführt werden konnte, stellen im Anschluß an das Scheitern dieser Regelung die Parteien in der Regel neue gegensätzliche Anträge auf die Regelung des Umgangsrechts.

3. Ziel und Bedeutung

In Problemsituationen stellt der beschützte Umgang oft die einzige Möglichkeit dar, den Kontakt des Kindes zum nichtsorgeberechtigten Elternteil aufrechtzuerhalten und bildet insoweit den „goldenen Mittelweg“ in gestörten Kontaktsituationen. Nach Meinung der Familienrichter kann die Regelung des beschützten Umgangsrechts jedoch nur eine Übergangslösung darstellen, um den Kontakt zum nichtsorgeberechtigten Elternteil aufrechtzuerhalten oder wieder anzubahnen. Hintergrund für die Anordnung des beschützten Umgangs ist immer das Ziel, eine uneingeschränkte Besuchssituation des Kindes mit dem anderen Elternteil zu erreichen.

C. Auswertung der Ergebnisse im Hinblick auf die rechtliche Beurteilung des beschützten Umgangs nach § 1684 Abs. 4 Satz 3 und 4 BGB

I. Initiator einer beschützten Umgangsregelung

Ausgangspunkt der Verwirklichung beschützter Umgangsregelung ist die Norm des § 1684 Abs. 4 S. 3 und 4 BGB i.V.m. § 18 Abs. 3 S. 4 KJHG, so daß zum einen aufgrund der richterlichen Anordnungsbefugnis der Familienrichter initiativ werden kann, zum anderen wegen des gesetzlichen Leistungsangebots zur Herstellung von Umgangskontakten und Ausführung von Umgangsregelungen die öffentlichen und privaten Jugendhilfeträger den Anstoß für die Durchführung des beschützten Umgangs geben können.

Die Befragungen haben ergeben, daß die Verwirklichung beschützter Umgangsregelungen von unterschiedlichen Initiatoren abhängig war. Wurde die Bedeutung und Notwendigkeit von beschützten Umgangsregelungen aufgrund der jeweiligen Problemsituationen erkannt, erwuchs daraus das Engagement der Betroffenen zur Lösung der Umsetzungsproblematik. Der Entschluß zur Erörterung ergab sich auf Druck der tatsächlichen Gegebenheiten, die eine solche Umgangseinschränkung erforderten. Die Notwendigkeit des Erhalts von Eltern-Kind-Beziehungen wurde von nahezu allen Befragten bestätigt, so daß die Lösung der Umgangsfrage in Problemsituationen im Rahmen eines Trennungs- und Scheidungsprozesses mangels besserer Alternativen zur Umsetzung beschützter Umgangsregelungen führte.

Da das Leistungsangebot der öffentlichen Jugendhilfe je nach Bezirk unterschiedlich vorhanden ist, die finanzielle und personelle Ausstattung innerhalb einer Stadt jedoch nicht stark divergent sein kann, ist zu konstatieren, daß die Aktivität der einzelnen Jugendbehörden bezüglich der Umsetzung beschützter Umgangsregelungen von deren Wertung abhängig ist. Im Verhältnis zum Leistungsangebot der jeweiligen Jugendamtsbezirke und der Vereinbarung bzw. Anordnung beschützter Umgangsregelung besteht daher eine sog. marktwirtschaftliche Wechselwirkung. Je besser das Angebot vor Ort ist, umso eher wurden Regelungen vereinbart oder angeordnet, die ein Dritter begleitete.

Neben den Trägern der öffentlichen Jugendhilfe bieten auch einige private Träger ihre Hilfe bei der Herstellung und Durchführung von Besuchskontakten an. Obwohl das Jugendamt den Mittelpunkt aller Bestrebungen auf dem Gebiet der Jugendhilfe bildet, ist die Jugendhilfe entsprechend dem Prinzip der Zusammenarbeit von öffentlichen und freien Trägern (§ 4 KJHG) als gemeinsame Aufgabe von Staat und Gesellschaft zu verstehen. Danach kann das Leistungsangebot in Abstimmung mit den freien Trägern auf private Wohlfahrtsverbände übertragen werden. Dementsprechend werden die Bemühungen der Jugendämter auch darauf ausgerichtet, für die Durchführung des beschützten Umgangs vermehrt mit privaten Trägern zusammenzuarbeiten und sich über die damit verbundenen finanziellen Fragen zu einigen (vgl. § 77 KJHG).

II. Die organisatorische Planung zur Umsetzung einer beschützten Umgangsregelung

1. Räumliche und personelle Voraussetzungen

Da die Bereitstellung der erforderlichen Mittel zur Durchführung einer beschützten Umgangsregelung das Hauptproblem darstellt, ist hierauf besonderes Augenmerk zu richten.

Die Mitarbeiter der befragten, aktiv tätigen öffentlichen und privaten Jugendhilfeträger bzw. Beratungsstellen sind in den meisten Fällen dauerhaft während der gesamten Umgangszeit in den von der jeweiligen Institutionen zur Verfügung gestellten Räumlichkeiten anwesend. In Situationen, in denen der Schutzaspekt der Besuche weniger im Vordergrund steht als die Unterstützung durch die dritte Person wegen elterlicher Spannungen, befindet sich die Begleitperson oftmals auch in einem angrenzenden Raum, in dem sie in „Hörweite" und jederzeit erreichbar ist. Dabei wird berücksichtigt, daß in allen Fällen die Beziehung des Kindes zum Umgangsberechtigten im Vordergrund steht und die unmittelbare Anwesenheit und Mitwirkung des Dritten schützend und unterstützend und nicht störend wirken soll.

Während bei dem Modell des Kinderschutzbundes die Betreuungsperson ständig anwesend ist und durch eindeutige Parteinahme für das Kind bei der Umgangsbetreuung ausschließlich das Wohl des Kindes im Blick hat, lehnt es die Spezialberatungsstelle des Deutschen Roten Kreuzes in Berlin ab, durch die Anwesenheit eines Mitarbeiters eine unmittelbare Kontrollfunktion auszuüben. Auch in der Koblenzer Beratungsstelle des evangelischen Kirchenkreises hält sich der Mitarbeiter weitestgehend im Hintergrund. Bis auf das erste vorbereitende Treffen, bei dem der Betreuer den Besuch beobachtet, um eine Einschätzung der Eltern-Kind-Beziehung zu gewinnen, befindet er sich in einem Nebenraum.

In Fällen, in denen keine Organisation beteiligt ist, sondern nach der Befragung der Familienrichter eine Privatperson aus dem Verwandten- bzw. Bekanntenkreis als Dritter mitwirkt, konnte nicht festgestellt werden, wie intensiv die Betreuung der Umgangskontakte ist. Es wird jedoch davon ausgegangen, daß sich der Dritte, der das Vertrauen beider Eltern besitzt und zum Wohl des Kindes bei den Besuchen anwesend ist, seiner Verantwortung bewußt ist und situationsbedingt die Eltern-Kind-Kontakte mehr oder weniger aktiv unterstützt.

Die fachliche Qualifikation der mitwirkenden dritten Personen war graduell unterschiedlich. Während bei den Allgemeinen Sozialen Diensten und einigen privaten Vereinen ausgebildete Fachkräfte (Sozialpädagogen, Psychologen) die Besuche begleiten, stehen beim KSB ehrenamtliche Mitarbeiter bereit, die vorher im Rahmen eines kurzen Ausbildungsprogramms (ca. zehn Vorbereitungsabende) für die Umgangsbegleitung qualifiziert werden. Privatpersonen, die den Umgang beschützen, verfügen in der Regel über keine Fachkenntnisse. Hierbei wird von seiten der Familienrichter vor allem beachtet, ob die dritte Person das Vertrauen beider Eltern besitzt und bereit ist, die Umgangstermine vereinbarungsgemäß zu begleiten.

2. Festlegung der Umgangsmodalitäten

In allen beschützten Umgangsfällen werden durch den Familienrichter oder die beteiligte Organisation (Allgemeine Soziale Dienste/private Institutionen) in Zusammenarbeit mit den betroffenen Eltern die Modalitäten der Besuche festgelegt. Das bedeutet, daß für das Gelingen einer solchen Umgangsform von allen Befragten der Konsens beider Eltern als notwendig erachtet wird. Familienrichter stoßen oftmals an die Grenzen ihrer Möglichkeiten, wenn im Umgangsrechtsverfahren die Entscheidungen nicht von beiden Elternteilen akzeptiert werden. Die Aufrechterhaltung der Eltern-Kind-Beziehung durch eine dem Kindeswohl dienende Umgangseinschränkung läßt sich nur dann erreichen, wenn entweder die Eltern die Regelung als Vereinbarung selbst bzw. mit Hilfe Dritter erarbeiten oder wenn die für die Entscheidung des Gerichts maßgeblichen Gründe von ihnen nachvollzogen und akzeptiert werden.[447]

Während Familienrichter im Erörterungstermin anstreben, die Eltern von einer Kooperation zum Wohle des Kindes zu überzeugen, führen Mitarbeiter der beteiligten Institutionen getrennte bzw. gemeinsame Gespräche mit beiden Elternteilen und handeln verbindliche Vereinbarungen zur Durchführung des beschützten Umgangs aus. Dabei werden in der Regel drei bis vier Termine in Bezug auf Rhythmus, Wochentag, Tageszeit und Besuchsdauer abgesprochen. Die Einzelheiten der Umgangsregelung werden in Vereinbarungen schriftlich fixiert und von den Eltern unterschrieben oder vom Familiengericht protokolliert bzw. im Beschlußwege angeordnet.

---

[447] Vgl. dazu Erfahrungen des Modellprojekts zur Familienberatung in FamRZ 1998, 1218, 1220.

III. Ziel des beschützten Umgangs

Das Ziel einer beschützten Umgangsregelung ist die Anbahnung, Wiederherstellung oder Weiterführung der Besuchskontakte zwischen dem Kind und dem nichtsorgeberechtigten Elternteil, wenn aufgrund besonderer familiärer Konfliktsituationen der Umgang ohne die Mitwirkung eines Dritten entfallen würde. Die Umgangsbegleitung stellt daher einen geschützten Rahmen für die Eltern-Kind-Kontakte bereit.

Das langfristige Ziel und der Erfolg des beschützten Umgangs besteht darin, daß es den Eltern gelingt, ohne die Intervention eines Dritten eine Umgangsregelung zu treffen. Aber auch das kurzfristige Ziel, zumindest eine zeitlang den Kontakt des Kindes zum umgangsberechtigten Elternteil mit Hilfe Dritter herzustellen, ist im Hinblick auf den Sinn und Zweck des Kindschaftsrechtsreformgesetzes als positives Resultat zu werten.

Sowohl die neuen gesetzlichen Regelungen als auch die Angebote der Hilfsorganisationen streben das übergeordnete Ziel an, die Eltern und Kinder zu befähigen, ihre Problemsituation selbständig und eigenverantwortlich zu lösen, indem regelmäßige und ungeschützte Besuchskontakte vereinbart werden können. Der beschützte Umgang kann daher nach Auffassung aller Befragten nur zeitweise als Übergangslösung vereinbart werden, um Kindern Schutz und Hilfe zu gewährleisten und Eltern zu unterstützen. Zuverlässige Angaben über den „Erfolg" beschützter Umgangsregelungen konnten nicht gemacht werden. Insgesamt zeigt sich aber die zunehmende Tendenz, daß das Angebot, den Umgang begleitend zu unterstützen, eine positive Resonanz bei den Eltern hervorruft und in vielen Konfliktfällen die familiäre Situation entspannt und erleichtert hat.

TEIL IV
DIE RECHTLICHE BEWERTUNG DER NORM DES § 1684 Absatz 4 Satz 3 und 4 BGB

Im folgenden Teil der Untersuchung soll nunmehr die Norm des § 1684 Abs. 4 Satz 3 und 4 BGB als Grundlage einer beschützten Umgangsregelung unter Berücksichtigung der dargestellten rechtstatsächlichen Ergebnisse näher bestimmt werden.

Die Auswertung der exemplarisch dargestellten Umgangsmodelle in anderen Städten und die Ergebnisse der Befragungen in Hamburg zeigen, daß bei der Durchführung beschützter Umgangsregelungen teilweise unterschiedlich verfahren wird und keine allgemeingültige Struktur besteht. Obwohl grundsätzlich die einzelnen Umgangsmodalitäten - auch bei beschützten Regelungen - von den Umständen des Einzelfalls in der konkreten familiären Situation abhängig sind, soll dennoch im folgenden versucht werden, die Rahmenbedingungen des beschützten Umgangs auf Grundlage des § 1684 Abs. 4 S. 3 und 4 BGB im Hinblick auf den Funktions- und Aufgabenbereich des Dritten, den in Betracht kommenden Personenkreis und die rechtliche Einordnung der dritten Person bei der Durchführung allgemein zu bestimmen.

Des weiteren soll der im Rahmen einer Entscheidung auf Grundlage des § 1684 Abs. 4 S. 3 und 4 BGB vorzunehmende Abwägungsprozeß und die mit der Anordnung des beschützten Umgangs erforderlichen Anforderungen an das Familiengericht dargestellt werden.

1. Kapitel: Der beschützte Umgang als besondere Einschränkungsform auf Grundlage der neuen Bestimmung des § 1684 Abs. 4 Satz 3 und 4 BGB

A. Die Anwesenheit einer mitwirkungsbereiten dritten Person als Merkmal des beschützten Umgangs

I. Funktion und Aufgaben der dritten Person bei der Durchführung einer beschützten Umgangsregelung

Der Funktions- und Aufgabenbereich des Dritten im Sinne des § 1684 Abs. 4 S. 3 BGB wird vom Gesetzgeber nur insoweit näher beschrieben, als daß der Dritte als „mitwirkungsbereit“ und „anwesend“ bei der Durchführung des Umgangs bezeichnet wird.

1. Die Anwesenheit des Dritten

Die Anwesenheit einer dritten Person ist das konstitutive Merkmal des beschützten Umgangs. Nach dem Sinn und Zweck des gesetzlich geregelten beschützten Umgangsrechts soll in spezifischen problembehafteten Kontaktsituationen vermieden werden, daß das Kind mit dem umgangsberechtigen Elternteil bei der Wahrnehmung des Umgangsrechts allein ist.

Fraglich ist, welche Funktion die Anwesenheit des Dritten bei der Durchführung des beschützten Umgangs in einzelnen Problemsituationen erfüllt. Unklar ist in diesem Zusammenhang auch, ob während der gesamten Dauer der Besuchskontakte die dritte Person unmittelbar physisch anwesend sein muß und ob möglicherweise auch durch den Einsatz von technischen Geräten der Sinn des beschützten Umgangs erfüllt werden kann.

a) Die Anwesenheit in unterschiedlichen Problemsituationen

(1) Anwesenheit bei der Übergabe des Kindes

In einigen Fällen ist es in der Trennungs- und Scheidungsphase aufgrund der emotionalisierten und streitigen Situation lediglich erforderlich, die Übergabesituation beim Umgang durch Vermittlung einer dritten Person zu regeln.

Die Abneigung des Sorgeberechtigten gegen den früheren Partner kann so stark sein, daß er jeden Kontakt mit diesem vermeiden möchte - sei es auch nur für den zeitlich kurzen Kontakt bei der Übergabe des Kindes an den Umgangsberechtigten. Schon das Abholen und Bringen des Kindes durch den umgangsberechtigten Elternteil ist in vielen Fällen mit Schwierigkeiten verbunden, wenn aufgrund der negativen Haltung der Eltern zueinander bei diesen Begegnungen nicht das höfliche Mindestmaß eingehalten wird. So kann es vorkommen, daß durch das Unterlassen der Begrüßung, das Wartenlassen, das Weggehen bei geringer Verspätung oder das Nichterscheinen trotz Vereinbarung die bereits schon bestehenden Spannungen zwischen den Eltern verstärkt werden. Für die weitere Entwicklung des Kindes ist es ausgesprochen schädlich, wenn es anhand solcher und anderer Beispiele sehen muß, daß die Eltern sich nicht den einfachsten Höflichkeitsregeln entsprechend verhalten können.[448] In diesen Konfliktfällen reicht es mitunter aus, daß eine andere Person (z.B. ein Verwandter/Bekannter der Eltern) das Abholen und Bringen des Kindes vermittelt, bei der Ausübung des Umgangs selbst aber nicht anwesend ist.[449] Die Mitwirkung einer Vertrauensperson kann in der Übergabesituation die psychische Belastung für alle Beteiligten reduzieren und den Wechsel zum anderen Elternteil für das Kind erleichtern.

---

[448] Vgl. Oelkers, FamRZ 1995, 449, 456.

[449] Vgl. dazu Arntzen, Elterliche Sorge und Umgang, 1994, S. 55.

Davon zu unterscheiden ist jedoch die Notwendigkeit der dritten Person bei Problemkonstellationen, in denen der Dritte alleine durch seine Anwesenheit bei der Durchführung des Umgangs eine besondere Unterstützungs- und Schutzfunktion ausübt.

(2) Anwesenheit bei hochstrittigen Trennungs- und Scheidungsfällen
In hochstrittigen Trennungs- und Scheidungsfällen läßt es die Situation oftmals aufgrund des bestehenden gegenseitigen Mißtrauens der Eltern nicht zu, daß das Kind eine positive Beziehung zu beiden Eltern aufrechterhalten kann. Besonders in den Fällen, in denen der Sorgeberechtigte nicht wünscht, daß noch eine emotionale Bindung des Kindes zum anderen Elternteil bestehen bleibt, versucht er oft mit unterschiedlichen Mitteln, den Umgang zu vereiteln.

Die Begleitung der Umgangskontakte durch eine dritte Person kann dazu beitragen, in der stark emotionalisierten Phase der Trennung die Folgen der streitigen Auseinandersetzungen gegenüber dem Kind abzumildern und einen Kontaktabbruch des Kindes mit dem anderen Elternteil aufgrund der Verweigerungshaltung des Sorgeberechtigten zu vermeiden. Mit der Intervention des Dritten in Form des beschützten Umgangs kann den verborgenen und unverarbeiteten Ängsten des Sorgeberechtigten, der Umgang könne dem Kind schaden, durch die „Zwischenschaltung“ eines außenstehenden Dritten Rechnung getragen werden.

Die Durchführung der Besuche in Anwesenheit eines Dritten, verschafft in dieser Situation vielen Eltern eine Erleichterung und ermöglicht den betroffenen Kindern in einer entspannten Atmosphäre mit dem anderen Elternteil zusammenzusein, ohne unmittelbar die elterlichen Konflikte erleben zu müssen.[450]

(3) Anwesenheit zur Unterstützung der kindlichen Bewältigungsstrategien
Im Zusammenhang mit dem Umgang des Kindes und dem besuchsberechtigten Elternteil werden von den Eltern immer wieder auffällige kindliche Verhaltensweisen berichtet.[451] Unabhängig davon, worin die Belastung für das jeweilige Kind in seiner Situation besteht, schreiben sorgeberechtigte Eltern einerseits und nichtsorgeberechtigte Eltern andererseits dieses Verhalten jeweils dem Einfluß des anderen Elternteils zu. Die Reaktionen, die Kinder im Trennungs- und Scheidungsgeschehen zeigen, werden dabei oftmals zu Unrecht als psychische Störungen oder Verhaltensauffälligkeiten gewertet, da Kinder ein für sie außerordentlich belastendes Ereignis mit den ihnen zur Verfügung stehenden Mitteln zu bewältigen versuchen.[452] Die unmittelbaren Reaktionen der Kinder auf das Trennungsge-

---

[450] Vgl. Gaier, FamRZ 1990, 1330, 1331.
[451] Vgl. LBS/Griebel, Trennung, Scheidung und Wiederheirat, 1996, S. 109.
[452] Vgl. LBS/Oberndorfer, Trennung, Scheidung und Wiederheirat, 1996, S. 35.

schehen weisen daher nicht in jedem Fall auf eine Entwicklungsstörung hin, sondern stellen kindliche Bewältigungsversuche dar.[453]

Die bestehende Belastung für Kinder in einer Trennungsphase kann weitgehend aber nur durch die ausgeglichene und weitere Präsenz beider Eltern im Leben der Kinder abgebaut werden. Das Bewußtsein, daß sich die Eltern, trotz der Auflösung der Partnerbeziehung, nicht von den Kindern getrennt haben, gibt diesen die emotionale Sicherheit, die sie zur Bewältigung der beträchtlichen Anforderungen in der Nachtrennungs- bzw. Nachscheidungssituation benötigen.[454] Durch die Möglichkeit, mit beiden Eltern ihre Erfahrungen zu sammeln und ihre jeweiligen Einstellungen und Bedürfnisse kennenzulernen, werden die Kinder eher dazu befähigt, die Konfliktssituation kognitiv zu erfassen und zu verarbeiten.[455] Auch im Trennungsgeschehen können Kinder lernen, zeitweilig mit Konflikten zu leben, ohne sich gänzlich von den Eltern zurückziehen zu müssen.[456]

Mit Hilfe Dritter können die Belastungen reduziert werden und die Kinder in ihren Bewältigungsversuchen angemessen unterstützt werden.[457] Abgesehen von den gemäß § 18 Abs. 3 S. 1 und 2 KJHG bestehenden Beratungs- und Unterstützungsangeboten durch Mitarbeiter des Jugendamtes kann in diesen Fällen auch die, durch die Teilnahme eines Dritten bei der Durchführung der Besuche mit dem umgangsberechtigten Elternteil gewährte Unterstützung erbracht werden (vgl. § 18 Abs. 3 S. 4 KJHG). Kindliche Störungen, soweit sie ursächlich mit den Besuchen zusammenhängen, vermindern sich in der Regel, wenn die Eltern durch die Anwesenheit des Dritten einen konflikterzeugenden Einfluß nicht mehr ausüben können.[458] In Verbindung mit einer beschützten Umgangsregelung kann dem Kind daher bei der Bewältigung des Trennungsgeschehens geholfen werden und einer drohenden Entfremdung zum anderen Elternteil vorgebeugt werden.

Mit der Gestaltung der Trennungs- bzw. Scheidungssituation, z.B. durch die Begleitung des Umgangsrechts, die sich den jeweiligen Bedürfnissen und Kompetenzen der Kinder anpassen, wird es Kindern ermöglicht, die Trennung ohne die Entwicklung von psychischen Störungen und Verhaltensauffälligkeiten bewältigen zu können.[459]

---

[453] Siehe LBS/Oberndorfer, Trennung, Scheidung und Wiederheirat, 1996, S. 46.
[454] Siehe LBS/Fthenakis, Trennung, Scheidung und Wiederheirat, 1996, S. 102.
[455] Vgl. LBS/Fthenakis, Trennung, Scheidung und Wiederheirat, 1996, S. 102.
[456] Vgl. Arntzen, Elterliche Sorge und Umgang, 1994, S. 46.
[457] Vgl. LBS/Oberndorfer, Trennung, Scheidung und Wiederheirat, 1996, S. 35.
[458] Vgl. dazu Arntzen, Elterliche Sorge und Umgang, 1994, S. 7.
[459] Vgl. dazu LBS/Oberndorfer, Trennung, Scheidung und Wiederheirat, 1996, S. 46.

(4) Anwesenheit zum behutsamen Aufbau neuer Umgangskontakte im Falle der Entfremdung

In vielen Fällen tritt nach einer Trennung der Eltern eine Entfremdung zwischen dem Kind und dem nichtsorgeberechtigten Elternteil ein, so daß die Durchführung der Besuche nach einer langen Umgangspause mit Schwierigkeiten verbunden sein können.[460] Um jedoch dem Kind die Möglichkeit zu geben, ein realistisches Bild vom abwesenden Elternteils zu gewinnen, eine emotionale Beziehung zu ihm erneut aufzubauen und den Kontakt zu seinem verwandtschaftlichen System zu finden, ist die (Wieder-) Herstellung der Kontakte für die kindliche Entwicklung von großer Bedeutung.[461]

Ist die Entfremdung auf die ablehnende Haltung der Eltern - meist des Sorgeberechtigten - zurückzuführen und erreicht die sich trennende Familie während des Trennungs- und Scheidungsprozesses einen „toten Punkt" (sog. Tot- oder Stillstandszeitpunkt im Familiensystem),[462] so ist die Familie oft nicht mehr in der Lage, sich selbst angemessen zu restrukturieren, sondern auf Hilfe außenstehender Personen angewiesen. Diese unterstützende Hilfe kann je nach Entfremdungsstadium unterschiedliche Interventionsformen erfordern.[463]

Sowohl für erstmalige Herstellung der Kontakte als auch für die Wiederanbahnung der Besuche nach einer langen Unterbrechungszeit ist es erforderlich, die Kontakte mit dem entfremdeten Elternteil vorzubereiten. Dies kann durch Gespräche mit fachkundigen und qualifizierten Mitarbeitern der Jugendhilfeträger oder anderen Beratungsdiensten erfolgen, aber auch durch die unmittelbare Mitwirkung eines Dritten bei der Durchführung der Besuche. Ein pädagogisch geschickter Vermittler kann dazu beitragen, die Folgen der Entfremdung durch seine Gegenwart zu überbrücken, da insbesondere der erste Besuchskontakt nach einer „Pause" durch die Unsicherheit des Umgangsberechtigten und vielfach durch die zwiespältige Haltung des Kindes geprägt ist.[464]

Bei der Anbahnung der Besuchskontakte ist zu berücksichtigen, daß Unterstützung bei Personen zu suchen ist, die das Vertrauen des Kindes haben.[465] Hinsichtlich der zu stellenden Anforderungen an die Person, die bei der Durchführung der Besuche anwesend sein soll, ist es besonders wichtig, daß zwischen dem Dritten und dem Kind eine Vertrauensbeziehung besteht oder entstanden ist. Da-

---

460 Siehe oben S. 69, 70.

461 Vgl. LBS/Fthenakis, Trennung, Scheidung und Wiederheirat, 1996, S. 102, 104.

462 Vgl. Ward/Harvey, ZfJ 1998, 237, 238.

463 Vgl. dazu Ward/Harvey, ZfJ 1998, 237, 242-244, die zwischen milder, mäßiger und schwerer Entfremdung differenzieren und entsprechende Vorschläge zur angemessenen Intervention darlegen.

464 Vgl. Arntzen, Elterliche Sorge und Umgang, 1994, S. 45.

465 Vgl. Oelkers, FamRZ 1995, 449, 454.

mit wird vermieden, daß während der Besuche eine „doppelte Fremdheit" besteht, die die Aufnahme des Kontaktes erschweren würde.

Die Anwesenheit einer vertrauten dritten Person kann vielmehr ermöglichen, daß die Eingewöhnungsphase mit dem umgangsberechtigten Elternteil in einer entspannten Atmosphäre verläuft. Die Hilfe des Dritten bei der Wiederaufnahme der Besuche sollte folglich erst dann aufgegeben werden, wenn dieser den Umgang zwischen Kind und Elternteil für genügend gut eingespielt hält, um ohne die Hilfe eines Dritten funktionieren zu können.[466]

Eine solche Unterstützungsfunktion durch die Anwesenheit des Dritten kann auch in den Fällen angebracht sein, in denen sich der Umgangsberechtigte in Haft befindet und der Kontakt zu den Kindern aufgrund dessen unterbrochen ist. Sofern der Sorgeberechtigte Besuche in der Haftanstalt ablehnt, können durch die Begleitung einer Vertrauensperson auch Besuche in oder außerhalb der Haftanstalt durchgeführt werden, um die Kinder und den umgangsberechtigten Elternteil bei der Ausübung des Umgangsrechts zu unterstützen. Ob eine (weitere) Kontaktunterbrechung und damit die Gefahr einer Entfremdung begleiteten Besuchen vorzuziehen ist, muß hier im konkreten Einzelfall entschieden werden. Die Regelung eines beschützten Umgangs kann dann keine erfolgversprechene Lösung sein, wenn die Gefahr besteht, daß das durch die Straftat des Umgangsberechtigten erlittene Trauma durch die Besuche reaktiviert wird.[467]

Der Erfolg beschützter Besuchskontakte hängt aber nicht nur von der Fähigkeit des Kindes und des Nichtsorgeberechtigten ab, eine solche Situation angemessen zu bewältigen, sondern auch von Bereitschaft und Kompetenz des sorgeberechtigten Elternteils.[468] Unabhängig von der Betreuung der Besuche durch eine dritte Person sind daher auch begleitende Gespräche mit dem Sorgeberechtigten erforderlich, um ihn im Falle einer Verweigungshaltung von der Notwendigkeit der Kontakte überzeugen zu können.

(5) Anwesenheit zum Schutz in besonderen Gefahrensituationen

In Fällen, in denen eine Problemsituation aufgrund eines vermuteten oder festgestellten Verhaltens des Umgangsberechtigten entstanden ist oder aufgrund besonderer Umstände eine Gefährdung für das Kind beinhaltet, kann die Anwesenheit eines „beobachtenen" Dritten bei der Ausübung des Umgangsrechts eine Schutzfunktion erfüllen.

466 Siehe Arntzen, Elterliche Sorge und Umgang, 1994, S. 51.
467 Vgl. OLG Frankfurt/M., FamRZ 1995, 1431, 1432.
468 Vgl. LBS/Fthenakis, Trennung, Scheidung und Wiederheirat, 1996, S. 121.

(a) Dem Umgangszweck zuwiderlaufende Motivation des Berechtigten
Der Schutz des Kindes kann durch die Anwesenheit einer dritten Person gewährleistet werden, wenn allein dieser Umstand dazu beiträgt, daß der Umgangsberechtigte sich dem Umgangszweck entsprechend verhält und die Besuche nicht dazu nutzt, das Kind in irgendeiner Form negativ zu beeinflussen. Hier kann der Dritte dafür sorgen, daß beispielsweise bestimmte Gesprächsthemen vermieden werden oder eine religiöse Indoktrination verhindert wird.

(b) Verdacht auf Entführung des Kindes
Besteht der begründete Verdacht einer Entführung des Kindes, kann die Anordnung des beschützten Umgangs in einem solchen Fall möglicherweise verhindern, daß der umgangsberechtigte Elternteil dem Sorgeberechtigten das Kind durch die Verbringung ins Ausland entzieht. Unabhängig davon, ob begründete Anhaltspunkte eine solche Entführung befürchten lassen oder ob lediglich den Ängsten des Sorgeberechtigten Rechnung getragen wird, stellt die Anwesenheit des Dritten bei der Ausübung des Umgangs eine Vorsichtsmaßnahme dar.

Allerdings ist im Zusammenhang mit dieser Problematik festzuhalten, daß weder die Einschränkung des Umgangsrechts durch die beschützte Anordnung noch andere Maßnahmen[469] einen absoluten Schutz vor einer Entführung bieten. Die Anwesenheit der dritten Person ist dann wirkungslos, wenn der Umgangsberechtigte dem Dritten mit Gewaltanwendung droht[470] oder andere Gelegenheiten zur Entführung des Kindes nutzt. Grundsätzlich kann aber durch den beschützten Umgang dem Kind der Kontakt zum Umgangsberechtigten weiterhin ermöglicht werden, da die Anwesenheit einer dritten Person das Kind vor unüberlegten und spontanen emotionalgeprägten Unternehmungen des umgangsberechtigten Elternteils schützen kann.

Eine Reihe eher ungewöhnlicher Maßnahmen hat das *OLG München* in seiner Entscheidung vom 28.8.1997[471] beschlossen, um eine erneute Entführung und gleichzeitig den Ausschluß des Umgangsrechts zu verhindern. Um einer künftigen Entführung des Kindes vorzubeugen, wurde die Überwachung des fünfstündigen Umgangs durch einen Detektiv, die Herausgabe der Reisepässe und die Untersagung bei der Ausübung des Umgangsrechts ein Kraftfahrzeug zu benutzen, angeordnet. In diesem Fall gewährte hauptsächlich die mittelbare physische Anwesenheit des Dritten, den Schutz des Kindes, unterstützt durch flankierende Maßnahmen zur Verhinderung einer raschen Mobilität.

---

[469] Zur Einschränkung des Umgangsrecht durch Paßhinterlegung bzw. zur räumlichen Einschränkung siehe oben S. 80, 86; OLG Karlsruhe, NJW 1996, 1416; OLG München, FamRZ 1993, 94, 95.
[470] Siehe dazu Fallbeispiel in ZfJ 1994, 325.
[471] Siehe OLG München, FamRZ 1998, 976, 977.

(c) Vorwurf des sexuellen Mißbrauchs
Der Schutz des Kindes in einer Gefahrensituation durch die Anwesenheit eines Dritten kann auch im Falle des Verdachts eines sexuellen Mißbrauchs geleistet werden. Welches Vorgehen allgemein bei diesem Verdacht im Einzelfall angemessen ist, welche Schritte zu welchem Zeitpunkt unternommen werden sollten, ist abhängig von der Situation des Kindes und den Bedingungen des sexuellen Mißbrauchs.[472] Schnelle und unkomplizierte Hilfen gibt es in einem solchen Fall ebensowenig wie Patentrezepte. Jeder Einzelfall erfordert die Suche nach adäquaten Handlungsmöglichkeiten und Lösungen, die dem Kind gerecht werden.[473] Eine Person alleine kann weder die Aufklärung des Verdachts noch einen langfristigen wirkungsvollen Schutz des Kindes erreichen. Jedoch kann, um auch in einem solchen Fall einen völligen Kontaktabbruch zu vermeiden, die beschützte Umgangsregelung eine geeignete Möglichkeit darstellen, - trotz des erhobenen Vorwurfes - die Beziehung des Kindes zum anderen Elternteil aufrechtzuerhalten.

Diese Form der Kontaktgestaltung ist vor allem in denjenigen Fällen angebracht, in denen das Kind eine Beziehung zum Umgangsberechtigten ausdrücklich wünscht. Auch wenn diese Thematik in der Literatur kontrovers diskutiert wird, herrscht die Auffassung vor, daß - auch im Falle eines begründeten Verdachts des sexuellen Mißbrauchs - persönliche Kontakte zum Elternteil unter dem Schutz eines anwesenden Dritten notwendig sind.[474] Insbesondere, wenn die Bindung des Umgangsberechtigten und dem Kind eng und der Wunsch nach Besuchen auf beiden Seiten groß ist, werden von Psychologen dosierte Kontakte in einem geschützten Umgangsrahmen als zweckmäßig erachtet.[475]

Die Anwesenheit des Dritten hat hier vor allem die Funktion, die bei dem Umgangsberechtigten häufig fehlenden Selbstkontrolle zu sichern, das Kind vor „Übergriffen“ zu schützen und ihm gleichzeitig zu ermöglichen, von der Zuneigung dieses Elternteils zu profitieren.[476] Eine andere Bewertung ist jedoch dann vorzunehmen, wenn aufgrund des Ermittlungsergebnisses die Möglichkeit besteht, daß sich der Umgangsberechtigte durch die Anwesenheit anderer Personen von sexuellen Handlungen nicht abhalten läßt und eine Gefährdung des Kindes auch im Beisein eines Dritten nicht ausgeschlossen werden kann.[477]

---

[472] Vgl. AK Kinderschutz/Gerhard u.a., Sexueller Mißbrauch, 1994, S. 6; Gerhard, Empfehlungen zur Intervention bei sexuellem Mißbrauch, 1996, S. 9.
[473] Vgl. Gerhard, Empfehlungen zur Intervention bei sexuellem Mißbrauch, 1996, S. 9.
[474] Vgl. LBS/Fthenakis, Trennung, Scheidung und Wiederheirat, 1996, S. 119.
[475] Vgl. Arntzen, Elterliche Sorge und Umgang, 1994, S. 54.
[476] LBS/Fthenakis/Trennung, Scheidung und Wiederheirat, 1996, S. 119.
[477] Vgl. dazu OLG Bamberg, FamRZ 1994, 719.

(d) Erkrankung des Umgangsberechtigten
Eine Schutzfunktion durch die Anwesenheit einer dritten Person ist oftmals auch in Situationen erforderlich, in denen aufgrund einer Erkrankung des Umgangsberechtigten ein gewisses Gefährdungspotential für das Kind besteht, das bei einem beaufsichtigten Umgang des Kindes durch die Anwesenheit einer fachkundigen dritten Person ausgeschlossen werden kann.[478]

b) Beschützter Umgangsrahmen

Nach dem Wortlaut der Bestimmung und den Gesetzgebungsmaterialien bezieht sich der Regelungsgehalt einer Anordnung nach § 1684 Abs. 4 S. 3 BGB grundsätzlich auf die Anwesenheit des Dritten während des gesamten zeitlichen Rahmens der Besuche, wenn der „Umgang nur in Anwesenheit eines Dritten stattfinden darf".[479] Im übrigen läßt die Norm offen, wie ein beschützter Umgangsrahmen zu gestalten ist.

Der Sinn und Zweck der Regelung in § 1684 Abs. 4 S. 3 und 4 BGB, auf der einen Seite das Wohl des Kindes zu gewährleisten, aber andererseits auch das Recht des Umgangsberechtigten nicht mehr als notwendig zu begrenzen, erfordert es, die Bestimmung flexibel auszulegen.

(1) Umfang der Anwesenheit
In jeder der dargestellen Fallgruppen erfüllt die dritte Person durch ihre Anwesenheit sowohl eine Unterstützungs- als auch Schutzfunktion zum Wohl des betroffenen Kindes. Sowohl die obigen Ausführungen als auch die rechtstatsächliche Darstellung im dritten Teil der Untersuchung zeigen, daß der Umfang der Anwesenheit einer Person je nach Problem- und Gefährdungsgrad der jeweiligen Situation unterschiedlich sein kann.

In Fällen, in denen die dritte Person im wesentlichen eine unterstützende Funktion ausübt, in dem sie dem Kind den Kontakt mit dem umgangsberechtigten Elternteil in einer entspannten Atmosphäre ermöglicht oder bei der Wiederherstellung der Besuche Unterstützung leistet, ist die unmittelbare physische Anwesenheit nicht ununterbrochen als erforderlich anzusehen. Die Begleitperson kann sich hier, wenn der Eltern-Kind-Kontakt insgesamt positiv verläuft, auch in einem Nebenraum aufhalten, in dem sie durch Augenschein den Besuchskontakt begleitet und notfalls erreichbar ist, so daß in diesen Fällen eine eher lose Begleitung als ausreichend zu erachten ist. Bei der (Wieder-)anbahnung der Besuchskontakte ist jedoch auch das Entfremdungsstadium zwischen dem Kind und dem umgangsberechtigten Elternteil zu berücksichtigen, so daß sich die Notwendigkeit der Anwesenheit einer Vertrauensperson an diesem Kriterium zu orientieren hat.

---

478 Vgl. hierzu OLG Hamm, NJW 1989, 2336.
479 Vgl. BT-Drucks. 13/4899, S. 106.

In den Fällen, in denen der Schutzaspekt z.B. beim Verdacht des sexuellen Mißbrauchs oder der Entführung des Kindes im Vordergrund steht, ist die Anwesenheit des Dritten während der gesamten Zeit des Eltern-Kind-Kontaktes als erforderlich zu betrachten. Der Rahmen einer beschützten Umgangsregelung muß garantieren, daß die umgangsberechtigte Person unter permanenter Beobachtung steht.[480] Zum Schutz des Kindes ist es notwendig, daß der anwesende Dritte immer gegenwärtig ist und schnell die veränderte Atmosphäre analysieren kann.[481] Oftmals wird die zum Schutz des Kindes bestehende Anwesenheit des Dritten als ungerechtfertigte Kontroll- und Aufsichtsmaßnahme mit diskriminierender Wirkung von seiten des umgangsberechtigten Elternteils verstanden. Dennoch ist im Interesse des Kindes eine ständige Anwesenheit der Begleitperson in der Zeit der Besuche erforderlich, damit in Notfällen (z.B. bei körperlichen Übergriffen oder Entführungsversuchen) der Dritte angemessen reagieren kann.

(2) Art des Schutzes durch die Anwesenheit

Das Merkmal der Anwesenheit ist vor allem durch die unmittelbare physische Anwesenheit einer Person erfüllt. Es ist aber auch denkbar, daß in einer anderen Form der Schutz des Kindes gewährleistet werden kann.

Beispielsweise kann die Überwachung des Umgangs durch das Mithören der Gespräche, durch einen Einwegspiegel, aber auch durch eine kontinuierliche Beobachtung der Eltern-Kind-Begegnung mittels einer Videoüberwachung[482] oder eines Detektivs[483] erfolgen. Gerade die indirekte Beobachtung einer Umgangssituation ermöglicht dem betroffenen Elternteil im Umgang mit seinem Kind eine etwas freiere Entfaltung und kann in manchen Fällen eine hinreichende Beobachtungsmöglichkeit und Sicherheit darstellen.[484]

In bestimmten Fallkonstellationen kann es ebenso der gesetzgeberischen Zielvorstellung entsprechen, wenn die Person die Gespräche zwischen dem Kind und dem Umgangsberechtigten nur mithört oder lediglich mittelbar anwesend ist, indem sie die Besuche nur per Videoüberwachung oder aus einer Entfernung verfolgt. Entscheidend ist, daß durch diese Form der Kontrolle der mit einer beschützten Umgangsregelung verfolgte Zweck, d.h. vor allem den Schutz des Kindes in einer problematischen Umgangssituation zu gewährleisten, erreicht wird.

---

[480] Vgl. KSB/Müller/Steurer, Das Betreute Umgangsrecht, S. 45.

[481] Vgl. KSB/Müller/Steurer, Das Betreute Umgangsrecht, S. 45.

[482] Vgl. LBS/Fthenakis, Trennung, Scheidung und Wiederheirat, 1996, S. 119, 120; Fegert, JugH 1998, 145, 148.

[483] Siehe oben Fn. 470.

[484] Vgl. Fegert, JugH 1998, 145, 148.

c) Fazit

Der Gesetzgeber hat bei der Regelung des beschützten Umgangs in § 1684 Abs. 4 S. 3 BGB beabsichtigt, die grundlegenden Kriterien für diese Form der Einschränkung des Umgangsrechts festzulegen. Unter Berücksichtigung des Prinzips der Verhältnismäßigkeit sollte auf der einen Seite die Aufrechterhaltung des Eltern-Kind-Kontaktes Berücksichtigung finden, auf der anderen Seite aber auch mögliche Gefährdungen für das Kind ausgeschlossen werden.

Der beschützte Umgang hat vor allem die Funktion, das Kind in besonderen Problemsituationen zu schützen und zu unterstützen, ihm aber zugleich zu erlauben, von der Zuneigung seines anderen Elternteils zu profitieren. Diese Voraussetzung ist im wesentlichen durch die unmittelbare Anwesenheit einer dritten Person erfüllt, die sich grundsätzlich auf den gesamten zeitlichen Rahmen der Besuche erstreckt. Die alternativen Möglichkeiten einer mittelbaren Anwesenheit können unter Umständen aber vermeiden, daß die als Entlastung gedachte Situation des beschützten Umgangs den Charakter von überwachten Besuchen bekommt.[485] Entscheidend ist daher, daß durch die Anwesenheit des Dritten die Aufrechterhaltung bzw. Wiederherstellung der Eltern-Kind-Beziehung nicht behindert oder gestört wird.

Wie darüber hinaus im einzelnen die Rahmenbedingungen für die Durchführung des beschützten Umgangs auszugestalten sind, ist anhand der Umstände des konkreten Einzelfalls zu bestimmen. Art und Umfang der Anwesenheit des Dritten sind entsprechend der jeweiligen Problem- und Gefahrenlage zu bestimmen. Allerdings reicht lediglich die Bereitstellung von Räumlichkeiten nicht aus, um insbesondere in Gefährdungssituationen eine Unterstützung und den Schutz des Kindes zu gewährleisten. Zwar kann in Einzelfällen bereits eine neutrale Umgebung und die Nähe anderer Personen eine Umgangssituation erleichtern, jedoch werden diese Voraussetzungen in den dargestellten Problemsituationen einem beschützten Umgangsrahmen nicht gerecht.

Auch eine Regelung, die die Anwesenheit des Dritten lediglich auf die Situation des Holens und Bringens beschränkt, erfüllt nicht die Anforderungen einer beschützten Umgangsregelung. Bei diesen einschränkenden Regelungen handelt es sich vielmehr um eine allgemeine Form der Einschränkung des Umgangsrechts nach § 1684 Abs. 4 S. 1 BGB.[486]

---

485 Vgl. Fegert, JugH 1998, 145, 148.

486 Zur Problematik des „Holens und Bringens“ beim Umgangsrechts vgl. auch OLG Zweibrücken, FamRZ 1998, 975, 976.

2. Die Mitwirkungsbereitschaft des anwesenden Dritten

Der Dritte, der bei der Umgangsregelung anwesend ist, muß nach dem Wortlaut der Norm des § 1684 Abs. 4 S. 3 BGB darüber hinaus zur Mitwirkung bereit sein. Das bedeutet zunächst nur, daß er nicht gegen seinen Willen zur Anwesenheit bei der Ausübung des Umgangsrechts gezwungen werden kann, sondern freiwillig an der Durchführung des Umgangsrechts teilnimmt.[487] Auch die Möglichkeit nach § 1684 Abs. 3 S. 1 BGB eine Regelung des Umgangsrechts „auch gegenüber Dritten“ zu treffen, schließt nach § 1684 Abs. 4 S. 3 BGB nicht die Befugnis ein, einen (unbeteiligten) Dritten zur Teilnahme am Umgang eines Elternteils mit dem Kind zu zwingen.[488]

Ausgehend von der ratio legis der Umgangsbestimmung verfolgt der Gesetzgeber mit der Einführung der familiengerichtlichen Anordnungsmöglichkeit nach § 1684 Abs. 4 S. 3 und 4 BGB den Zweck, unter Aufrechterhaltung der Eltern-Kind-Beziehung möglichen Gefährdungen des Kindes vorzubeugen. Nach dem Sinn und Zweck des beschützten Umgangs kann sich daher die Mitwirkungsbereitschaft des Dritten nicht in der Freiwilligkeit seiner Anwesenheit bei der Durchführung der Umgangsregelung erschöpfen. Vielmehr ist davon auszugehen, daß mit dem Erfordernis der Bereitschaft zur Mitwirkung weitere Anforderungen an die Art und Weise der Anwesenheit des Dritten verbunden sind. Der Gesetzgeber wollte mit der Formulierung „wenn ein mitwirkungsbereiter Dritter anwesend ist“ nicht lediglich zum Ausdruck bringen, daß die physische Anwesenheit einer Person ausreicht, um den Schutz des Kindes in jeder denkbaren problematischen Kontaktsituation zu gewährleisten.

Mit dem Wort „Mitwirkung“ ist im Gegensatz zu dem Begriff „Anwesenheit“, der auf eine passive beobachtenden Haltung des Dritten hindeutet, eher eine aktive Funktion bei der Begleitung der Besuchskontakte verbunden, so daß über die bloße Anwesenheit hinaus der mitwirkungsbereite Dritte bei Wahrnehmung seiner Überwachungs- und Schutzaufgabe unter Umständen zusätzliche Voraussetzungen erfüllen muß.

Überdies erfordert auch die Verzahnung von familien- und sozialrechtlichen Bestimmungen eine dahingehende Auslegung, denn die Vorschrift des § 1684 Abs. 4 S. 3 und 4 BGB korrespondiert mit der Regelung in § 18 Abs. 3 S. 4 KJHG, wonach dem Jugendamt die Aufgabe zukommt, bei Umgangsregelungen in besonderen Fällen Hilfestellung zu leisten, da Jugendamtsmitarbeiter aufgrund ihrer Sachkunde besonders geeignet sind, bei familiären Problemen Unterstützung zu gewähren und Orientierungshilfe zu geben.[489] Ebenso zeigt der histori-

487 FamRefK/Rogner, 1998, § 1684, Rdn. 25.
488 Vgl. BT-Drucks. 13/4899, S. 106.
489 Vgl. BT-Drucks. 13/4899, S. 106.

sche Rückblick bis zur Entwicklung des beschützten Umgangsrechts nach § 1684 Abs. 4 S. 3 und 4 BGB, daß mit der Anordnung einer „Aufsichtsperson" für die Durchführung des Umgangs auch inhaltliche Anforderungen verknüpft waren, um Unzuträglichkeiten bei der Ausübung des Besuchsrechts wirkungsvoll zu verhindern.[490]

a) Inhaltliche Anforderungen an die Mitwirkung

(1) Neutralität gegenüber beiden Elternteilen

Sofern die jüngsten Anmerkungen zur neuen Regelung des § 1684 Abs. 4 S. 3 BGB von einem „außenstehenden Dritten"[491] oder einem „unbeteiligten Dritten"[492] sprechen, ist davon auszugehen, daß damit auf das Erfordernis einer nichtwertenden, unabhängigen und neutralen Haltung der Begleitperson hingedeutet wird.

In hochstreitigen Trennungsfamilien und in besonders problembehafteten Kontaktsituationen zeigt sich häufig aufgrund der eigenen Unfähigkeit der Eltern zur Konfliktlösung die Tendenz, in Koalition mit Dritten die Situation zu beeinflussen. Da Menschen allgemein in Momenten der Krise geneigt sind, durch regressives Verhalten, also durch ein Zurückgehen auf frühere, kindlichere Stufen, die Krise durchzustehen, ist es objektiv für Eltern nicht leicht, gleichzeitig aus besonnener, erwachsener und elterlicher Verantwortung heraus zu handeln.[493] In diesen regressiven Phasen kann sich z.B. das Bedürfnis erhöhen, sich der Loyalität Dritter zu versichern und deren grundsätzlich neutrale Haltung zum eigenen Nutzen suggestiv zu beeinflussen.[494]

Wer als dritte Person die Besuchsregelung begleitet, befindet sich daher in einem Spannungsfeld von elterlichen Positionen, in dem es erforderlich ist, eine gefestigte innere Haltung zu bewahren.[495] Der Dritte bewegt sich - je nach Einzelfall - in einem risikobehafteten Konfliktfeld, so daß die Aufgabe, das Umgangsrecht zu beschützen, hohe Anforderungen an die Belastbarkeit der beteiligten Person stellt. Die Einhaltung einer neutralen Haltung gegenüber beiden Elternteilen ist notwendig, um die möglicherweise kritische Einstellung der Eltern gegenüber der getroffenen Umgangsregelung zu minimieren und eine Vertrauensbasis für ein Gelingen der Eltern-Kind-Besuche zu schaffen. Es ist daher für die Begleitung des Besuchsrechts unabdingbar, daß der Dritte nicht nur eine Vertrauensperson für das Kind darstellt, sondern auch wegen seiner Unabhängigkeit von der familiären

---

[490] Siehe Fn. 378, S. 101.
[491] Vgl. Johannsen/Henrich/Jaeger, EheR, 3. Aufl., 1998, § 1684, Rdn. 32.
[492] Vgl. Rauscher, FamRZ 1998, 329, 335.
[493] Vgl. Mackscheidt, FamRZ 1993, 254, 255.
[494] Vgl. Mackscheidt, FamRZ 1993, 254, 255.
[495] Vgl. KSB/Müller/Steurer, Betreutes Umgangsrecht, S. 29.

Situation das Vertrauen beider Eltern besitzt. Je mehr die Person als neutral und unparteiisch von den Eltern empfunden wird, umso eher wird es gelingen, den beschützten Umgang durchzuführen.[496]

Aufgrund der räumlichen und zeitlich größeren Nähe der Begleitperson mit dem umgangsberechtigten Elternteil wird die vom Dritten geforderte Neutralität von dieser Seite besonders gefährdet sein.[497] In den Gesprächen mit Mitarbeitern der aktiven Institutionen wurde deutlich, daß die von der Regelung betroffenen umgangsberechtigten Väter in einigen Fällen versuchen, die Mitarbeiter während der Durchführung der Besuche von der eigenen Unschuld bzw. der Ungerechtigkeit der Situation zu überzeugen.

Unabhängig vom Kenntnisstand der dritten Person bezüglich des Trennungsgeschehens ist es daher erforderlich, daß sich der Dritte nicht auf ein Gespräch mit dem umgangsberechtigten Elternteil einläßt, sondern seine neutrale, nichtwertende Haltung bewahrt. Des weiteren wird daher zu fordern sein, daß die Begleitperson weder Informationen noch eine eigene Stellungnahme zur Umgangsregelung gegenüber den Beteiligten abgibt.[498]

(2) Fachliche Qualifikation

In vielen Fällen wird die Anwesenheit eines außenstehenden, neutralen Dritten, unabhängig von dem Erfordernis einer besonderen fachlichen Qualifikation, zum Schutz des Kindes bei der Ausübung des Umgangsrechts ausreichend sein. Insbesondere wird man von einer Privatperson, die aus dem Bekannten- oder Verwandtenkreis der Eltern stammt, realistischerweise keine fachkundigen Sachkenntnisse fordern können. Dies ist aber in Umgangsfällen mit einem niedrigen Konfliktniveau häufig ohnehin nicht erforderlich.

Eine Mindestanforderung für die Mitwirkung bei der Durchführung einer beschützten Umgangsregelung ist jedoch eine natürliche Begabung oder Erfahrung der Person im Umgang mit Kindern und ein gewisses Einfühlungsvermögen für die Signifikanz der Situation. Der mitwirkungsbereite Dritte muß daher kontakt- und kommunikationsfähig und in der Lage sein, Ambivalenzen, zumeist von seiten des Umgangsberechtigten, auszuhalten, um eine spannungsarme und vertrauensvolle Atmosphäre zu schaffen.

Je nach Problemlage der Kontaktsituation sind jedoch zusätzliche Anforderungen an die Person des Dritten zu stellen, um den Erfolg des beschützten Umgangs zu ermöglichen. Im Falle der Wiederherstellung der Umgangskontakte nach einer

---

[496] Vgl. dazu Proksch, FamRZ 1989, 916, 921, der die Funktion eines Scheidungsvermittlers nach dem US-amerikanischen Mediationmodell beschreibt.

[497] Vgl. KSB/Müller/Steurer, Das Betreute Umgangsrecht, S. 30.

[498] Vgl. KSB/Müller/Steurer, Das Betreute Umgangsrecht, S. 41.

Unterbrechungszeit ist, wie bereits oben erwähnt, das Bestehen einer Vertrauensbeziehung zwischen dem Dritten und dem Kind erforderlich. Dabei ist zu berücksichtigten, daß bei der Mitwirkung durch Mitarbeiter des Jugendamtes oder anderer Institutionen vor der Durchführung der ersten Besuche in den Räumen der jeweiligen Institution grundsätzlich Vorbereitungstreffen mit den Kindern stattfinden. Dies dient dazu, eine erste Vertrauensbasis mit der Begleitperson herzustellen und die Kinder mit den Räumlichkeiten und den Spielsachen vertraut zu machen.[499]

Der Dritte als Vertrauensperson nimmt in diesem Zusammenhang, wie auch bei den Fällen, in denen Kinder eine ablehnende Haltung gegenüber dem Umgangsberechtigten entwickelt haben, eine wichtige Mittlerposition ein. Der Dritte kann dazu beitragen, den Rahmen der Umgangsausübung kindgerecht zu gestalten und sich für die Förderung der Eltern-Kind-Beziehung zu engagieren, indem er beispielsweise zu gemeinsamen Spielen annimiert. Dennoch ist zu berücksichtigen, daß mittelfristig die Verantwortlichkeit für die Abläufe der Interaktionen bei dem besuchsberechtigten Elternteil verbleibt.

Mitarbeiter der verschiedenen Organisationen, die den beschützten Umgang begleiten, haben häufig gerade bei Kindern mit einer induzierten Gegeneinstellung gegenüber dem anderen Elternteil beobachten können, daß sich bereits nach kurzer Zeit des Zusammentreffens zwischen dem Kind und dem Umgangsberechtigten eine Vertraulichkeit einstellt und das Kind unbefangen in der Besuchssituation reagiert.[500] Der Dritte, der bei den Besuchen unmittelbar anwesend ist und die Besuchssituation zunächst unterstützend begleitet, kann sich daher bei einem positiven Verlauf im Fortgang der Umgangsregelung zunehmend stärker aus dem unmittelbaren Beziehungsfeld Elternteil und Kind zurückziehen.[501]

Für den Problembereich des sexuellen Mißbrauchs ist es jedoch notwendig, daß die Begleitperson auf diesem Gebiet besonders qualifiziert ist, denn gerade hier braucht sie auf Grundlage ihrer Kenntnisse viel Gespür für die Situation.[502] Auch bei einer beschützten Umgangsregelung kann der Mißbrauch schleichend aktiviert werden, so daß das Erkennen solcher Abläufe eine besondere Erfahrung im Umgang mit der Thematik des sexuellen Mißbrauchs erfordert.[503] Die Auswertung der Ergebnisse hat ergeben, daß die fachliche Qualifikation der Mitarbeiter der verschiedenen Institutionen unterschiedlich ist. Während bei dem Projekt des Deutschen Kinderschutzbundes qualifizierte Ehrenamtliche die Umgangskontakte begleiten, haben die Mitarbeiter der öffentlichen Jugendhilfe in der Regel eine

---

499 Vgl. KSB/Müller/Steurer, Das Betreute Umgangsrecht, S. 38.
500 Vgl. dazu auch Fallbeispiel in: Arntzen, Elterliche Sorge und Umgang, 1994, S. 5.
501 Vgl. KSB/Müller/Steurer, Das Betreute Umgangsrecht, S. 21, 40.
502 Vgl. KSB/Müller/Steurer, Das Betreute Umgangsrecht, S. 45.
503 Vgl. KSB/Müller/Steurer, Das Betreute Umgangsrecht, S. 45.

sozialpädagogische oder psychologische Ausbildung. Für die Anforderungen, die eine beschützte Umgangsregelung an die Begleitperson in dieser Problemsituation stellt, sind Fachkenntnisse zur Beurteilung der Besuchskontakte häufig erforderlich. Dies ist jedoch abhängig von dem Gefährdungsgrad, der aufgrund der konkreten Verdachtslage für das Kind besteht.

(3) Eingriffsbefugnis des Dritten

Umgangsregelungen für den Problembereich des sexuellen Mißbrauchs, der Entführungsgefahr und der negativen Beeinflussung des Kindes durch den Umgangsberechtigten bedürfen vor allem eines genauen Hinsehens und Hörens der dritten Person. Die Ergebnisse der Befragungen zeigen in diesem Zusammenhang, daß der anwesende Mitarbeiter während der Durchführung der Besuche auf das Gesprächsverhalten des Elternteils achtet, z.B. ob im Umgang mit dem Kind die deutsche Sprache eingehalten wird oder ob das Kind gegen den sorgeberechtigten Elternteil „aufgehetzt" wird. Um die Besuchssituation beurteilen und angemessen reagieren zu können, kann sich der Dritte gerade nicht auf die Position eines unbeteiligten Beobachters zurückziehen, sondern muß durch ein Eingreifen negative Folgen, die für das Kind aus einer Besuchssituation entstehen können, verhindern.

Es ist daher erforderlich, daß der anwesende Dritte bereit und in der Lage ist, in Gefährdungssituationen zweckentsprechend zu handeln. Verletzt der Umgangsberechtigte vereinbarte Regeln im Umgang mit dem Kind, muß der Dritte durch klares und eindeutiges Handeln für die Einhaltung und Durchsetzung der Vereinbarung sorgen.[504] Durch klar verständliche Hinweise wird er dem Umgangsberechtigten verdeutlichen müssen, daß ein bestimmtes Verhalten nicht toleriert werden kann.[505]

In allen Fällen muß jedoch unmißverständlich klar sein, daß die dritte Person während der Ausübung des beschützten Umgangs zum Schutz des Kindes die Befugnis hat, in den Eltern-Kind-Kontakt einzugreifen, sobald die konkrete Situation dies erfordert.

(4) Kontinuität der Begleitung

Des weiteren ist zu fordern, daß die dritte Person bei der Begleitung des beschützten Umgangs eine gewisse Kontinuität garantiert. Wie die rechtstatsächliche Darstellung zeigt, werden in der Regel mehrere beschützte Umgangstermine mit den Beteiligten vereinbart. Für das Gelingen der beschützten Umgangsregelung ist es erforderlich, daß Terminabsprachen eingehalten werden bzw. durch vorherige Benachrichtigung rechtzeitig verändert werden können. Da ein Wechsel der Begleitperson aufgrund der damit verbundenen Anforderungen an die dritte

[504] Vgl. KSB/Müller/Steurer, Das Betreute Umgangsrecht, S. 42.
[505] Vgl. KSB/Müller/Steurer, Das Betreute Umgangsrecht, S. 42.

Person für den Erfolg dieser Regelung nicht förderlich wäre, hat der mitwirkungsbereite Dritte an den Besuchsterminen vereinbarungsgemäß mitzuwirken.[506]

Die beste Gewähr für eine stetige und kontinuierliche Mitwirkung bieten dabei Institutionen, wie beispielsweise der Deutsche Kinderschutzbund e.V., der iaf und andere Verbände, die inhaltlich und organisatorisch die Gewähr für die Durchführung des beschützten Umgangs bieten und aufgrund ihrer Mitarbeiterstruktur und räumlichen Voraussetzungen einen reibungslosen Ablauf der Besuchskontakte ermöglichen können.

b) Fazit

Über die Anwesenheit hinaus erfordert die Mitwirkungsbereitschaft des Dritten eine eindeutige Parteinahme zugunsten des Kindes bei der Durchsetzung vereinbarter Verhaltensformen im Rahmen der Umgangsausübung, um einen ausreichenden Schutz des Kindes zu gewährleisten. Eine besondere fachliche Qualifikation ist darüber hinaus grundsätzlich nicht erforderlich, sondern vielmehr eine Art Vertrauensbeziehung mit dem Kind und die Bereitschaft, das Kind in der Besuchssituation jederzeit angemessen zu schützen und zu unterstützen.

Im Zusammenhang mit der Teilnahme an der Besuchsregelung muß ferner der Grundsatz der Neutralität gegenüber beiden Elternteilen strikt gewahrt bleiben. Externen Mitarbeitern öffentlicher oder privater Institutionen wird es aufgrund ihrer Sachkunde und Erfahrung leichter fallen, eine neutrale Haltung mit innerem Abstand zu den familiären Vorgängen zu finden als einer Privatperson aus dem unmittelbaren Verwandten- und Bekanntenkreis der Eltern. Dennoch kann auch eine Vertrauensperson, die nicht in Trennungs- und Scheidungsproblematik geübt ist, die Funktion des mitwirkungsbereiten Dritten übernehmen, wenn sie in der Lage ist, Neutralität gegenüber den Eltern zu wahren. Unabhängig davon, wer im konkreten Einzelfall die dritte Person ist, die das Umgangsrecht begleitet, hat sie für die erfolgreiche Durchführung der Besuchsregelung gegenüber den elterlichen Positionen unabhängig und neutral zu erscheinen.[507]

3. Personenkreis

Dritter einer beschützten Umgangsregelung im Sinne des § 1684 Abs. 4 S. 3 und 4 BGB kann entsprechend dem dargestellten Funktions- und Aufgabenbereich grundsätzlich jede natürliche Person sein. Satz 4 führt dabei lediglich beispielhaft den Träger der Jugendhilfe oder einen Verein auf, der jeweils bestimmen kann, welche Einzelperson die Aufgabe wahrnimmt.

---

[506] Vgl. KSB/Müller/Steurer, Das Betreute Umgangsrecht, S. 31.
[507] Vgl. KSB/Müller/Steurer, Das Betreute Umgangsrecht, S. 24.

a) Mitarbeiter des Jugendamtes

Die gesetzliche Bestimmung des § 1684 Abs. 4 S. 4 BGB benennt an erster Stelle die Träger der Jugendhilfe als Dritten zur Wahrnehmung der Schutz- und Unterstützungsaufgabe bei der beschützten Umgangsregelung. Neben den Träger der freien Jugendhilfe, die gemäß § 3 Abs. 2 S. 2 KJHG zu familienunterstützenden Leistungen nicht verpflichtet sind, soll vor allem das Jugendamt nach der mit § 1684 Abs. 3 S. 4 BGB korrespondierenden Regelung des § 18 Abs. 3 S. 4 KJHG bei der Herstellung von Umgangskontakten und bei der Ausführung gerichtlicher oder vereinbarter Umgangsregelungen in geeigneten Fällen Hilfestellung leisten.[508]

(1) § 1684 Abs. 4 Satz 3 und 4 BGB im Verhältnis zu § 18 Abs. 3 Satz 4 KJHG
Die im Rahmen der Kindschaftsrechtsreform ebenfalls geänderte Regelung des § 18 Abs. 3 S. 4 KJHG entspricht dabei im wesentlichen der bisherigen Bestimmung des § 18 Abs. 4 S. 2 KJHG a.F. Ursprünglich hatte der Gesetzesentwurf vorgesehen, daß die Teilnahme eines Mitarbeiters des Jugendamtes bei der Ausführung von Umgangsregelungen vom Gericht verbindlich angeordnet werden kann.[509] Damit sollte vermieden werden, daß die Realisierung des Umgangsrechts daran scheitert, weil kein Dritter bereit ist, an der Ausführung der Umgangsregelung mitzuwirken.[510]

Mit der Ablösung des Jugendwohlfahrtsgesetzes und dem vielfach gelobten Perspektivenwechsel in der Jugendhilfe durch das neue KJHG wurde jedoch nicht nur die Schaffung eines modernen, präventiv orientierten Leistungsgesetzes, sondern auch der neue Status des Jugendamtes als kompetente Fachbehörde mit einem eigenen Funktions- und Aufgabenbereich befürwortet.[511] Danach wäre es im Sinne der Eigenständigkeit der Jugendhilfe als Rückschritt zu bezeichnen, wenn ihr erneut die Rolle eines Vollzugsgehilfen zugewiesen worden wäre.[512]

Da die individuelle Leistung nach § 18 Abs. 3 S. 4 KJHG keine ausdrückliche Unterstützungspflicht gegenüber dem Familiengericht beinhaltet, kann das Familiengericht das Jugendamt im Rahmen seiner Anordnungsbefugnis nach § 1684 Abs. 4 S. 3 BGB nicht zur Mitwirkung an einer beschützten Umgangsregelung bestimmen.

---

[508] Vgl. BT-Drucks. 13/4899, S. 106.
[509] Vgl. Wiesner, ZfJ 1997, 29, 32.
[510] Vgl. Wiesner, ZfJ 1997, 29, 32.
[511] Vgl. dazu Coester, FamRZ 1992, 617, 618; Kunkel, FamRZ 1997, 193.
[512] Vgl. dazu die Ausführung zum historischen Rückblick bei Umgangsregelungen unter Anwesenheit eines Dritten, S. 103, 105.

(a) Leistungsanspruch der Umgangsberechtigten

Die in Absatz 3 Satz 4 des § 18 KJHG geregelte Hilfeleistung richtet sich vielmehr unmittelbar an die Beteiligten der Umgangsregelung,[513] wobei die Mitwirkung des Jugendamtes von dessen eigener fachlichen Einschätzung abhängig gemacht wird.[514] Die Regelung des § 18 Abs. 3 S. 4 KJHG ist als Soll-Vorschrift ausgestaltet, die von den übrigen Kann- und Muß-Leistung der Jugendhilfe zu unterscheiden ist, so daß bei Jugendhilfeleistungen eine abgestufte Verbindlichkeit zur Aufgabenerfüllung besteht.[515] Fraglich ist in diesem Zusammenhang aber, ob die Eltern bzw. das Kind einen einklagbaren Rechtsanspruch auf die mitwirkende Anwesenheit eines Jugendamtsmitarbeiters bei der Regelung des beschützten Umgangs haben.

Während sich bei der Kategorie der drei Leistungstypen die Leistungsberechtigung bzw. die Nichtberechtigung des einzelnen bei Muß- und Kann-Leistungen relativ einfach bestimmen läßt, ist die Feststellung der Rechtsposition des potentiell Leistungsbegünstigten bei den Soll-Vorschriften verhältnismäßig schwieriger.[516] Obwohl auch nicht in jedem Fall bei einer Muß-Bestimmung ein Rechtsanspruch auf Handeln und nicht bei jeder Kann-Bestimmung ein Anspruch auf Ausübung fehlerfreien Ermessens besteht, wird eine gesetzliche Bestimmung als Soll-Vorschrift bezeichnet, die ein Tun oder Unterlassen zwar für den Regelfall, aber nicht zwingend vorschreibt.[517]

Ein Anspruch des Leistungsberechtigten besteht immer dann, wenn die Norm ein subjektiv öffentliches Recht enthält. Ob dies der Fall ist, ist nach der Schutzzwecktheorie zu bestimmen.[518] Die Frage, ob ein Rechtssatz dem Schutz von Individualinteressen dient und dem Leistungsberechtigten ein subjektives Recht gewährt, ist durch Auslegung zu ermitteln, die unter Berücksichtigung der gesamten Rechtsordnung und der in dieser wirksamen Schutz- und Zweckbestimmung mit den üblichen juristischen Methoden der Auslegung und Ausfüllung von Lücken im Recht zu beantworten ist.[519]

Die Sozialleistungen sind im KJHG in § 2 geordnet und in § 3 Abs. 2 den öffentlichen und freien Trägern zugeschrieben. Die Leistungsverpflichtungen sind dabei nach Satz 2 des § 3 Abs. 2 KJHG ausschließlich an die Träger der öffentlichen Jugendhilfe zu richten, wobei zu beachten ist, daß nicht an alle Leistungsverpflichtungen des öffentlichen Trägers Ansprüche der Berechtigten verknüpft sind.

---

513 Vgl. Wiesner/Kaufmann/Mörsberger/Oberloskamp/Struck, SGB VIII, 1995, § 18, Rdn. 22.
514 Vgl. Wiesner, ZfJ 1997, 29, 32.
515 Vgl. auch Kunkel, FamRZ 1997, 193, 198.
516 Vgl. Jeand'Heur, Verfassungsrechtliche Schutzgebote, 1993, S. 134.
517 Vgl. Kopp/Schenke, VwGO, 1998, § 114, Rdn. 21.
518 Vgl. auch Kunkel, FamRZ 1997, 193, 198;
519 Vgl. Kopp/Schenke, VwGO, 1998, § 42, Rdn. 48.

Zur Bezeichnung von Rechtsansprüchen werden im KJHG in der Regel die Worte „haben Anspruch auf" verwandt. Bei Bestimmungen, die durch diese Formulierung ausdrücklich als Anspruchsnormen gekennzeichnet sind, ist der Rechtscharakter eindeutig, so daß Einschränkungen besonders formuliert wären.[520]

Da die Regelungen in Satz 1 und 3 des § 18 Abs. 3 KJHG eine entsprechende Formulierung aufweisen, handelt es sich bei den Leistungen bezüglich der Beratung und Unterstützung um Rechtsansprüche der jeweiligen umgangsberechtigten Personen.[521]

Hingegen stellt Satz 4 lediglich fest, daß den Umgangsberechtigten bei der Herstellung von Umgangskontakten und bei der Ausführung gerichtlicher oder vereinbarter Umgangsregelungen in geeigneten Fällen Hilfestellung geleistet werden soll. Damit wird ein konkretes Angebot an den Personenkreis der Umgangsberechtigten offeriert, die im Rahmen der Unterstützung der Umgangsberechtigung einer besonderen Hilfe bedürfen.[522] Bei den konkretisierten Angeboten dieser Art handelt es sich um individuelle Leistungen, auf die unterschiedliche subjektive Ansprüche (Rechtsanspruch oder Ermessen) bestehen.[523] Bei der Leistung nach § 18 Abs. 3 S. 4 KJHG kennzeichnet das Wort „sollen" ein sog. gebundenes Ermessen.[524] Das bedeutet, daß der Verwaltung für die Betätigung des Ermessens der geringstmögliche Spielraum eingeräumt wird. Nur in Ausnahmefällen kann daher von der gesetzlich vorgesehenen Rechtsfolge abgewichen werden.[525] Die Regelung in einer Rechtsvorschrift, die besagt, daß sich die Behörde in einer bestimmten Weise verhalten soll, bedeutet daher eine Bindung für den Regelfall. Abweichungen sind nur gestattet, wenn in atypischen Fällen die Leistung von der ratio legis nicht mehr gefordert ist.[526]

(b) Fazit

Für eine solche Ermessensleistung gilt daher, daß das Angebot zur Mitwirkung an beschützten Umgangsregelungen von den öffentlichen Jugendhilfeträgern grundsätzlich in den Fällen bereitzuhalten ist, wenn von den Berechtigten die Leistung gewünscht wird. Der Gesetzgeber hat vermieden, auch bezüglich der Leistung nach § 18 Abs. 3 S. 4 KJHG einen einklagbaren Rechtsanspruch ausdrücklich zu formulieren, um klarzustellen, daß nicht in jedem Fall das Jugendamt zur Hilfeleistung bei beschützten Umgangsfällen verpflichtet ist. So ist die in § 18 Abs. 3 S. 4 KJHG vorgesehene Ermessensentscheidung des Jugendamtes durch das Ge-

---

[520] Vgl. Jans/Happe/Saurbier, KJHG, 1998, Vorbem. §§ 11-41, Rdn. 23.
[521] Vgl. Jans/Happe/Saurbier, KJHG, 1998, Vorbem. §§ 11-41, Rdn. 5.
[522] Vgl. Jans/Happe/Saurbier, KJHG, 1998, Vorbem. §§ 11-41, Rdn. 8.
[523] Vgl. Jans/Happe/Saurbier, KJHG, 1998, Vorbem. §§ 11-41, Rdn. 15.
[524] Vgl. Jans/Happe/Saurbier, KJHG, 1998, Vorbem. §§ 11-41, Rdn. 16.
[525] Vgl. Kopp/Schenke, VwGO, 1998, § 114, Rdn. 21
[526] Vgl. Kopp/Schenke, VwGO, 1998, § 114, Rdn. 21.

setz dahin intendiert, daß von der Hilfeleistung hinsichtlich der Herstellung von Umgangskontakten bzw. Ausführung von Umgangsregelungen nur ausnahmsweise dann abgesehen werden darf, wenn dies wegen besonderer, nicht von der Behörde selbst zu vertretender, gewichtiger Gründe gerechtfertigt ist.

Wird daher die Mitwirkung des Jugendamtes bei Umgangskontakten gefordert, die hinsichtlich ihrer Durchführbarkeit aussichtslos erscheinen oder befürchten lassen, daß aufgrund der besonderen Umstände des Problemfalls ein ausreichender Schutz des Kindes nicht gewährleistet werden kann, kann die Jugendbehörde die Leistung ablehnen. In diesem Zusammenhang steht daher den Mitarbeitern des Jugendamtes ein begrenzter Entscheidungsspielraum zu, in dem sie aufgrund ihrer fachlichen Einschätzung selbst über die Teilnahme entscheiden können.[527] Dies stellt der Gesetzgeber zusätzlich durch die Formulierung in Satz 4 „in geeigneten Fällen" klar. Die oben dargestellten Problemsituationen sind als „Regelfall" im Sinne dieser Bestimmung anzusehen, da in einvernehmlichen Umgangsfällen diese individuelle Unterstützungsleistung des Jugendamtes nicht erforderlich ist.

Daraus folgt für die Leistung nach § 18 Abs. 3 S. 4 KJHG, daß umgangsberechtigten Personen grundsätzlich ein Anspruch auf die Leistung zur Herstellung von Umgangskontakten oder zur Ausführung gerichtlicher oder vereinbarter Umgangsregelung gegenüber der Jugendbehörde zusteht.[528]

(2) Verantwortung der öffentlichen Jugendhilfe für die Erfüllbarkeit ihrer gesetzlichen Aufgaben

Die rechtstatsächliche Darstellung im dritten Teil der Arbeit verdeutlicht, daß in vielen Fällen die Mitwirkung des Jugendamtes bei der Durchführung einer beschützten Umgangsregelung vor allem an der mangelnden finanziellen, personellen und räumlichen Ausstattung der öffentlichen Jugendhilfeträger scheitert.[529] Diese Argumente des Jugendamtes hinsichtlich der Nichtumsetzung von beschützten Umgangsregelungen lassen jedoch die grundsätzliche Verantwortlichkeit für die Erfüllung der gesetzlichen Aufgaben des KJHG gemäß § 79 Abs. 1 KJHG unberücksichtigt. Insbesondere bezüglich der gesetzlich geregelten Rechtsansprüche und sonstigen Leistungsverpflichtungen des KJHG ergibt sich nach § 79 Abs. 2 KJHG die Verpflichtung der öffentlichen Jugendhilfe zur Bereitstellung von erforderlichen und geeigneten Einrichtungen und Diensten, um die Durchsetzung der Ansprüche zu gewährleisten. Die Vorschrift stellt eine Korrespondenznorm zu den Rechtsansprüchen und sonstigen Leistungsverpflichtun-

---

[527] Vgl. Wiesner, JugH 1998, 134, 139.

[528] Vgl. auch FamRefK/Rogner, 1998, § 1684, Rdn. 25; FamRefK/Rogner/Sonnenfeld, 1998, § 18, Rdn. 8.

[529] Vgl. dazu auch die ausdrücklichen Feststellungen in der Entscheidung des OLG Hamburg, FamRZ 1996, 422 ff.

gen in den vorangehenden Kapiteln dar.[530] Der öffentliche Träger der Jugendhilfe ist daher verpflichtet, die notwendige Infrastruktur an Einrichtungen und Diensten auch für die Durchführung beschützter Umgangsregelungen auf Grundlage des § 18 Abs. 3 S. 4 KJHG zu errichten.[531] In diesem Zusammenhang haben die Träger der öffentlichen Jugendhilfe auch im Rahmen ihrer Planungsverantwortung dafür zu sorgen, daß ein möglichst wirksames, vielfältiges und aufeinander abgestimmtes Angebot von Jugendhilfeleistungen gewährleistet ist (vgl. § 80 Abs. 2 Nr. 2 KJHG).

Aus der Gewährleistungsverpflichtung ergibt sich jedoch nicht, daß der öffentliche Träger die entsprechenden Einrichtungen selbst schaffen muß. Zur Umsetzung der gesetzlichen Ziele kann er hinsichtlich der Bereitstellung bedarfsgerechter Dienste und Einrichtungen auch auf die Träger der freien Jugendhilfe zurückgreifen. Da die Beteiligung der freien Träger vom Gesetz als erwünscht und förderungswürdig angesehen (vgl. §§ 3 Abs. 1, 4, 74 ff. KJHG) wird,[532] soll die Jugendhilfeplanung als Instrument zur Erreichung jugend- und familienpolitischer Ziele auch die Kooperation unter den Trägern fördern.[533] Im Ergebnis verbleibt die Verantwortung für die Planung und Verwirklichung der gesetzlichen Ziele jedoch bei den öffentlichen Trägern.

Um das Leistungsangebot zu gewährleisten und die grundlegenden Aufgaben zu erfüllen, tragen die Jugendämter auch Sorge für die Ausführung beschützter Umgangsregelungen. Unabhängig von dem Leistungsangebot privater Verbände und Organisationen wird man in diesem Zusammenhang von einer Art „Eilzuständigkeit" des Jugendamtes ausgehen müssen. Für die Hilfeleistung gemäß § 18 Abs. 3 S. 4 KJHG hat dies zur Folge, daß für die Durchführung beschützter Umgangsregelung eine Minimalausstattung des Trägers hinsichtlich der Schaffung von Einrichtungen und Personal (vgl. § 79 Abs. 3 KJHG) zur Verfügung stehen muß. Das bedeutet, daß in besonderen Fallkonstellationen zur Stabilisierung des Eltern-Kind-Verhältnisses in einer Trennungs- bzw. Scheidungssituation die Voraussetzungen für die Mitwirkung am beschützten Umgang geschaffen werden müssen. Die systematische Auswertung von familienpsychologischen Begutachtungsfällen hat ergeben, daß bei einer Aussetzung der Besuche der Umgang nur noch unter großen Schwierigkeiten oder gar nicht mehr zustande kam.[534] Um diese Folgen zu vermeiden und dem gesetzgeberischen Ziel der Kindschaftsrechtsreform zur Förderung der Eltern-Kind-Beziehung zu entsprechen, liegt die Zuständigkeit für die Realisierung des Umgangsrechts nach § 1684 Abs. 3 S. 3

[530] Vgl. BT-Drucks. 11/5948, S. 100.
[531] Vgl. BT-Drucks. 11/5948, S. 100.
[532] Vgl. Rüfner, NJW 1991, 1, 5.
[533] Vgl. Mrozynski, KJHG, 2. Aufl., 1994, § 80, S. 261.
[534] Vgl. Arntzen, Elterliche Sorge und Umgang, 1994, S. 51.

und 4 BGB bei den öffentlichen Jugendhilfeträgern, wenn sie ansonsten an der Mitwirkungsbereitschaft anderer Dritter scheitern würde.

b) Mitarbeiter privater Institutionen

Eine Institution, die einen Mitarbeiter für die Durchführung der beschützten Umgangsregelung bestimmt, muß nicht Träger der Jugendhilfe, sondern kann auch ein privater Verein sein. Dies wurde durch die bewußte Beibehaltung der weiten Formulierung des § 1684 Abs. 4 S. 4 BGB gegenüber einer vom Bundesrat vorgeschlagenen verengenden Präzisierung der Bestimmung klargestellt.[535] Das bedeutet, daß neben den klassischen Trägern der freien Jugendhilfe (Jugendamt, Jugendverband und Wohlfahrtsverbände) auch andere anerkannte Träger, die sich der Förderung des Kindeswohls widmen (z.B. Selbsthilfegruppen und örtliche Initativen), jeweils vertreten durch einen Mitarbeiter, Dritte im Sinne des § 1684 Abs. 4 S. 4 BGB sein können.

Als Träger der freien Wohlfahrtspflege für die Mitwirkung am beschützten Umgangsrecht kommen in Betracht: der Deutsche Caritasverband, das Diakonische Werk der evangelischen Kirchen in Deutschland sowie die allgemeinen kirchlichen Beratungsstellen und das Deutsche Rote Kreuz. Des weiteren bieten sich als Verein organisierte Zusammenschlüsse von Personen an, die sich auf die Beratung von Fragen zur Familie, Partnerschaft, Trennung und Scheidung spezialisiert haben. Daher kommen grundsätzlich alle örtlich und regional organisierten Erziehungs- und psychosozialen Beratungsstellen, die Ratsuchende in familiären Konfliktsituationen unterstützen, zur Zusammenarbeit bei beschützten Umgangsregelungen in Betracht.

c) Privatpersonen

Im Rahmen der Anordnung einer beschützten Umgangsregelung stellt sich in vielen Situationen nicht die Frage nach dem Sinn dieser Form der Besuchskontakte, sondern vielmehr die Frage, wer zur Mitwirkung an der Umgangsregelung bereit ist. Aufgrund der Tatsache, daß es zwar eine Fülle von Beratungsinstitutionen für Trennungs- und Scheidungsangelegenheiten gibt, jedoch eine Organisation, die flächendeckend die Durchführung des beschützten Umgangs ermöglicht, fehlt, sind die Beteiligten bei dieser Form der Umgangsregelung vielfach auf Personen aus dem Verwandten- und Bekanntenkreis angewiesen. Sofern eine solche Privatperson bereit und in der Lage ist, die Unterstützung und den Schutz des Kindes bei den Besuchen zu gewährleisten, kann sie durch richterliche Anordnung als Dritter im Sinne des § 1684 Abs. 4 BGB bestimmt werden. Ob im Ein-

[535] Vgl. Rauscher, FamRZ 1998, 329, 335; Stellungnahme des Bundesrates, BT-Drucks. 13/4899, S. 154, Nr. 21; Gegenäußerung der Bundesregierung, BT-Drucks. 13/4899, S. 169, Nr. 21.

zelfall die Großeltern des Kindes oder andere Verwandte oder Bekannte der Familie diese Funktion wahrnehmen, ist unerheblich. Entscheidend ist hier, daß die dritte Person das Vertrauen beider Eltern und des Kindes besitzt, damit nicht bereits von Beginn der Besuche an die Umgangsregelung an der negativ-ablehnenden Haltung einer der Parteien scheitern kann. Zusätzlich hat auch eine Privatperson die oben dargestellten Anforderung an die Begleitung der Besuchskontakte zu erfüllen.

d) Fazit

Bei der Ausführung beschützter Umgangsregelung ist das Familiengericht auf die Hilfe einer dritten Person angewiesen. Eine Anordnung nach § 1684 Abs. 4 S. 3 BGB umfaßt jedoch nicht die Befugnis, die Mitwirkung eines Dritten zu bestimmen. Vielmehr ist das Gericht darauf angewiesen, daß sich eine mitwirkungsbereite Person freiwillig zur Teilnahme an einer beschützten Umgangsregelung bereit erklärt. Gemäß § 18 Abs. 3 S. 4 KJHG ist aber grundsätzlich der öffentliche Jugendhilfeträger gegenüber den leistungsberechtigten Eltern und Kindern zur Mitwirkung bei der Umsetzung des beschützten Umgangs verpflichtet. Fordert daher ein Umgangsberechtigter die Hilfeleistung nach § 18 Abs. 3 S. 4 BGB, hat der öffentliche Träger für ein entsprechendes Leistungsangebot zu sorgen. Dies kann auch dadurch gewährleistet werden, daß die Einrichtungen und Dienste für die Durchführung beschützter Umgangsregelungen durch einen privaten Träger in Anspruch genommen werden.

II. Die Rechtsposition des Dritten in Abgrenzung zu anderen Rechtsfiguren

Auf Grundlage der neuen Bestimmung stellt sich die Frage, welche rechtliche Stellung der Dritte i.S.d. § 1684 Abs. 4 S. 3 und 4 BGB im Verfahren bei der Anordnung des beschützten Umgangs inne hat. Gerade im Hinblick auf den Aufgaben- und Funktionskreis des Dritten bei der Durchführung des Umgangsrechts kann möglicherweise in Abgrenzung zu anderen Rechtsfiguren eine rechtliche Einordnung erfolgen.

1. Die rechtliche Stellung anderer Drittpersonen

a) Der Verfahrenspfleger („Anwalt des Kindes") gemäß § 50 FGG

Gemäß § 50 FGG kann dem minderjährigen Kind ein Pfleger für ein seine Person betreffendes Verfahren bestellt werden, soweit dies zur Wahrnehmung seiner Interessen erforderlich ist.

(1) Sinn und Zweck der Beteiligung eines verfahrensrechtlichen Dritten

Mit dieser neu eingeführten Vorschrift hat das Kindschaftsrechtsreformgesetz einen Gedanken aufgegriffen, der in der vielfältigen Reformdiskussion um den „Anwalt des Kindes" ebenso wie in dem Beteiligungsgebot des Art. 12 Abs. 2 der UN-Kinderkonvention seine Grundlage findet.[536] Wesentliches Ziel der neuen Bestimmung ist es, die Rechtsposition des Kindes in den Familiensachen der freiwilligen Gerichtsbarkeit und in Vormundschaftssachen zu stärken. Zusammen mit der Anhörung des Kindes, die schon nach bisherigem Recht unter den Voraussetzungen der §§ 50 b, 55 c FGG vorzunehmen war, soll die Neuregelung über den Pfleger für das Verfahren gemäß § 50 FGG sicherstellen, daß die eigenständigen Interessen des Kindes in das Verfahren eingebracht werden und das Kind damit nicht zu einem bloßen Verfahrensobjekt wird.[537]

Die Vorschrift des § 50 FGG regelt daher die Frage, in welchen Fällen das Gericht für minderjährige Kinder in ihre Person betreffenden Verfahren einen Pfleger zu bestellen hat, damit die erforderliche Wahrung ihrer Belange gewährleistet ist.[538] Da minderjährige Kinder - von der Teilnahme am Verfahren in Ausübung des Beschwerderechts nach § 59 FGG abgesehen - in Verfahren, die ihre Person betreffen, bisher in der Regel nicht formell Beteiligte waren, ist es von besonderer Bedeutung für die am Kindeswohl zu orientierenden Entscheidung, daß ihre Interessen in einer Weise in das Verfahren eingebracht werden, die ihrer grundrechtlichen Position hinreichend Rechnung trägt.[539] Die Neuregelung soll dem Gericht daher ermöglichen, daß immer dann, wenn bei einem schwerwiegenden Interessenkonflikt in einer für das weitere Schicksal des Kindes bedeutsamen Angelegenheit die selbständige Wahrnehmung seiner Interessen erforderlich ist, dem Kind ein Verfahrenspfleger zur Seite gestellt wird.[540]

(2) Rechtsposition des Verfahrenspflegers

Bei der neuen Rechtsfigur des Verfahrenspflegers für das Kind wird auf Regelungen zurückgegriffen, wie sie seit der Einführung des Betreuungsrechts für den dortigen Verfahrenspfleger vorgesehen sind (vgl. dazu §§ 56 f Abs. 2, 67, 70 b FGG). Auf einen besonderen Bestellungsakt wurde jedoch bei dem Verfahren nach § 50 FGG verzichtet.[541] Für die Durchführung des gerichtlichen Verfahrens tritt der Verfahrenspfleger an die Stelle des gesetzlichen Vertreters und hat an dessen Stelle die Kindesinteressen in das Verfahren einzubringen.[542] Die gesetzliche Regelung sowie die Begründung verzichten dabei auf eine klare Aufgabenbe-

536 Vgl. Rauscher, FamRZ 1998, 329, 339.
537 Vgl. Greßmann, Neues KindschaftsR, 1998, Rdn. 538.
538 Vgl. Greßmann, Neues KindschaftsR, 1998, Rdn. 538.
539 Vgl. BVerGE 55, 171, 179.
540 Mühlens/Kirchmeier/Greßmann, Das neue KindschaftsR, 1998, S. 321.
541 Vgl. Dickmeis, ZfJ 1998, 193, 201.
542 Greßmann, Neues KindschaftsR, 1998, Rdn. 542.

stimmung, wie eine eigenständige Interessenvertretung wahrzunehmen ist.[543] Dabei hilft der Blick auf die Aufgaben, die Rechte und Pflichten des Verfahrenspflegers im Betreuungsgesetz (BtG) nicht weiter, da es sich hierbei um völlig andere Aufgaben handelt und auch dort vielfach Unklarheit herrscht.[544] Die damit im Zusammenhang stehende Frage nach der Qualifikation des Verfahrenspflegers verbleibt der richterlichen Entscheidung im Einzelfall, so daß neben der Bestellung eines Rechtsanwaltes die Möglichkeit besteht, Sozialarbeiter, Sozialpädagogen, Kinderpsychologen, aber auch engagierte Laien (Verwandte und Bekannte der Familie) als selbständige Interessenvertreter des Kindes zu bestimmen.[545] Bei der Auswahl wird besonderer Wert auf Personen zu legen sein, die das Vertrauen des Kindes genießen, entweder aus familiären Gründen oder weil sie als Mitarbeiter des Jugendamtes bzw. anderer Organe oder Vereine der Jugendhilfe zu dieser Vertrauensbildung befähigt sind.[546]

(3) Der Verfahrenspfleger in Umgangsrechtsverfahren

Unabhängig von den enumerierten Fällen in § 50 Abs. 2 FGG kann der Verfahrenspfleger in allen anderen Sorge- und Umgangsverfahren bestellt werden, wobei im Rahmen des Gesetzgebungsprozesses gerade das Umgangsrechtsverfahren als typischer Fall der Erforderlichkeit eines Verfahrenspflegers genannt wurde.[547]

In welchem Maße die Bestellung des Verfahrenspflegers in Verfahren zur Durchsetzung des Umgangsrechts gefordert ist, ist je nach Fallgestaltung unterschiedlich. Die Bestellung des Pflegers ist jedenfalls dann erforderlich, wenn beide Eltern kein Interesse am Umgang des Kindes bzw. mit dem Kind zeigen.[548] Wenn sowohl der betreuende Elternteil ablehnt, das Umgangsrecht des Kindes gemäß § 1684 Abs. 1 1. Hs. BGB geltend zu machen, als auch der andere Elternteil seiner Umgangspflicht nicht nachkommen will, ist das Kind zur Geltendmachung seines Rechts auf Umgang auf einen Verfahrenspfleger angewiesen. Allerdings besteht hinsichtlich der praktischen Durchführung der Bestellung durch das Gericht das Problem, auf welche Weise das Familiengericht Kenntnis von dem Interessengegensatz zwischen dem Kind und dem gesetzlichen Vertreter erhält. Gerade jüngere Kinder werden mangels eigener Kenntnis sich nicht von alleine an das Gericht wenden können. Infolgedessen bleibt das Gericht zur Bestellung des Pflegers auf Anregungen Dritter angewiesen.[549] Insbesondere kann im Rahmen eines Scheidungsverfahrens der Hinweis vom Jugendamt, Großeltern oder ande-

---

[543] Vgl. BT-Drucks. 13/4899, S. 129 ff.

[544] Vgl. Salgo, FPR 1998, 91, 92.

[545] Vgl. BT-Drucks.13/4899, S. 130.

[546] Vgl. Rauscher, FamRZ 1998, 329, 339.

[547] Vgl. Rauscher, FamRZ 1998, 329, 339; kritisch dazu: Büttner, FamRZ 1998, 585, 590.

[548] Greßmann, Neues KindschaftsR, 1998, Rdn. 328.

[549] Greßmann, Neues KindschaftsR, 1998, Rdn. 328.

ren, dem Kind nahestehenden Personen kommen, die von der ungeklärten Frage zur Umgangsregelung Kenntnis erhalten haben.

In allen anderen Fällen des Umgangs ist möglicherweise die Bestellung eines Verfahrenspflegers entbehrlich. Jedenfalls kann der Elternteil, der das Umgangsrecht begehrt, sein eigenes Umgangsrecht nach § 1684 Abs. 1 2. Hs. BGB beantragen, um so die Verfahrenspflegschaft zu vermeiden. Auch in dem Fall, daß der Umgangspflichtige kein Interesse an der Durchführung einer Umgangsregelung hat, kann der alleinsorgeberechtigte Elternteil als gesetzlicher Vertreter des Kindes, das Umgangsrecht des Kindes nach § 1684 Abs. 1 1. Hs. BGB geltend machen oder im Falle der gemeinsamen Sorgeberechtigung, sich das Alleinentscheidungsrecht nach § 1628 BGB in dieser Angelegenheit übertragen lassen.[550]

b) Der Mediator im Trennungs- und Scheidungsprozeß

Anders als in den Vereinigten Staaten von Amerika, in denen mittlerweile fünfzig Prozent der US-Staaten Gesetze verabschiedet haben, die die Vermittlung in Familiensachen als Vorverfahren teils gesetzlich verbindlich vorschreiben, teils den Gerichten zur Durchführung überlassen, ist die sogenannte Mediation in der Bundesrepublik Deutschland noch in der Anfangsphase. Scheidungsmediation ist eine konkret auf die Trennung und Trennungsfolgen bezogene Intervention zur Konfliktminderung bzw. Konfliktlösung.[551] Allgemein definiert stellt sie ein außergerichtliches Konfliktlösungsverfahren dar, das die Selbstverantwortung der Konfliktpartner fördert, so daß sie befähigt werden, selbständig konkrete Lösungen bereits in der Auflösungsphase der Familie zu erarbeiten.[552] Hierbei werden sie von einem Mediator unterstützt, der als neutrale, unparteiische, dritte Person den Parteien hilft, ihre Konflikte zukunftsbezogen, gemeinsam und eigenständig zu lösen, zu verringern bzw. zu managen.[553]

c) Der Betreuer gemäß §§ 1896 ff. BGB

Mit dem Betreuungsrecht vom 1.1.1992 wurde ein neues Rechtsinstitut geschaffen, das die Rechtsstellung seelisch kranker sowie seelisch, geistig oder körperlich behinderter Menschen verbessern sollte.[554] Mit Hilfe eines Betreuers sollen die Rechte von hilfebedürftigen Personen gewahrt werden, die nicht mehr in der Lage sind, ihre eigenen Angelegenheiten selbst zu besorgen.

---

550 Vgl. Greßmann, Neues KindschaftsR, 1998, Rdn. 328.
551 Vgl. Balloff/Walter, FuR 1991, 63, 66.
552 Vgl. Mähler/Mähler, KindPrax 1998, 18.
553 Siehe Proksch, FamRZ 1989, 916, 920.
554 Vgl. Dieckmann, NJW 1993, 642.

Einschließlich der subsidiär möglichen Vereins- und Behördenbetreuung ist der Betreuer gemäß § 1897 BGB eine natürliche Person, die als gesetzlicher Vertreter den Betreuten in seinem Aufgabenkreis gerichtlich und außergerichtlich vertritt (§ 1902 BGB).[555] Nach § 1898 BGB wird eine Person dann als Betreuer bestellt, wenn sie sich zur Übernahme der Betreuung bereit erklärt hat und unter Berücksichtigung seiner familiären, beruflichen und sonstigen Verhältnisse geeignet ist, die Betreuung zu übernehmen. Im Rahmen der Erfüllung seiner Aufgaben ist der Betreuer gemäß § 1901 Abs. 1 BGB verpflichtet, die Angelegenheit des Betreuten so zu besorgen, wie es dessen Wohl entspricht. Gemäß dem Erforderlichkeitsprinzip wird der Betreuer für einen bestimmten Aufgabenkreis bestellt, innerhalb dessen er die notwendigen Aufgaben für und zum Wohle des Betreuten erledigt.

2. Die Rechtsstellung des mitwirkungsbereiten Dritten gemäß § 1684 Abs. 3 Satz 3 und 4 BGB

Die Rechtsposition des mitwirkungsbereiten Dritten, der bei der Ausübung des Umgangsrechts anwesend ist, ist nach der Neuregelung des § 1684 Abs. 3 S. 3 und 4 BGB im Vergleich zur alten Rechtslage nicht mehr als „Umgangspflegschaft" einzuordnen.[556]

Durch die gerichtlich angeordnete beschützte Umgangsregelung tritt der Dritte in eine Position, die sich von der Rechtsstellung eines Pflegers unterscheidet. Während mit der Pflegschaft im Zusammenhang mit der Übertragung des Aufenthaltsbestimmungsrechts eine beschränkte vormundschaftliche Fürsorge verbunden war, die den Pfleger berechtigte, das Kind zu vertreten (vgl. § 1671 Abs. 5 S. 1 BGB i.V.m. §§ 1915, 1793 BGB), steht dem Dritten einer beschützten Umgangsregelung kein Vertretungsrecht im Sinne einer gesetzlichen Vertretungsmacht zu. Die mit seiner Anwesenheit verbundene Vertretung im Interesse des Kindes bezieht sich zwar auf die Person des Kindes, beinhaltet aber keine Berechtigung für die Person des Kindes stellvertretend zu handeln.

Die Tätigkeit des Dritten beschränkt sich auf die Unterstützung und den Schutz des Kindes innerhalb des tatsächlichen Ablaufs der Besuchskontakte zwischen dem umgangsberechtigten Elternteil und dem Kind. Zwar ist er in diesem Zusammenhang auch berechtigt, zum Schutz des Kindes entsprechende Maßnahmen zu ergreifen. Bei dieser Eingriffsbefugnis handelt es sich jedoch um eine Hilfeleistung, die im Verhältnis zum Kind nicht als rechtliche Handlungsbefugnis im Namen des Kindes qualifiziert werden kann.

---

555 Vgl. Zimmermann/Damrau, NJW 1991, 538, 539.

556 Vgl. Johannnsen/Henrich/Jaeger, EheR, 3. Aufl., 1998, § 1684, Rdn. 32.

Die Position des zur Mitwirkung bereiten Dritten i.S.d. § 1684 Abs. 4 S. 3 BGB läßt sich am ehesten noch mit den Funktionen und Aufgaben eines Betreuers i.S.d. §§ 1896 ff. BGB vergleichen, obwohl diese einen grundlegend anderen Bereich betreffen. Ebenso wie der Betreuer gemäß § 1889 Abs. 2 BGB muß sich der Dritte bei der Durchführung des beschützten Umgangs zur Mitwirkung an der Umgangsbegleitung bereit erklären und seine Aufgabe entsprechend dem Wohl des betroffenen Kindes erfüllen (vgl. § 1901 Abs. 1 BGB). Seine Anwesenheit bei der Durchführung von Umgangsregelungen dient der Wahrung des Kindeswohls in der konkreten Situation des Eltern-Kind-Kontaktes. Im Rahmen dieser Aufgabe hat der Dritte dafür Sorge zu tragen, daß das Kind durch die Besuche mit dem Umgangsberechtigten weder psychisch noch physisch beeinträchtigt wird. Vielmehr soll die Anwesenheit des Dritten nach § 1684 Abs. 4 S. 3 BGB die Voraussetzung dafür schaffen, daß das Kind eine positive und seinem Wohl förderliche Beziehung zu dem nichtsorgeberechtigten Elternteil auch in familiären Problemsituationen aufrechterhalten und pflegen kann. In diesem Zusammenhang ist der Dritte jedoch - im Gegensatz zum Betreuer - nicht berechtigt, Angelegenheiten für das Kind zu besorgen und es rechtlich zu vertreten.

Da dem Dritten bei dem Rechtsinstitut der Betreuung innerhalb seines Aufgabenkreises die Stellung eines gesetzlichen Vertreters zukommt, ist die Stellung des Dritten i.S.d. § 1684 Abs. 4 S. 3 und 4 BGB aufgrund der fehlenden Vertretungsberechtigung folglich mit der Betreuung gemäß §§ 1896 ff. BGB insgesamt nicht vergleichbar. Aus diesem Grund und nicht nur wegen der Unterschiedlichkeit der Aufgabenbereiche ist die Formulierung „betreutes Umgangsrecht“ irreführend.[557]

3. Fazit

Entsprechend seiner Mitwirkungsfunktion und dem dargestellten Aufgaben- und Funktionskreis stellt der Dritte i.S.d. § 1684 Abs. 4 S. 3 und 4 BGB vielmehr einen Interessenvertreter für die Belange des betroffenen Kindes dar. Er wahrt das subjektive Recht des Kindes auf Umgang mit dem nichtsorgeberechtigten Elternteil und gleichzeitig das allgemeine Persönlichkeitsrecht des Kindes gegen körperliche und seelische Beeinträchtigungen im Sinne von Art. 2 Abs. 1 und 2 GG i.V.m. Art. 1 Abs. 1 GG im Rahmen der Besuchskontakte mit dem anderen Elternteil. Seine Position läßt sich nach dem Umfang seines Wirkungskreises daher als besondere Interessenvertretung bezeichnen, die zur Wahrung der Kindesrechte bei der Umgangsausübung vor allem mit der Pflicht zur Anwesenheit und „Beaufsichtigung“ der Besuche verbunden ist. Die Tatsache, daß der mitwirkungsbereite Dritte während seiner Anwesenheit bei den Besuchskontakten eine zum Schutz des Kindes dienende Garantenstellung innehat,[558] betrifft die Verantwortlichkeit des Dritten in strafrechtlicher Hinsicht.

---

[557] Siehe oben S. 99.

[558] Vgl. Dreher/Tröndle, StGB, 1995, § 13, Rdn. 5.

Für die Durchführung der beschützten Umgangsregelung liegt es jedoch nahe, den Verfahrenspfleger nach § 50 FGG als Dritten zur Mitwirkung in Anspruch zu nehmen. Die eindeutige Parteilichkeit des Pflegers im Verfahren für die Interessen des Kindes gewährleistet auch im Rahmen der familiengerichtlichen Anordnung gemäß § 1684 Abs. 4 S. 3 BGB die Unterstützung und den Schutz des Kindes in Konfliktsituationen. Erfüllt der Verfahrenspfleger auch die weiteren genannten Anforderungen, die an den mitwirkungsbereiten Dritten im konkreten Einzelfall zu stellen sind, wird der Verfahrenspfleger gemäß § 50 FGG vorzugsweise als Dritter für die Mitwirkung an einer beschützten Umgangsregelung in Betracht kommen.

Im Vergleich zur neutralen, dritten Person bei der Mitwirkung am beschützten Umgang nimmt der Mediator eine wesentlich umfangreichere und aktivere Rolle ein, die vor allem auf die Eltern konzentriert ist. Auch wenn die Stärkung der Kooperationsfähigkeit der Eltern grundsätzlich dem Wohl der betroffenen Kinder zugute kommt,[559] ist der Vermittler vor allem bemüht, gemeinsam mit den Eltern in den vorliegenden Streitfragen eine Vereinbarung zu erzielen. In seiner Funktion dient der Vermittler auch der Konfliktlösung in Umgangsfragen und kann dazu beitragen, Umgangsschwierigkeiten zu verringern. So kann auch der Mediator als Dritter i.S.d. § 1684 Abs. 3 S. 4 BGB bei der Durchführung einer beschützten Umgangsregelung mitwirken.[560]

B. Die elementaren Rahmenbedingungen des beschützten Umgangs auf Grundlage des § 1684 Abs. 4 Satz 3 und 4 BGB

Im Vergleich zu anderen möglichen Einschränkungen gemäß § 1684 Abs. 4 BGB erfordert der beschützte Umgang als besondere Einschränkungsform auf Grundlage des § 1684 Abs. 4 S. 3 und 4 BGB die Einhaltung elementarer Rahmenbedingungen.

Wesentliches Merkmal und Voraussetzung einer beschützten Umgangsregelung i.S.d. § 1684 Abs. 4 S. 3 und 4 BGB ist die Anwesenheit einer dritten Person, die bereit ist, an der Durchführung der Besuchskontakte zwischen dem Kind und dem umgangsberechtigten Elternteil mitzuwirken. Ob das Kriterium der Anwesenheit ausschließlich durch die ständige unmittelbare physische Gegenwart einer Person erfüllt ist, läßt der Gesetzeswortlaut offen. Das oben festgestellte Ergebnis zeigt, daß der Umfang der Anwesenheit sich nach der Funktion bestimmt, die der Dritte während der Besuche in der konkreten Problemsituation wahrnimmt. Danach bestimmt sich auch, ob der alternative Einsatz technischer Geräte zum Schutz des Kindes ausreichend ist.

---

[559] Vgl. Maywald, Zwischen Trauma und Chance, 1997, S. 42.
[560] Vgl. Mähler/Mähler, KindPrax 1998, 18, 20.

Der beschützte Rahmen einer Umgangsregelung setzt nach dem Wortlaut der Norm grundsätzlich keine weiteren Schutzvorkehrungen (das Vorhandensein besonderer Räumlichkeiten oder anderer Schutzvorrichtungen) voraus. Wie die rechtstatsächliche Darstellung aber zeigt, bieten die am beschützten Umgang aktiv beteiligten Organisationen für die Durchführung in der Regel Räumlichkeiten an, in denen Spielmaterial zur Verfügung gestellt wird. Dieser Umstand erleichtert den Ablauf der Besuchskontakte wesentlich, da neben der Anwesenheit einer neutralen Person, eine neutrale Umgebung in Problemsituationen oftmals als Ort für die Ausübung des Umgangsrechts geeigneter ist, als die Wohnung des Berechtigten. Diese zusätzliche räumliche Einschränkung[561] ist jedoch nach dem Gesetzeswortlaut des § 1684 Abs. 4 S. 3 BGB bei der Anordnung des beschützten Umgangs nicht zwingend erforderlich. Zu berücksichtigen ist aber, daß das Kind im Rahmen eines Vorbereitungstreffens mit den Räumlichkeiten ansatzweise vertraut sein sollte. Der Ort der Eltern-Kind-Begegnung ist als Variable entsprechend den Umständen des Einzelfalls auszuwählen, so daß die Besuche z.B. auch auf Spielplätzen und anderen Orten stattfinden können.

Um das Wohl des Kindes in der jeweiligen Problemsituation zu garantieren, sind an die Person des Dritten konkrete Anforderungen zu stellen. Er muß nicht nur die Gewähr dafür bieten, daß der Umgang in einem bestimmbaren Rhythmus stattfinden kann, sondern auch von seiner Persönlichkeitsstruktur in der Lage sein, die mit seiner Anwesenheit und Mitwirkung verbundenen Aufgaben in der jeweiligen Problemsituation zu erfüllen. Unabhängig von den Umständen des Einzelfalls hat der Dritte bei der Durchführung der beschützten Umgangsregelung im Rahmen der tatsächlichen Interessenvertretung für das betreffende Kind den Schutz und die Unterstützung zu gewährleisten.

2. Kapitel: Die familiengerichtliche Entscheidung bei der Beschränkung des elterlichen Umgangsrechts nach § 1684 Abs. 4 Satz 3 und 4 BGB i.V.m. § 1684 Abs. 4 Satz 1 bzw. Satz 2 BGB

Grundlage für die Anordnung einer beschützten Umgangsregelung ist die Bestimmung des § 1684 Abs. 4 S. 3 BGB i.V.m. § 1684 Abs. 4 S. 1 bzw. S. 2 BGB. Die Entscheidung des Richters, das Umgangsrecht durch die Anwesenheit eines mitwirkungsbereiten Dritten bei der Durchführung der Besuche einzuschränken, setzt daher voraus, daß die Maßnahme zum Wohl des Kindes erforderlich ist bzw. ohne diese Maßnahme das Wohl des Kindes gefährdet wäre.

561 Siehe oben S. 80.

A. Die kollidierenden Grundrechtspositionen bei der Entscheidung nach § 1684 Abs. 4 BGB

I. Das Umgangsrecht als verfassungsrechtlich verbürgtes Elternrecht gemäß Art. 6 Abs. 2 GG

Das Umgangsrecht stellt nach der Auflösung der familiären Lebens- und Erziehungsgemeinschaft eine Rechtsposition dar, die in erster Linie der Sicherung und Erhaltung der emotionalen Beziehung des Kindes zu den Eltern dient.[562]

1. Verfassungsrechtliche Grundlage des Umgangsrechts von Eltern, die miteinander verheiratet sind

Während früher teilweise das Recht auf Umgang mit dem Kind lediglich als Ausfluß der natürlichen Verbundenheit zwischen dem Kind und seinen Eltern[563] bzw. als Restbestandteil des Personensorgerechts[564] angesehen wurde, erwächst nach der heute überwiegend vertretenen Auffassung das Umgangsrecht aus dem natürlichen verfassungsrechtlich geschützten Elternrecht.[565] Die Verfassungsbestimmung des Art. 6 Abs. 2 GG betrifft die Beziehungen zwischen den Eltern und ihren Kindern und gewährleistet den Eltern das Recht, ihre Kinder zu pflegen und zu erziehen.[566]

Das Umgangsrecht ist jedoch seinem Inhalt nach grundsätzlich nicht darauf gerichtet, das Kind zu erziehen, denn dieses Recht fällt dem sorgeberechtigten Elternteil zu.[567] Vielmehr soll es dem Umgangsberechtigten die Möglichkeit geben, sich von der Entwicklung und dem Wohlergehen des Kindes laufend zu überzeugen und die zwischen ihnen bestehenden natürlichen Bande zu pflegen.[568] Art. 6 Abs. 2 und 3 GG garantieren jedoch nicht nur eine bestimmte Tätigkeit („Pflege und Erziehung"), sondern verleihen rechtlicher Elternschaft einen verfassungsrechtlichen Status, der vom Entzug der einfachgesetzlichen Personensorge grundsätzlich nicht berührt wird.[569]

---

562 Vgl. Ward/Cambell, FuR 1996, S. 161, 165.
563 Palandt/Diederichsen, BGB, 31. Aufl., 1972, § 1634, Anm. 1.
564 Vgl. KG, FamRZ 1989, 656, 658; Mü-Ko/Hinz, BGB, 1992, § 1634, Rdn. 3.
565 Vgl. BVerfG, FamRZ 1993, 662, 663; FamRZ 1995, 86; BGH, FamRZ 1994, 158, 159; Johannsen/Henrich/Jaeger, EheR, 3. Aufl., 1998, § 1684, Rdn. 6; Gernhuber, FamR, § 66 I, S. 1062; Schwab, ScheidungsR, 1995, Rdn. 213.
566 Vgl. Jarass/Pieroth, GG, 1997, Art. 6, Rdn. 29.
567 Vgl. Palandt/Diederichsen, BGB, 58. Aufl., 1999, § 1684, Rdn. 9; Mü-Ko/Hinz, BGB, 1992, § 1634, Rdn. 3.
568 Vgl. Palandt/Diederichsen, BGB, 58. Aufl., 1999, § 1684, Rdn. 9.
569 Vgl. Gernhuber, FamR, § 66 I, S. 1062.

Der persönliche Kontakt ist als innerster Kern des Elternrechts ein natürlicher Bestandteil des Personensorgerechts. Bei dem Verlust des Sorgerechts im Falle der Ehescheidung bleibt er als ein eigenständiges, von der Pflege und Erziehung des Kindes gesondertes, Element der Elternschaft bestehen.[570] Beide Rechtspositionen, sowohl das Sorgerecht als auch das Umgangsrecht erwachsen dem natürlichen Elternrecht und der damit verbundenen Elternverantwortung, die auch auf seiten des nichtsorgeberechtigten Elternteils fortbesteht.[571] Das Umgangsrecht steht daher ebenso wie das Sorgerecht als eigenständige Rechtsposition unter dem Schutz des Art. 6 Abs. 2 GG.[572]

Da Art. 6 Abs. 2 GG keine Aussage darüber trifft, wie die Elternrechte und Elternpflichten zu verteilen sind, wenn die Ehe durch Scheidung aufgelöst wird und eine gemeinsame Wahrnehmung der Elternverantwortung durch beide Eltern in der bisherigen Weise nicht mehr möglich ist, ist der Gesetzgeber verpflichtet, diesen „Konfliktfall" zu lösen, in dem er die Aufteilung der elterlichen Sorge auf der einen Seite und die Wahrnehmung des persönlichen Kontaktes auf der anderen Seite einfachgesetzlich regelt.[573] In Verbindung mit dem Persönlichkeitsrecht des Kindes gemäß Art. 2 Abs. 1 GG gebietet die verfassungsrechtliche Norm des Art. 6 Abs. 2 GG daher die Schaffung eine Regelung, die eine Rechtsbeziehung von Kindern zu ihren Eltern auch im Falle des Getrenntlebens oder der Scheidung der Ehegatten weiter fortbestehen läßt.[574]

Mit der Trennung der Eltern ist für die Kinder ohnehin in der Regel eine Einschränkung ihrer Lebensverhältnisse und eine aus dem Verlust eines Elternteils folgende seelische Belastung verbunden. Die abträglichen Folgen des gestörten familiären Zustandes würden erheblich verstärkt, wenn das Kind nicht nur die Betreuung durch den anderen Elternteil, sondern auch den persönlichen Kontakt zu ihm entbehren müßte. Der Fortbestand des Umgangs mit dem Kind nach der Trennung der Eltern ist deshalb vom verfassungsrechtlichen Elternrecht her vorgegeben, solange nicht die Kindesinteressen den Ausschluß oder die Einschränkung des persönlichen Kontaktes erfordern.[575]

2. Verfassungsrechtliche Grundlage des Umgangsrechts von Eltern, die nicht miteinander verheiratet sind

Obwohl dem Verfassungsgeber bei der Konzeption von Art. 6 Abs. 1 bis Abs. 3 GG offensichtlich das Bild der auf einer Elternehe beruhenden Familie vor-

---

[570] Vgl. Gernhuber, FamR, § 66 I, S. 1062, 1063.
[571] Vgl. BVerfGE 64, 180, 188.
[572] Vgl. BVerfGE 64, 18.
[573] Vgl. BVerfGE 31, 194, 205.
[574] Vgl. BVerfGE 31, 194, 205.
[575] Vgl. Gernhuber, FamR, § 66 I, S. 1063.

schwebte,[576] ist doch anerkannt, daß Familienschutz und Elternrecht nach diesen Bestimmungen auch unverheirateten Eltern und ihren Kindern zustehen können,[577] da der Begriff „Eltern" in Art. 6 Abs. 2 GG nach dem allgemeinen Sprachgebrauch auch die leiblichen Eltern eines Kindes umfaßt, die nicht miteinander verheiratet sind.[578] Für die verfassungsrechtliche Elternposition der Mutter ist es grundsätzlich unerheblich, ob sie mit dem Vater verheiratet ist oder nicht. Ihre Mutterstellung ist mit dem Gebähren des Kindes auch rechtlich etabliert, so daß ihr folglich ohne weiteres das Elternrecht gemäß Art. 6 Abs. 2 S. 1 GG zusteht.[579]

Weniger klar war bislang die verfassungsrechtliche Stellung des mit der Mutter nicht verheirateten Vaters. Die Umgangsbefugnis eines nichtehelichen Vaters wurde nicht zwingend aus dem Elternrecht gemäß Art. 6 Abs. 2 GG hergeleitet. Vielmehr wurde lediglich die bestehende Familiengemeinschaft Vater-Kind unter den Schutz von Art. 6 Abs. 1 GG gefaßt oder das Recht des nichtehelichen Vaters auf persönlichen Kontakt mit dem Kind als Reflex der Rechtsposition des Kindes aus Art. 6 Abs. 5 GG betrachtet.[580] Das Bundesverfassungsgericht hatte daher bis zu seiner Entscheidung vom 7.3.1995 lediglich dem nichtehelichen Vater, der seiner Elternverantwortung Rechnung trägt, indem er die Voraussetzung für die Wahrnehmung seines Elternrechts durch ein Zusammenleben mit dem Kind und der Mutter erfüllt, das Recht aus Art. 6 Abs. 2 GG nicht abgesprochen.[581] Für den nichtehelichen Vater sollte danach das Elternrecht des Art. 6 Abs. 2 S. 1 GG nicht schon aus seiner rechtlich etablierten Vaterstellung folgen, sondern nur bei Hinzutreten weiterer Voraussetzungen gegeben sein. Im Ergebnis gebührte also der biologischen und rechtlichen Vaterschaft nicht als solcher Verfassungsschutz, sondern erst, wenn sie durch eine psychosoziale Vaterschaft untermauert wurde.

In dem Beschluß vom 7.3.1995 zur Verfassungsmäßigkeit von Adoptionsvorschriften hat das Bundesverfassungsgericht erstmals festgestellt, daß allen Vätern nichtehelicher Kinder, unabhängig von der Voraussetzung, ob sie mit der Mutter des Kindes zusammenleben oder mit dieser gemeinsam die Erziehungsaufgaben wahrnehmen, der verfassungsrechtliche Schutz des Art. 6 Abs. 2 GG zukommt.[582]

---

576 Vgl. BVerfGE 31, 194, 205; 56, 363, 382; 61, 358, 372.

577 Vgl. Coester, JZ 1992, 809, 812.

578 Vgl. BVerfG, FamRZ 1995, 789, 792.

579 Vgl. BVerfGE 24, 119, 135; Jarass/Pieroth, GG, 1997, Art. 6, Rdn. 28; Dreier/ Gröschner, GG, 1996, Art. 6, Rdn. 73.

580 Vgl. BVerfGE 45, 104, 123; 56, 363, 382.

581 Vgl. BVerfGE 56, 363, 384; vgl. auch BVerfGE 79, 203, 210.

582 Vgl. BVerfG, FamRZ 1995, 789.

Damit hat das Bundesverfassungsgericht die Veränderungen in der sozialen Realität berücksichtigt, die für eine Auslegung des Art. 6 Abs. 2 GG im Rahmen der Beurteilung der Eigenschaft als Grundrechtsträger nicht ohne Bedeutung bleiben können.[583] Die verfassungsrechtlichen Normen sollen dem Anspruch genügen, die Pluralität geschichtlich sich wandelnder Problemlagen zu bewältigen und sich zeitnah, wandlungs- und entwicklungsfähig erweisen sollen. Die grundrechtlichen Normbereiche nehmen daher grundsätzlich teil an der gesellschaftlichen Entwicklung und dem sozialem Wandel.

Daraus ergibt sich die Konsequenz, daß die Bestimmung des jeweils einschlägigen Grundrechtsbereiches nur im Rückgriff auf die Wirklichkeit möglich ist.[584] Gerade im Bereich des Art. 6 GG ist der erhebliche Wandel gesellschaftlicher Verhältnisse und Vorstellungen zu berücksichtigen.[585] Die moderne Gesellschaft mit ihrer Komplexität und ihrer funktionalen Differenzierung ist ständigen wirtschaftlichen, sozialen und kulturellen Wandlungsprozessen unterworfen. In Deutschland ist ebenso wie in anderen europäischen Ländern eine Pluralisierung der Haushalts- und Familienformen zu beachten.[586] Die Zahl der nichtehelichen Geburten ist seit 1993 von 118.460 Kindern auf 135.700 im Jahre 1996 kontinuierlich gestiegen.[587] Hinzukommt ein in den westlichen Industrienationen zu konstatierendes gesteigertes Interesse von Vätern an dem Wohlergehen und der Entwicklung ihrer Kinder.[588] Die Annahme, von dem Leitbild eines Mannes auszugehen, „der von seinem Kind nichts wissen will", wird schon lange den sozialen Gegebenheiten nicht mehr gerecht.[589]

Die Bestimmung des Grundrechtsbereichs von Art. 6 Abs. 2 GG muß daher unter Berücksichtigung dieser Entwicklung erfolgen und die tiefgreifenden Änderungen in der Realität von Ehe und Familie mit einbeziehen. Die hohe Zahl eheähnlicher Lebensgemeinschaften, die sich in ihrer Stabilitätschance von Ehen nur geringfügig unterscheiden, sowie die zahlreichen Fälle enger Vater-Kind-Beziehungen mit jahrelang praktiziertem Umgang erfordern daher, - um der Kinder willen - die Einbeziehung des nichtehelichen Vaters in den Schutzbereich des Art. 6 Abs. 2 GG.

Die Zuweisung verfassungsrechtlicher Elternschaft mit der tatsächlichen Wahrnehmung der elterlichen Verantwortung zu verknüpfen und damit ein „ausübungsabhängiges Grundrecht" für den nichtehelichen Vater zu schaffen, dessen Ausge-

---

583 Vgl. BVerfG, FamRZ 1995, 789, 792.
584 Vgl. Friauf, NJW 1986, 2596, 2599.
585 Vgl. Dreier/Gröschner, GG, 1996, Art. 6, Rdn. 13, 45.
586 Vgl. BT-Drucks. 12/7560, S. 70 ff.
587 Vgl. Statistisches Jahrbuch 1998, S. 74-76.
588 Stein-Hilbers, FuR 1991, S. 198.
589 Vgl. dazu BVerfGE 56, 363, 383.

staltung die zivilrechtliche Rechtsposition (§ 1711 BGB a.F.) bislang nicht oder nur eingeschränkt ermöglichte, ist nach der Entscheidung des Bundesverfassungsgerichts grundrechtsdogmatisch weder haltbar noch logisch.[590] Allein der rechtliche Status eines Elternteils ist folglich entscheidend für die Einbeziehung in den Schutzbereich des Art. 6 Abs. 2 GG.[591] Das Elternrecht als verfassungsrechtliche Basis für das Recht auf Umgang mit dem Kind bezieht daher auch alle unverheirateten Väter mit ein, die nach den einschlägigen gesetzlichen Bestimmungen als Väter feststehen.

Das Bundesverfassungsgericht hat es in seiner Entscheidung zugleich dem Gesetzgeber überlassen, bei der Ausgestaltung der konkreten Rechte beider Elternteile die unterschiedlichen tatsächlichen Verhältnisse zu berücksichtigten.[592] Mit dem Kindschaftsrechtsreformgesetz hat der Gesetzgeber den gesellschaftlichen Wandlungsprozeß berücksichtigt und gesteht auch Vätern, die nicht mit der Mutter des Kindes verheiratet sind, gemäß § 1684 Abs. 1 BGB ein Recht auf Umgang mit dem Kind zu, so daß auch auf einfachgesetzlicher Ebene die Rechtsposition der nichtehelichen Väter gestärkt ist.

II. Das Persönlichkeitsrecht des Kindes gemäß Art. 2 Abs. 1 GG i.V.m. Art. 1 Abs. 1 GG

Die Grundrechtsposition des Kindes, die im Rahmen einer Umgangsregelung zu beachten ist, erwächst aus Art. 2 Abs. 1 GG i.V.m. Art. 1 Abs. 1 GG.[593] Danach ist zu berücksichtigen, daß jedes Kind ein Wesen mit eigener Menschenwürde und dem eigenen Recht auf Entfaltung seiner Persönlichkeit ist.[594]

Das durch Art. 2 Abs. 1 GG i.V.m. Art. 1 Abs. 1 GG verfassungsrechtlich geschützte allgemeine Persönlichkeitsrecht sichert jedem einzelnen einen autonomen Bereich privater Lebensgestaltung, in dem er seine Individualität entwickeln und wahren kann.[595] Seine Aufgabe ist es, die engere persönliche Lebenssphäre und die Erhaltung ihrer Grundbedingungen für die Persönlichkeitsentfaltung zu gewährleisten.[596] Die Rechtsprechung des Bundesverfassungsgerichts, wie die des Bundesgerichtshofs, hat den Inhalt des geschützten Rechts nicht abschließend umschrieben, sondern fallbezogen Schutzgüter des allgemeinen Persönlichkeitsrechts entwickelt.[597]

---

590 Vgl. auch Coester, JZ 1992, 809, 813.
591 BVerfG, FamRZ 1995, 789, 792.
592 BVerfG, FamRZ 1995, 789.
593 Vgl. BVerfGE 24, 119, 144; BVerfG, FamRZ 1987, 786, 789.
594 Vgl. OLG Bamberg, FamRZ 1994, 1276.
595 Vgl. BVerfGE 79, 256, 268; Leibholz/Rinck/Hesselberger, GG, 1997, Art. 2, Rdn. 37.
596 Vgl. Dreier, GG, 1996, Art. 2 I, Rdn. 54.
597 Vgl. Leibholz/Rinck/Hesselberger, GG, 1997, Art. 2, Rdn. 31.

Danach kommt dem Recht auf Kenntnis der eigenen Abstammung im Hinblick auf die Identitätsfindung und Persönlichkeitsentwicklung eines Menschen verfassungsrechtliche Bedeutung zu.[598] Aber ebenso wie das Recht auf Kenntnis der eigenen Abstammung ist das Recht des Kindes auf Umgang mit beiden Eltern entscheidend für das Verständnis und die Entfaltung der eigenen Individualität.[599]

Für eine gedeihliche, körperlich und seelisch gesunde Entwicklung des Kindes innerhalb der sozialen Gemeinschaft ist die Beziehung zu beiden Elternteilen und die von Verantwortung getragene elterliche Förderung des Kindes von erheblicher Bedeutung.[600] Durch den kontinuierlichen Kontakt zu beiden Eltern stehen dem Kind Mutter und Vater als zwei Erwachsene mit unterschiedlichen Persönlichkeiten und Interaktionsstilen gegenüber. Es wird dem Kind ermöglicht, ein angemessenes Bild von beiden Eltern zu entwickeln und als Orientierung für die eigene Persönlichkeit zu nutzen.[601] Die unmittelbare und gedankliche Auseinandersetzung mit den leiblichen Eltern nimmt im Bewußtsein eines Kindes eine Schlüsselstellung für Individualitätsfindung und Selbstverständnis ein. Dabei handelt es sich nicht um ein statisches Ereignis, sondern um einen vielschichtigen Vorgang, in dem das Erleben beider Eltern und die Erfahrungswerte einer Eltern-Kind-Beziehung ausschlaggebend sind.[602] Dem verfassungsrechtlich geschützten Recht auf Kenntnis der genetischen Abstammung muß daher für eine positive Persönlichkeitsentwicklung des Kindes auch das Recht auf Kennenlernen der leiblichen Eltern folgen.[603]

Ein verfassungsrechtlich geschütztes Umgangsrecht des Kindes mit seinen Eltern geht aber von dem Regelfall aus, daß der Umgangsberechtigte, und letztlich auch der sorgeberechtigte Elternteil, verantwortlich mit dem Recht des Kindes auf eine körperlich und seelisch gesunde Entwicklung umgehen. Aus dem Recht des Kindes gemäß Art. 2 Abs. 1 GG i.V.m. Art. 1 Abs. 1 GG folgt daher die Pflicht des Staates aufgrund seiner Wächterfunktion, Hilfe zu leisten, wenn die Eltern im Rahmen des verfassungsrechtlich geschützten Rechts aus Art. 6 Abs. 2 GG ihrer damit verbundenen Verantwortung nicht gerecht werden und die Rechte ihres Kindes verletzten.[604] Die Grundrechtsposition des Art. 2 Abs. 1 GG i.V.m. Art. 1 Abs. 1 GG schützt insoweit nicht nur das Recht des Kindes auf Umgang mit seinen Eltern, sondern das „Wohl des Kindes"[605] in umfassender Weise, um dem

---

598 Vgl. BVerfGE 79, 268 ff.
599 Vgl. dazu Leibholz/Rinck/Hesselberger, GG, 1997, Art. 2, Rdn. 154.
600 Vgl. BVerfGE 24, 119, 144; vgl. auch Präambel des Übereinkommens über die Rechte des Kindes vom 20.11.1989.
601 Vgl. LBS/Fthenakis, Trennung, Scheidung und Wiederheirat, 1996, S. 102.
602 Siehe Leibholz/Rinck/Hesselberger, GG, 1997, Art. 2, Rdn. 154.
603 Vgl. dazu auch Stein-Hilbers, FuR 1991, 198, 202.
604 Vgl. OLG Bamberg, FamRZ 1985, 1175, 1176.
605 Vgl. Jarass/Pieroth, GG, 1997, Art. 6, Rdn. 33.

Kind eine positive Entwicklung seiner Persönlichkeit innerhalb einer sozialen Gemeinschaft zu ermöglichen.

B. Die Abwägung unter Berücksichtigung der Bedeutung der einzelnen Grundrechtspositionen

Bei einer Entscheidung der Familiengerichte auf Grundlage der gesetzlichen Regelung des § 1684 Abs. 4 BGB ist sowohl das Elternrecht aus Art. 6 Abs. 2 S. 1 GG als auch die Grundrechtsposition des Kindes gemäß Art. 2 Abs. 1 GG i.V.m. Art. 1 Abs. 1 GG zu beachten.[606] Das Verhältnis des Elternrechts zum Persönlichkeitsrecht des Kindes wird durch die besondere Struktur des Elternrechts geprägt, das entsprechend dem Wortlaut des Art. 6 Abs. 2 S. 1 GG ein Recht im Interesse des Kindes darstellt.[607] Dem Grundrechtsschutz des Kindes wird innerhalb der Abwägung der kollidierenden Rechtspositionen besondere Bedeutung beigemessen, weil es als schwächster Teil in dem Geflecht unterschiedlicher Interessen in der Gefahr ist, für Erwachseneninteressen funktionalisiert zu werden.[608] Für alle Entscheidungen zum Umgangsrecht kommt dem Wohl des Kindes als oberster und entscheidender Maßstab der Vorrang zu.[609] Die Grundrechte der Eltern auf Umgang mit ihrem Kind finden deshalb nach § 1684 Abs. 4 BGB dort ihre Grenze, wo die Ausübung des Umgangs mit dem Kindeswohl nicht mehr zu vereinbaren ist.[610] Der Begriff des Kindeswohls als Eingriffslegitimation des Staates für die Beschränkung des Umgangsrechts im Spannungsverhältnis des elterlichen Rechts auf der einen Seite und dem Recht des Kindes auf Umgang auf der anderen Seite bildet daher den Ausgangspunkt für die Abwägung der widerstreitenden Interessen.

I. Abwägung auf Grundlage der Voraussetzung des § 1684 Abs. 4 Satz 1 BGB

Das Kindeswohl als Maßstab der Entscheidung nach § 1684 Abs. 4 S. 1 BGB ist dabei im Zusammenhang mit dem Kriterium der Erforderlichkeit sowie außerjuristischen Erkenntnissen der Humanwissenschaften auszufüllen.[611] Zu berücksichtigen ist folglich, daß nach dem gesetzgeberischen Ziel der Kindschaftsrechtsre-

---

606 Vgl. Schwab, FamR, 1999, Rdn. 440.

607 Vgl. BVerfG, FamRZ 1987, 786, 789.

608 Vgl. Gerth, KindPrax 1998, 15, 17.

609 Vgl. BVerfGE 61, 358, 378; 72, 122, 137; 75, 201, 218; 79, 203, 211; BGH, FamRZ 1981, 659, 661; Palandt/Diederichsen, BGB, 58. Aufl., 1999, Rdn. 27; Staudinger/Peschel-Gutzeit, BGB, 12. Aufl., 1997, § 1634, Rdn. 189; Johannsen/Henrich/Jaeger, EheR, 3. Aufl., 1998, § 1684, Rdn. 5.

610 Vgl. BVerfG, FamRZ 1993, 662, 663.

611 Vgl. Rassek, Kindeswohl, 1983, S. 38; Kropholler, JZ 1984, 164.

form grundsätzlich von einer positiven Bewertung der Besuche des Kindes beim umgangsberechtigten Elternteil ausgegangen wird.[612]

Die Einschränkung des verfassungsrechtlich verankerten elterlichen Umgangsrechts ist als Ausnahmekonzeption der Regelungsbefugnis daher nur dann zulässig, wenn konkrete Gründe vorliegen, die das Wohl des Kindes berühren und befürchten lassen, daß sich das Kind ohne Einschränkung oder Ausschluß des Umgangs ungünstig entwickeln könnte.[613] Das Merkmal „zum Wohl des Kindes erforderlich" ist in diesem Zusammenhang bei der richterlichen Anordnung nicht nur im Hinblick auf die akute Situation, sondern auch entwicklungsbezogen zu sehen.[614] Damit enthält die Entscheidung zum Ausschluß bzw. zur Einschränkung des Umgangsrechts ein prognostisches Element, bei dem eine gewisse Unsicherheit zu tolerieren ist.[615] Im Hinblick auf den Entwicklungsprozeß des Kindes kann das Wohl des Kindes nicht auf einen gegenwärtigen Augenblick fixiert werden (Momentaufnahme).[616] Vielmehr muß es im Rahmen eines psychosozialen, dynamischen Gesamtprozesses beurteilt werden, der eine objektiv-normative Betrachtungsweise erfordert.[617] Das bedeutet nicht, daß die Gerichte das momentane subjektive Wohlbefinden des Kindes vernachlässigen dürfen. Gemeint ist vielmehr eine am Verhältnismäßigkeitsgrundsatz ausgerichtete Abwägung zwischen kurzzeitigem Schutz- und langfristigem Kontaktbedürfnis des Kindes.[618]

Da sowohl das Recht des umgangsberechtigten Elternteils auf Pflege der persönlichen Beziehung zu seinem Kind als auch der Umstand, daß das Kind zu seiner Persönlichkeitsfindung auch des Kontaktes zum anderen Elternteil bedarf, berücksichtigt werden muß, sind bei der Entscheidung zum Umgangsausschluß oder der Einschränkung der Umgangsberechtigung die gesamten Verhältnisse zu berücksichtigen und das Für und Wider einer Umgangsbeschränkung abzuwägen.[619]

Die exemplarisch dargestellten Problemsituationen indizieren die Erforderlichkeit einer Umgangsbeschränkung, die in der konkreten Situation unter Abwägung aller Umstände des Einzelfalls zu prüfen ist. Die Feststellung schwieriger Umgangsbedingungen erfordert jedoch die vollständige Aufklärung aller sachlich relevanten Faktoren, die die gegenwärtige und zukünftige Familiensituation beeinflussen. Deshalb wird zum Teil der Rechtsbegriff „erforderlich" weniger als materiellrechtliche Eingriffsschranke gegen eine Umgangsbeschränkung verstanden, son-

---

612 Vgl. Johannsen/Henrich/Jaeger, EheR, 3. Aufl., 1998, § 1684, Rdn. 1.
613 OLG Hamburg, FamRZ 1991, 471; Johannsen/Henrich/Jaeger, EheR, 2. Aufl., 1992, § 1634, Rdn. 35.
614 Vgl. Schwab, ScheidungsR, 1995, Rdn. 249.
615 Vgl. Schwab, ScheidungsR, 1995, Rdn. 249.
616 Vgl. OLG Frankfurt FamRZ 1984, 614, 615.
617 OLG Frankfurt, FamRZ 1984, 614, 615; Mü-Ko/Hinz, BGB, 1992, § 1634, Rdn. 42.
618 Mü-Ko/Hinz, BGB, 1992, § 1634, Rdn. 42.
619 Siehe dazu Palandt/Diederichsen, BGB, 58. Aufl., 1999, § 1671, Rdn. 11.

dern vielmehr als verfahrensbestimmende Aufforderung an die Beteiligten und die Gerichte, die familiäre Situation gemäß § 12 FGG umfassend aufzuklären und gegebenfalls mit Hilfe psychologisch-therapeutischer Gutachten alle Möglichkeiten einer für das Kind seelisch erträglichen, also möglichst konfliktfreien Anbahnung von Kontakten gewissenhaft zu prüfen.[620] Wiegt dabei die ungünstige Entwicklung, die das Kind durch den Umgang zu erleiden droht, schwerer als die Beeinträchtigung, die bei ihm durch die Beschränkung des Besuchskontakts eintritt, kann nur letzeres Folge einer gerichtlichen Entscheidung sein.[621]

II. Abwägung auf Grundlage der Voraussetzung des § 1684 Abs. 4 Satz 2 BGB

Die Schwierigkeit hinsichtlich der Konstatierung einer „Kindeswohlgefährdung" besteht darin, daß es für eine länger andauernde Beschränkung des Umgangs nicht ausreicht, das Vorliegen einer Problemlage festzustellen, sondern vielmehr erst die Schwere der Gefahrensituation im Einzelfall die eingreifende Maßnahme begründen kann. Was im einzelnen als „schwerwiegender Fall" einzuordnen ist, wurde von der Rechtsprechung überwiegend beschränkt auf das körperliche und moralische Wohl des Kindes.[622] Um dem grundsätzlichen Vorrang des Kindeswohls im Verhältnis zum Elternrecht gerecht zu werden, kann es jedoch nicht darauf ankommen, ob diese oder jene Handlungsweisen von Eltern als nicht sonderlich schwerwiegend angesehen werden und doch erhebliche abträgliche, die existenzielle Entwicklung von Kindern betreffende Auswirkungen haben; umgekehrt gibt es Handlungsweisen von Eltern, die durchaus als schwerwiegend einzuordnen sind, aber keine sonderlichen Auswirkungen auf Kinder haben.[623] Entscheidend ist daher, daß entsprechend der Erlebniswelt des jeweiligen Kindes die Vorschrift des § 1684 Abs. 4 S. 2 BGB eine kindbezogene Anwendung findet.[624]

Die Konstatierung von Gefährdungstatbeständen ist dabei durch die Sachaufklärung und Würdigung der Umstände des Einzelfalls im Hinblick auf die jeweilige Problemsituation vorzunehmen. Damit hat eine Abwägung zu erfolgen, ob es dem Kind - unter Berücksichtigung des verfassungsrechtlich geschützten Rechts des Kindes und der Eltern auf Umgang - zugemutet werden kann, einen sich extrem belastend auswirkenden Umgang zu haben[625] oder ob die konkrete Gefährdung des Kindes durch die Besuchskontakte so erheblich ist, daß die langfristigen

---

620 Vgl. Oelkers, FamRZ 1995, 1385, 1391.
621 Vgl. Staudinger/Peschel-Gutzeit, BGB, 12. Aufl., 1997, § 1634, Rdn. 264.
622 Vgl. BVerfGE 31, 194, 209.
623 Vgl. AG Bad Iburg, FamRZ 1988, 537, 538.
624 Vgl. AG Bad Iburg, FamRZ 1988, 537, 538.
625 Vgl. OLG Hamm, FamRZ 1997, 307, 308.

Vorteile von Kontakten und die Folgen eines Kontaktabbruchs zum Nichtsorgeberechtigten keine Beachtung finden können.[626]

III. Abwägungsvorgang bei Problemsituationen aufgrund hochstrittiger elterlicher Auseinandersetzungen

1. Verfeindung der Eltern und entgegenstehender Wille des Kindes

Während bei der Sorgerechtsregelung nicht-psychologische Momente - wie Unterbringungs- und Betreuungsmöglichkeit, Erziehungseignung, Kontinuität - eine erhebliche Rolle spielen, geht es bei der Umgangsregelung für Kinder aus geschiedenen Ehen oder getrennten Partnerschaften fast ausschließlich um psychologische Probleme. In den Fällen, in denen die Kinder sich wünschen, daß die Eltern weiterhin zusammenleben, sprechen die psychologischen Momente eindeutig dafür, daß nach einer Scheidung oder Trennung auch weiterhin Kontakt zwischen dem Kind und dem abwesenden Elternteil gehalten werden soll.[627]

Anhaltende Konflikte der Eltern, die sich bei streitigen umgangsrechtlichen Regelungen besonders dokumentieren und zuspitzen, erhöhen jedoch die Gefahr von Entwicklungsstörungen bei Kindern.[628] In hochstrittigen Trennungs- und Scheidungsfällen ist daher zu prüfen, ob im Einzelfall das Umgangsrecht bei elterlichen Konflikten eine Gefährdung für das Wohlergehen der Kinder bedeutet, so daß zumindest ein vorübergehender Abbruch der Kontakte zum umgangsberechtigten Elternteil in Erwägung gezogen werden sollte oder ob das Ertragen anhaltender Elternkonflikte für das Kind unter Aufrechterhaltung seiner Beziehung zu dem anderen Elternteil in jedem Fall die weniger schädliche Alternative darstellt.

Die Frage nach der Einschränkung bzw. Ausschluß des Umgangsrechts stellt sich besonders in den Fällen, in denen das Kind im Zusammenhang mit den elterlichen Auseinandersetzungen die Besuche beim Umgangsberechtigten ablehnt. Für das Rangverhältnis oder die Gewichtung zwischen dem, dem nichtsorgeberechtigten Elternteil zustehenden, Umgangsrecht und dem ablehnenden Willen des Kindes ist daher in erster Linie entscheidend, inwieweit dem Kindeswillen Bedeutung beigemessen wird.

a) Bedeutung des Kindeswillens bei der Interessenabwägung

Bei dem Gesetz zur Neuregelung des Rechts der elterlichen Sorge vom 18.7.1979[629] ging der Gesetzgeber von der Überlegung aus, daß nach geltendem

[626] Vgl. Walter, ZfJ 1996, 270, 273.
[627] Vgl. Arntzen, Elterliche Sorge und Umgang, 1994, S. 33.
[628] Vgl. Ballhoff/Walter, FuR 1991, 63, 64.
[629] SorgeRG, BGBl. I 1067.

Recht und der Rechtsprechung der Wille des Kindes bei der Entscheidung über das Umgangsrecht nur ausnahmsweise beachtlich sei.[630] Der Gesetzgeber des Kindschaftsrechtsreformgesetzes, der an dieser Gesetzeslage nichts geändert hat, wollte jedoch durch die Neuformulierung der Vorschriften deutlich machen, daß der Wille des Kindes ein wichtiges, aber nicht allein maßgebliches Kriterium ist.[631] Der Wille eines Kindes kann daher unter Berücksichtigung seiner Grundrechtsposition bei Entscheidungen, die seine gesamte Lebensweise und seine künftige Entwicklung betreffen, nicht generell übergangen werden.[632]

Im Gegensatz zu dem von kinder- und jugendpsychologischer Seite stets geforderten Vorrang des Kindeswillens gegenüber einem Anspruch des Elternteils auf Durchführung des Umgangs[633] ist für eine Einschränkung oder einen Ausschluß des Umgangsrechts vielmehr bedeutsam, ob die Ablehnung des Kindes auf subjektiv beachtlichen oder verständlichen Beweggründen beruht und ob das Kind nach seinem Reifestand die Bedeutung des persönlichen Umgangs verstehen kann.[634] Dabei kann nicht auf eine starre Altersgrenze abgestellt werden. Vielmehr hat stets eine am wohlverstandenen Interesse des Kindes orientierte Einzelabwägung zwischen den Anliegen des um eine Umgangsregelung nachsuchenden Elternteils einerseits und dem beachtlichen Willen des Kindes andererseits stattzufinden.[635]

b) Differenzierung nach Fallgruppen

Die Abneigung des Kindes gegen die Besuche ist eine beachtliche psychische Wirklichkeit, für den Familienrichter wird jedoch oft nur schwer erkennbar sein, worauf diese letztlich begründet ist.[636] Er hat daher vor einer Entscheidung - mit Hilfe eines psychologischen Sachverständigen - zu prüfen, ob die Ablehnungserklärung des Kindes auf einer gezielten Beeinflussung des sorgeberechtigten Elternteils beruht oder ob sie mit seinem wahren, kindlichen Willen übereinstimmt.[637]

Sorgeberechtigte Eltern, die Kontakte des Kindes zum anderen Elternteil ablehnen, projizieren häufig ihre ablehnende Haltung auf ihre Kinder. Mit welchen

---

630 Vgl. BT-Drucks. 8/111, S. 17; 7/2060, S. 24; 8/2788, S. 53.
631 Vgl. BT-Drucks. 13/4899, S. 69; dazu auch Johannsen/Henrich/Jaeger, EheR, 3. Aufl., 1998, § 1684, Rdn. 38.
632 Vgl. OLG Bamberg, FamRZ 1989, 890, 891.
633 Vgl. Knöpfel, FamRZ 1989, 1017, 1021; Walter, ZfJ 1996, 270, 271.
634 Vgl. BGH, FamRZ 1980, 131, 133; OLG Bamberg, FamRZ 1989, 890, 891; OLG Hamm, FamRZ 1994, 57; Palandt/Diederichsen, BGB, 58. Aufl., 1999, Rdn. 58; Soergel/Strätz, BGB, 1987, § 1634, Rdn. 26; Johannsen/Henrich/ Jaeger, EheR, 3. Aufl., 1998, Rdn. 39.
635 Vgl. BGH, FamRZ 1980, 131, 133.
636 Vgl. Luthin, Anmerkung zu OLG Frankfurt/M. vom 29.1.1993, FamRZ 1993, 730.
637 Vgl. Johannsen/Henrich/Jaeger, EheR, 3. Aufl., 1998, § 1684, Rdn. 41.

Mitteln die sogenannte induzierte Gegeneinstellung bei Kindern erzielt wird, ist je nach Altersstufe der Kinder und nach Autorität und „Geschicklichkeit“ der Sorgeberechtigten verschieden.[638] In diesem Zusammenhang durchgeführte Untersuchungen zeigen aber, daß sich die Ablehnung von Kindern in Gegenwart des Umgangsberechtigten verflüchtigt. Auch psychosomatische Störungen der Kinder verschwinden in der Regel, wenn der Sorgeberechtigte seine Einstellung zum Kontakt des Kindes mit dem anderen Elternteil ändert oder zumindest keinen konfliktererzeugenden Einfluß mehr ausübt.[639] Ein Ausschluß der Besuchskontakte, selbst wenn er eine momentane Beruhigung bringt, würde aber langfristig die positiven Folgen einer gelebten Eltern-Kind-Beziehung verhindern. Werden die Besuche dennoch unterbunden, so bleibt bei diesen Kindern oft eine ungestillte Sehnsucht nach dem abwesenden Elternteil, die stärkere und schädlichere psychische Auswirkungen haben kann als die vorübergehende Beunruhigung, zu denen es anfangs bei Besuchen kommt, die der sorgeberechtigte Elternteil nicht wünscht.[640]

In diesen Situationen ist in Erwägung zu ziehen, ob durch eine zielgerichtete Beratung des sorgeberechtigten Elternteils mit Unterstützung der öffentlichen und privaten Jugendhilfe nach §§ 17, 18 KJHG seine Einsicht in die Notwendigkeit der Besuchskontakte erreicht werden kann. Da bei einer Internalisierung der Rituale einer Umgangsvereitelung Appelle an den Sorgeberechtigten meist fruchtlos bleiben, ist nach Auffassung *Klenners*[641] zur Überwindung der Sprachlosigkeit der Eltern nur ein gemeinsames Gespräch der Eltern hilfreich, bei dem allein die Beziehungen des Kindes zu den Eltern im Blickpunkt der Betrachtung stehen. Professionelle Umgangsvermittlungsversuche in einer Fünf-Schritte-Theorie durch fachkundige Helfer werden überdies von *Sprangenberg/Sprangenberg* favorisiert.[642]

Eine andere Bewertung der kindlichen Abwehrhaltung ist aber in Fällen angezeigt, in denen die innere Abneigung des Kindes auf tatsächlichen Erlebnissen beruht, sei es durch psychisch oder physisch schlechte Behandlung, durch häufige Trunkenheit oder andere gravierende Umstände. Eine Durchsetzung des Umgangsrechts wäre mit seinem Zweck im allgemeinen ebenso unvereinbar, wie mit dem Persönlichkeitsrecht des Kindes,[643] so daß in diesen Fällen ein (zeitweiliger) Ausschluß des Umgangsrechts gemäß § 1684 Abs. 4 S. 1 BGB in Betracht kommt.

---

[638] Siehe dazu Arntzen, Elterliche Sorge und Umgang, 1994, S. 3 ff.
[639] Vgl. Arntzen, Elterliche Sorge und Umgang, 1994, S. 5, 7.
[640] Vgl. Arntzen, Elternliche Sorge und Umgang, 1994, S. 34.
[641] Vgl. dazu Klenner, FamRZ 1995, 1529, 1534, 1535.
[642] Vgl. Sprangenberg/Sprangenberg, ZfJ 1994, 458 ff.
[643] Vgl. OLG Celle, FamRZ 1998, 1458, 1459; Johannsen/Henrich/Jaeger, EheR, 3. Aufl., 1998, § 1684, Rdn. 41.

2. Traumatisierung des Kindes

Ein zeitweiliger Ausschluß des Umgangsrechts ist des weiteren in Betracht zu ziehen, wenn das Kind unter traumatischen Trennungsängsten leidet und durch die Besuche beim abwesenden Elternteil überfordert wird. Dies ist insbesondere dann in Erwägung zu ziehen, wenn Entwicklungsstörungen, die von erheblicher Intensität sind und nicht therapeutisch zu beheben sind, Folge der Elterntrennung sind.[644] Dem Persönlichkeitsrecht des Kindes im Hinblick auf eine gesunde seelische und körperliche Entwicklung ist in diesem Zusammenhang gegenüber dem Recht des nichtsorgeberechtigten Elternteils auf Umgang grundsätzlich der Vorrang einzuräumen.

Um eine Entspannung der problembehafteten Trennungssituation zu erreichen, ist der Zeitfaktor bei der Begrenzung des Umgangsrechts nicht unterzubewerten. In einem solchen Fall kann die seelische Verfassung des Kindes nur durch ein kinderpsychologisches oder -psychiatrisches Sachverständigengutachten geklärt werden, um zu prüfen, ob nach dem kurzzeitigen Kontaktabbruch eine Wiederaufnahme der Besuche in Betracht kommt. Der Familienrichter hat hier auf Grundlage des § 1684 Abs. 4 S. 1 BGB die Möglichkeit, das Umgangsrecht so lange auszuschließen, bis das Gutachten des Sachverständigen vorliegt und die Aufnahme der Besuchskontakte - möglicherweise dann unter besonderen Einschränkungen - wieder in Betracht kommt.[645]

3. Entfremdung des Kindes vom Umgangsberechtigten

Auch wenn der Umgang des Kindes zum anderen Elternteil lange Zeit unterbrochen war oder ein Kontakt noch nie stattgefunden hat, bildet die durch jahrelange Nichtausübung des persönlichen Umgangs entstandene Entfremdung nach allgemeiner Meinung keinen Ausschließungsgrund i.S.d. § 1684 Abs. 4 BGB.[646] Die Tatsache der Umgangsunterbrechung und der zu erwartenden Schwierigkeiten bei der Neuanbahnung und Durchführung des Umgangs rechtfertigen somit in der Regel nicht den Ausschluß der Besuchskontakte.

Unerheblich ist in diesem Zusammenhang, ob die Kontaktunterbrechung in dem ablehnenden Verhalten des Sorgeberechtigten begründet ist, auf einer enttäuschungsbedingten oder weniger achtbaren Distanzierung des Elternteils zu seinem Kind beruht. Entscheidend ist im Hinblick auf die Grundrechte des Umgangsberechtigten und des Kindes, daß die Wiederanbahnung der Besuchskontakte grundsätzlich möglich bleiben muß. Denn eine weitere Verhinderung des Aufbaus

---

644 Vgl. Staudinger/Peschel-Gutzeit, BGB, 12. Aufl., 1993, § 1634, Rdn. 319; OLG Karlsruhe, ZblJR 1980, 292.

645 Vgl. OLG Hamm, FamRZ 1995, 314.

646 Vgl. Staudinger/Peschel-Gutzeit, BGB, 12. Aufl., 1997, § 1634, Rdn. 295.

einer Eltern-Kind-Beziehung liefe dem Zweck des verfassungsrechtlich geschützten Umgangsrechts der Eltern und des Kindes zuwider und würde die Entfremdung verstärken und der mit der Schaffung des § 1684 BGB verfolgten Absicht des Gesetzgebers entgegenstehen.[647]

Es ist jedoch unerläßlich, die Entfremdung bei der Art der Wiederanbahnung der Kontakte und bei der Häufigkeit der Besuche zu berücksichtigen.[648] Um alle Möglichkeiten einer für das Kind seelisch erträglichen und möglichst konfliktfreien Anbahnung von Besuchen zu prüfen, ist es sinnvoll, den Umgang in Fällen dieser Art mit Hilfe eines psychologischen Gutachtens in Gesprächen zwischen dem Jugendamt und den Eltern sowie dem Kind vorzubereiten.[649] Nur eine allmähliche Annäherung bietet in der Regel die Gewähr dafür, daß es wieder zu einer tragfähigen persönlichen Beziehung kommt.[650]

IV. Abwägungsvorgang bei Problemsituationen aufgrund von Eigenschaften oder Verhaltensweisen des Umgangsberechtigten

1. Dem Umgangszweck zuwiderlaufende Motivation des Umgangsberechtigten

In Fällen, in denen der Umgangsberechtigte sein Recht auf Umgang mißbraucht, indem er das Kind bei der Durchführung der Besuche für eigene, dem Umgangszweck zuwiderlaufende Interessen instrumentalisiert, ist häufig ein Ausschluß des Umgangsrechts Folge dieses Verhaltens. Dies gilt insbesondere dann, wenn der umgangsberechtigte Elternteil das Kind durch sein Verhalten in schwere Konflikte bringt und eine Verhaltensänderung vorerst nicht zu erwarten ist. Das Persönlichkeitsrecht des Kindes ist darauf ausgerichtet, Vorteile für die eigene Persönlichkeitsentwicklung aus einer konstruktiven Beziehung zu beiden Eltern zu gewinnen. Gefährdet der Umgangsberechtigte aber den Sinn und Zweck der persönlichen Besuchskontakte, kann sein elementares Recht auf Umgang mit dem Kind keine Berücksichtigung finden.

Allerdings reicht nach allgemeiner Meinung z.B. allein die Zugehörigkeit zu einer religiösen oder religionsähnlichen Organisation nicht aus, um den Schluß zu ziehen, zur Erziehung des Kindes nicht geeignet zu sein und damit ebensowenig, um die Umgangsberechtigung eines Elternteils grundsätzlich in Frage zu stellen.[651]

---

647 Vgl. Oelkers, FamRZ 1995, 1385, 1391.
648 Vgl. Schwab, ScheidungsR, 1995, Rdn. 258.
649 Vgl. OLG Köln, FamRZ 1997, 1097.
650 OLG Celle, FamRZ 1990, 1026, 1027.
651 Vgl. OLG Düsseldorf, FuR 1996, 151; OLG Hamburg, FamRZ 1985, 1284.

Doch ist zu berücksichtigen, daß aufgrund der Zielorientierung der religiösen bzw. fremdreligiösen weltanschaulichen Gruppierungen in besonderer Weise Gefährdungen ausgehen. Insbesondere verfolgt beispielsweise die Scientology-Organisation das Ziel, einen neuen Menschen scientologischer Prägung sowie eine neue, ausschließlich nach scientologischen Richtlinien funktionierende Welt zu schaffen und die entsprechenden scientologischen Techniken auch auf Kinder anzuwenden, um so früh wie möglich ihr Denken und Handeln zu beeinflussen.[652] Die Umsetzung der Scientology-Lehren stellt grundsätzlich eine Gefährdung des Kindeswohls dar, da eine freie Entfaltung der kindlichen Persönlichkeit, orientiert an dem gesellschaftlichen Wert- und Normensystem, verhindert wird und das Kind in eine Außenseiterposition geraten könnte.[653] Das Familiengericht ist in diesem Zusammenhang gehalten, im Rahmen der Sachaufklärung Anhaltspunkte für die Anwendung scientologischer Techniken auf das Kind oder eine gezielte Beeinflussung und Ausübung von Druck zu ermitteln. Auf Grundlage dieser Ermittlungen hat der Richter zu entscheiden, ob ein Ausschluß oder eine Einschränkung des Umgangsrechts zu erfolgen hat.

Die Beratungs- und Unterstützungsangebote der Jugendhilfe nach § 18 KJHG können im Zusammenhang mit dieser und ähnlichen Problematiken eine wichtige Hilfe darstellen, um das Bewußtsein des Umgangsberechtigten hinsichtlich der berechtigten Interessen des Kindes zu stärken. Erklärt sich daher der umgangsberechtigte Elternteil zur Zusammenarbeit mit dem Jugendamt bereit und gelingt es mit Hilfe der Information und Aufklärung, ihn von der Mißbräuchlichkeit der Instrumentalisierung des Kindes zu überzeugen, können möglicherweise im Anschluß an die Beratung regelmäßige Umgangstermine vereinbart werden.

Zu berücksichtigten ist in diesem Zusammenhang auch, daß auch bei einem nur zeitweiligen Ausschluß des Umgangs die Gefahr einer Entfremdung zwischen dem Kind und dem anderen Elternteil besteht.[654] Schwierigkeiten bei der Durchführung der Besuche stellen daher in aller Regel keinen Ausschlußgrund dar. Vielmehr muß im Hinblick auf die grundrechtlich geschützte Rechtsposition des Kindes versucht werden, sie mit Hilfe der Beratungsinstitutionen zu überwinden und nach Lösungswegen zu suchen, die dem Kind ermöglichen, einen positiven und lebendigen Kontakt zum anderen Elternteil aufrechtzuerhalten.

2. Inhaftierung des Umgangsberechtigten

Das grundrechtliche Elternrecht schützt auch die Umgangsbefugnis eines Elternteils, der sich in Haft befindet, so daß allein dieser Umstandes nicht zwangsläufig zu einem Ausschluß des Umgangsrechts mit dem Kind führen kann.

---

[652] Vgl. OLG Frankfurt, FamRZ 1997, 573, 574.
[653] Vgl. OLG Frankfurt, FamRZ 1997, 573, 574.
[654] Vgl. OLG Köln, FamRZ 1997, 1097.

Die Tatsache, daß der Umgangsberechtigte Gewaltverbrechen begangen hat und sich deswegen in Haft befindet, rechtfertigt nicht für sich allein den Schluß, daß das Kindeswohl durch Beziehungen zu ihm gefährdet ist und zu einem rechtlichen Ausschluß seiner Befugnis führen muß.[655] Da das Umgangsrecht gerade dazu dient, dem Eintritt oder der Fortwirkung einer Entfremdung zum Berechtigten vorzubeugen, kann die Tatsache, daß das Kind zur Ausübung des Umgangsrechts zu fremden Personen in eine fremde Umgebung gebracht werden müßte, den zeitweiligen Ausschluß für sich nicht rechtfertigten.[656]

Einer etwaigen Beeinträchtigung des Kindeswohls ist aber durch eine sachgerechte Ausgestaltung des Umgangsrechts vorzubeugen, so daß möglicherweise außerhalb der Strafanstalt, etwa im Zusammenhang mit einem Hafturlaub des Umgangsberechtigten, Besuchskontakte zu dem Kind hergestellt werden können.[657] In diesen Fällen ist vielmehr entscheidend, ob die psychische Konstitution des Kindes den Umgang mit dem inhaftierten Elternteil im Einzelfall zuläßt und welchen Einfluß der Umgangsberechtigte auf das Kind nimmt oder voraussichtlich nehmen wird.[658]

3. Verdacht auf Entführung des Kindes

Besonders schwierig ist die Durchführung des Umgangsrechts, wenn der sorgeberechtigte Elternteil das Argument einer drohenden Kindesentführung einbringt. Da ein Ausschluß der Umgangsberechtigung möglicherweise eine solche Tat erst veranlaßt, wenn der Nichtsorgeberechtigte darin den einzigen Ausweg sieht, eine Beziehung zu seinem Kind aufrechterhalten zu können,[659] ist eine solche Anordnung keine geeignete Lösung.

Eine sachgerechte Beurteilung einer Entziehungsgefahr ist außerordentlich schwierig, da beim Nichtsorgeberechtigten viele psychologische, soziale, ökonomische und oft auch kulturelle und politische Faktoren und Einflüsse zusammenwirken. Zudem muß auch immer von einem Anteil unberechtigter Beschuldigungen, aber auch gezielter Falschbeschuldigungen, ausgegangen werden.[660] Die folgenden Kriterien, 1. Integration des ausländischen Elternteils in der Bundesrepublik Deutschland, 2. Perspektiven und Umstände in seinem Heimatland und 3. Beziehungsstruktur der Eltern untereinander und zum Kind, können dabei die Einschätzung einer Entführungsgefahr erleichtern.[661]

---

655 Vgl. BGH, FamRZ 1984, 1084, 1085.
656 BGH, FamRZ 1984, 1084, 1085.
657 Vgl. BGH, FamRZ 1984, 1084, 1085; Arntzen, Elterliche Sorge und Umgang, 1994, S. 37.
658 Vgl. Schwab, ScheidungsR, 1995, Rdn. 251.
659 Vgl. LBS/Mach-Hour, Trennung, Scheidung und Wiederheirat, 1996, S. 164.
660 Vgl. Walter, ZfJ 1996, 270, 275.
661 Vgl. Walter, ZfJ 1996, 270, 275.

Ergeben sich für das Gericht konkrete Anhaltspunkte für die Gefahr, daß der Umgangsberechtigte das Recht zum Umgang mit dem Kind nutzt, um seine unlauteren Absichten zu realisieren und das gemeinsame Kind ins Ausland zu entführen, ist eine Begrenzung des Umgangsrechts hinsichtlich des Ortes für die Besuchskontakte[662] oder hinsichtlich anderer einschränkender Maßnahmen zu erwägen.[663] Auch unter Berücksichtigung der Tatsache, daß ein absoluter Schutz des Kindes nicht garantiert werden kann, ist das Recht des Kindes auf Kontakt mit seinem ausländischen Elternteil grundsätzlich höher zu bewerten als vage Anhaltspunkte für die Gefahr einer Kindesentziehung. Gerade für Kinder aus binationalen Ehen ist der Zugang zum Kulturkreis seines ausländischen Elternteils von hoher Bedeutung für eine psychisch gesunde Persönlichkeitsentwicklung.

4. Sexueller Mißbrauch/Verdacht des sexuellen Mißbrauchs

Die Einschränkung bzw. der Ausschluß des Umgangsrechts wegen eines Verdachts des sexuellen Mißbrauchs greift besonders schwerwiegend nicht nur in das grundrechtlich verbürgte Elternrecht ein, sondern stellt bei einem geäußerten, aber nicht begründeten Verdacht ein Eingriff in das Persönlichkeitsrecht des Umgangsberechtigten dar. Zugleich betrifft die Beschränkung des Umgangs das Kind, das die Möglichkeit haben muß, eine tragfähige Beziehung zu beiden Eltern pflegen und aufrechterhalten zu können.[664] Wird ihm dieses Recht ohne hinreichende Rechtfertigung vorenthalten, kann ebenso das Kind in seinem Recht auf Achtung der Menschenwürde und dem Recht auf persönliche Entfaltung verletzt sein.[665]

Andererseits stehen intensive Verletzungen der Grundrechte des Kindes und des Sorgeberechtigten im Raum, wenn ein Gericht diesen verpflichtet, trotz ungeklärter Sachlage einen Besuchskontakt des Kindes mit dem des sexuellen Mißbrauchs beschuldigten anderen Elternteil zuzulassen.[666] Die psychischen Folgen eines sexuellen Mißbrauchs können für das betroffene Kind ein erhebliches Risiko für seine psychosoziale Gesundheit und weitere Entwicklung darstellen.[667] In dem besonders sensiblen Bereich familiengerichtlicher Tätigkeit ist dabei in erster Linie eine Gesamtabwägung vorzunehmen und insbesondere auf die Bedeutung von Kontakten auf der einen Seite und die Gefährdung des Kindes auf der anderen Seite abzustellen.[668]

---

662 Vgl. OLG München, FamRZ 1993, 94, 95.
663 Vgl. OLG München, FamRZ 1998, 976, 977.
664 Vgl. Carl, FamRZ 1995, 1183, 1184.
665 Vgl. Carl, FamRZ 1995, 1183, 1184.
666 Vgl. Carl, FamRZ 1995, 1183, 1184.
667 Vgl. Rösner/Schade, FamRZ 1993, 1133, 1135.
668 Vgl. Luthin, Anmerkung zu OLG Hamm vom 5.9.1997, FamRZ 1998, 256.

Unter welchen Umständen daher ein Kontaktabbruch durch den Ausschluß des Umgangsrechts erfolgen kann, wird in Rechtsprechung und Literatur nicht einheitlich beantwortet.

Ein Ausschluß des Umgangsrechts als gravierendster Eingriff in das grundrechtlich geschützte Elternrecht wird jedenfalls bei nachgewiesenem sexuellem Mißbrauch anzuordnen sein, insbesondere wenn das betroffene Kind Kontakte zum Umgangsberechtigten verweigert.[669] Allenfalls kann in Einzelfällen erwogen werden, ob nicht ein Umgang unter der Mitwirkung einer dritten Person dem Kindeswohl dient und gestattet werden kann, etwa wenn das Kind aufgrund einer engen emotionalen Bindung an den mißbrauchenden Elternteil weiter Kontakte wünscht. Dies gilt jedenfalls dann, wenn der überführte Täter/in vor Beginn der Kontakte den Mißbrauch eingesteht, sich entsprechend einer therapeutischer Behandlung unterzieht und eine Fortsetzung des sexuellen Mißbrauchs oder eine Beeinflussung des Kindes ausgeschlossen werden kann.[670] Ein Ausschluß des Umgangs ist auch dann grundsätzlich zu befürworten, wenn ein erhöhter Grad an Wahrscheinlichkeit für das Vorliegen eines sexuellen Mißbrauchstatbestandes spricht und eine weniger einschneidende Maßnahme nicht ausreicht, um eine mögliche Gefährdung des Kindes auszuschließen.[671]

Wenn sexueller Mißbrauch des Kindes jedoch nicht belegt werden kann, bleibt zu prüfen, ob schon der bloße Verdacht eines solchen Übergriffs ausreicht, um Besuchskontakte auszusetzen. Zum Teil wird die Notwendigkeit von sofortigen Kontaktunterbrechungen hervorgehoben, um für massiv verunsicherte Kinder eine klare Struktur und einen wieder Sicherheit gebenden äußeren Rahmen zu schaffen, auch wenn sich später der Verdacht des sexuellen Mißbrauchs als unbegründet herausstellt.[672] Der bloße Verdacht wird daher als Anknüpfungspunkt genommen, um den gravierenden Eingriff des Umgangsausschluß in das Elternrecht zu befürworten und dem Schutz des Kindes stets Vorrang einzuräumen.[673]

Mehrheitlich wird aber in der Rechtsprechung die Auffassung vertreten, daß der Verdacht des sexuellen Mißbrauchs einen Abbruch des Umgangsrechts für den beschuldigten Elternteil in der Regel nicht trägt.[674] Die Tatsache, daß gegen den Vater ein staatsanwaltliches Ermittlungsverfahren wegen des Verdachts des sexuellen Kindesmißbrauchs läuft, dürfe daher als solches weder zum Ausschluß noch zur Einschränkung der Umgangsbefugnis des Beschuldigten führen, da anderenfalls der sorgeberechtigte Elternteil es immer auf einfache Weise in der Hand

---

669 Vgl. AG Kerpen, FamRZ 1998, 254.
670 Vgl. Salzgeber/Scholz/Wittenhagen/Aymans, FamRZ 1992, 1249 ff.
671 Vgl. OLG Bamberg, FamRZ 1994, 719.
672 Vgl. Fegert, Sexuell mißbrauchte Kinder, 1993, S. 137 ff.
673 Vgl. Storsberg, Anmerkung zu OLG Stuttgart vom 29.9.1993, FamRZ 1994, 1543.
674 Vgl. AG Kerpen, FamRZ 1998, 254.

hätte, den anderen Elternteil vom Kontakt mit dem Kind auszuschließen.[675] Die im demokratischen Rechtsstaat allgemein geltende Unschuldsvermutung darf gerade in den vielfach hochemotional geführten Familiensachen als Richtschnur nicht außer acht gelassen werden.[676] In Abwägung des Risikos des sexuellen Mißbrauchs gegenüber dem Folgeschaden eines Kontaktabbruchs für die Entwicklung des Kindes wird daher in Einzelfällen der Wert des regelmäßigen Kontaktes zwischen dem Kind und dem nichtsorgeberechtigten Elternteil höher eingeschätzt.[677] Zu beachten ist in diesem Zusammenhang auch, daß ein Umgangsausschluß immer die Gefahr beinhaltet, daß die Lebensbedingungen des Kindes unumkehrbar nachteilig verändert werden, möglicherweise auf Basis eines Sachverständigengutachtens, das sich nachträglich als falsch erweist.

Ein vollständiger Abbruch der Umgangskontakte zwischen dem Kind und dem beschuldigten Elternteil widerspricht in diesem Zusammenhang dem Grundsatz der Verhältnismäßigkeit.[678] Im Hinblick auf dieses Prinzip darf ein vollständiger Umgangsausschluß nur erfolgen, wenn eine Einschränkung des Umgangs oder eine sachgerechte Gestaltung des Umgangs durch Auflagen nicht genügt.[679] Bei der Gefahr des Kindesmißbrauchs bzw. der Kindesmißhandlung bildet der Ausschluß des Umgangsrechts nicht die einzige Möglichkeit, die seelische und körperliche Integrität des Kindes zu schützen.[680] Um jede denkbare Gefährdung des Kindes auszuschließen und Ängsten der Mutter vorzubeugen, werden daher zunehmend die Besuchskontakte unter der Beteiligung einer dritten Person angeordnet.[681]

In einem Fall des Verdachts des sexuellen Mißbrauchs durch den neuen Ehemann der umgangsberechtigten Mutter reicht es hingegen aus, das Umgangsrecht der Mutter mit der Auflage einzuschränken, die Kinder bei der Ausübung des Umgangs mit dem zweiten Ehemann zusammentreffen zu lassen.[682] In jedem Fall sind die Folgen des Ausschlusses oder der Einschränkung für das Kindeswohl gegenüber den Verdachtsmomenten unter Berücksichtigung der Grundrechtspositionen sehr sorgfältig abzuwägen und an dem Verhältnismäßigkeitsprinzip zu messen.[683]

---

675 Vgl. OLG Frankfurt, FamRZ 1995, 1432, 1433.
676 Vgl. OLG Frankfurt, FamRZ 1995, 1432, 1433.
677 Vgl. OLG Stuttgart, FamRZ 1994, 718; OLG Bamberg, FamRZ 1995, 181, 182.
678 Vgl. AG Kerpen, FamRZ 1998, 254, 255.
679 Vgl. AG Kerpen, FamRZ 1998, 245, 255.
680 A. A. Schwab, ScheidungsR, 1995, Rdn. 252.
681 Vgl. AG Kerpen, FamRZ 1998, 245; OLG Hamburg, FamRZ 1996, 422, 423; OLG Hamm, FamRZ 1993, 1233, 1234.
682 OLG Düsseldorf, FamRZ 1992, 205; vgl. auch OLG Hamm, FamRZ 1996, 562, 563.
683 Vgl. Oelkers, FamRZ 1995, 439, 453; Gernhuber, FamR, § 66, S. 1071.

5. Schwere Erkrankung des Umgangsberechtigten

Bei einer schweren Erkrankung des Umgangsberechtigten können mit der persönlichen Begegnung gesundheitliche Gefahren für das Kind verbunden sein. Das Recht des Kindes auf körperliche Unversehrtheit (Art. 2 Abs. 2 GG) ist in diesem Zusammenhang ebenso zu beachten, wie sein und das Recht der Eltern auf Umgang miteinander. Daher ist bei der Ausgestaltung des Umgangs darauf zu achten, daß die im Einzelfall bestehenden Gefahrenmomente durch eine sachgerechte Einschränkung ausgeschlossen werden.

Die HIV-Infizierung eines umgangsberechtigten Elternteils steht dabei für sich allein gesehen der Ausübung des Umgangsrechts jedoch nicht entgegen.[684] Bei normal sozial üblichen Kontakten zwischen Eltern und Kindern ist eine Ansteckung mit dem HIV-Virus nach dem bisherigen Stand der wissenschaftlichen Erkenntnis nicht möglich und eine Gefährdung des Kindes daher ausgeschlossen.[685] Im Verhältnis zu den sonstigen, stets gegebenen Lebensrisiken ist die Wahrscheinlichkeit einer Ansteckung der Kinder durch den Umgangsberechtigten sehr gering,[686] wenn man davon ausgeht, daß der Umgangsberechtigte bei der Wahrnehmung der persönlichen Besuchskontakte insgesamt ein verantwortungsbewußtes Verhalten zeigt, d.h. wenn er auf die Tatsache Rücksicht nimmt, daß HIV-Viren außer durch Sexualkontakt auch durch Blut übertragen werden können.[687]

Als weitaus gefahrenvoller sind die Situationen einzuschätzen, in denen mit der Krankheit des Umgangsberechtigten nicht nur bedrohliche Verhaltensweisen während der Ausübung des Umgangs verbunden sein können, sondern auch schwere psychische Belastungen des Kindes Folge der Besuche sein können.

Sofern für eine psychische Erkrankung des Umgangsberechtigten begründete Anhaltspunkte vorliegen, kann ein entsprechendes Fachgutachten Aufschluß über die Schwere der Krankheit und die Fähigkeit zur Wahrnehmung des Umgangsrechts geben. Wird in diesem Zusammenhang dem Umgangsberechtigten eine psychopathisch-neurotische Persönlichkeitsstruktur attestiert, aufgrund dessen der umgangsberechtigte Elternteil unfähig erscheint, einfühlsam und konfliktfrei mit Kindern umzugehen, ist zur Vermeidung einer Beeinträchtigung des Kindeswohls ein Ausschluß der Besuchskontakte anzuordnen.[688] Der Grad der Erkrankung und die Intensität der Eltern-Kind-Beziehung ist hier entscheidend für die Erwägung, das Umgangsrecht einzuschränken.

---

684 Vgl. Oelkers, FamRZ 1995, 439, 453; OLG Hamm, NJW 1989, 2336.
685 Vgl. OLG Frankfurt, NJW 1991, 1554; Laufs, NJW 1989, 1521 ff.
686 Vgl. OLG Stuttgart, NJW 1988, 2620, 2621.
687 Siehe OLG Frankfurt, NJW 1991, 1554.
688 Vgl. OLG Karlsruhe, ZblJR 1980, 292, 294.

Bei Suchtkrankheiten liegt die Gefahr für das Kind darin, daß nicht sicher vorhersehbar ist, in welcher Verfassung sich der Umgangsberechtigte befindet, wenn das Kind ihn besucht. Aufgrund der negativen Auswirkungen des Alkoholismus oder einer anderen Drogensucht auf das Verhalten des Umgangsberechtigten können schädliche Folgen für das Kind nicht ausgeschlossen werden, so daß zumeist ein uneingeschränkter Kontakt zwischen Kind und Elternteil nicht zu verantworten ist. Dies gilt um so eher in Fällen, in denen der Umgangsberechtigte keine Einsicht in die Abhängigkeit zeigt, seine Sucht bagatellisiert und zu ihrer Überwindung keine Maßnahmen (Entzug, Therapie) ergreift.[689]

Das Erfordernis einer Beschränkung des Umgangsrechts zum Wohl des Kindes aufgrund der Erkrankung des Umgangsberechtigten muß im Einzelfall durch konkrete Anhaltspunkte begründet werden und die Zumutbarkeit des Umgangs für das Kind je nach Alter und Entwicklungsstand überprüft werden.[690]

C. Die Anordnung des beschützten Umgangs durch das Familiengericht

Der dargestellte Abwägungsvorgang zu den jeweiligen Problemsituationen verdeutlicht, daß es im Einzelfall schwierig ist, die Grundrechtspositionen so zu vereinbaren, daß beiden Rechten unter der Prämisse des vorrangigen Kindeswohls zu ihrer Geltung verholfen werden kann. Zum einen stimmt die Berechtigung und das Bedürfnis des Kindes auf Umgang mit dem Recht des Umgangsberechtigten überein, zum anderen aber sind triftige, das Kindeswohl nachhaltig berührende Gründe zu berücksichtigten und mögliche Gefährdungen für das Kind auszuschließen.

I. Abwägung bei der Anordnung gemäß § 1684 Abs. 4 Satz 3 BGB

Der Umgangsausschluß als „ultima ratio“ ist im Rahmen der Abwägung unter Berücksichtigung des Verhältnismäßigkeitsprinzips nur in seltenen Ausnahmefällen als Beschränkungsmaßnahme anzuordnen. Die anderen möglichen Einschränkungsarten, die eine zeitliche oder räumliche Begrenzung beinhalten oder dem Berechtigten bestimmte Auflagen erteilen, sind möglicherweise in Einzelfällen ausreichend. Im Vergleich zum beschützten Umgang greifen sie - abhängig von der Fallgestaltung - auch verhältnismäßig geringfügiger in das Recht des nichtsorgeberechtigten Elternteils ein. Jedoch zeigt die Darstellung zum Funktions- und Aufgabenbereich des Dritten,[691] daß die mit der Anwesenheit einer mitwirkungsbereiten dritten Person verbundene Funktion in den unterschiedlichen Konfliktsituationen die Aufrechterhaltung der Eltern-Kind-Beziehung gewährlei-

---

[689] Vgl. Staudinger, BGB, 12. Aufl., 1993, § 1634, Rdn. 282.
[690] Vgl. Schwab, ScheidungsR, 1995, Rdn. 254.
[691] Siehe oben Teil IV, 1. Kapitel, A. I, S. 129 ff.

sten und gleichzeitig die im Einzelfall vorliegenden Probleme weitgehend ausschließen kann.

In den Problemsituationen, die im wesentlichen durch streitige Auseinandersetzungen der Eltern bedingt sind, kann die Gegenwart einer dritten Person einen spannungsfreien Ablauf der Besuche ermöglichen und verhindern, daß das Kind unmittelbar an den Konflikten der Eltern beteiligt wird.[692] Besonders in Entfremdungsfällen kann mit Hilfe einer, dem Kind vertrauten, dritten Person eine behutsame Annährung der Besuche stattfinden.[693] Bei Vorliegen besonderer Gefahrenlagen kann die Gegenwart einer dritten Person die nötige Voraussetzung darstellen, um den Schutz des Kindes im Einzelfall zu garantieren.[694] Die Anordnung des beschützten Umgangs gemäß § 1684 Abs. 4 S. 3 und 4 BGB bietet daher einen Lösungsweg an, der sowohl das Kontakt- als auch das Hilfe- und Schutzbedürfnis des Kindes unter besonders problematischen Umständen berücksichtigt.

Gleichzeitig aber findet auch die verfassungsrechtliche Position des umgangsberechtigten Elternteils Berücksichtigung. Der Umgangsberechtigte kann bei den Besuchsterminen weitgehend ungestört die persönliche Beziehung zu seinem Kind pflegen und sich damit vom Wohlergehen und der Entwicklung des Kindes durch Augenschein und gegenseitige Aussprache überzeugen. Die Tatsache, daß eine dritte Person bei den Besuchskontakten anwesend ist, vereitelt daher nicht den Zweck, den das Umgangsrecht verfolgt.[695] Vielmehr ermöglicht dieser Umstand in Konfliktfällen erst die Umgangsausübung. Das mit der Anwesenheit eines Dritten verbundene Empfinden des Umgangsberechtigten, ungerechtfertigt beaufsichtigt oder kontrolliert zu werden, hängt im wesentlichen von der Kompetenz und dem Einfühlungsvermögen des Dritten zusammen. Ein umgangsberechtigter Elternteil, der in erster Linie an dem Wohl des Kindes und der Pflege seiner Beziehung zum Kind interessiert ist, wird daher die Notwendigkeit der Einschränkung seiner Umgangsbefugnis erkennen können. Entscheidend ist, daß im Rahmen der Grundrechtsabwägung dem Schutz des Kindes besondere Bedeutung beigemessen wird und daher unter den Voraussetzungen des § 1684 Abs. 4 S. 1 bzw. S. 2 BGB das Recht des umgangsberechtigten Elternteils zurückzustehen hat, um das Wohl des Kindes zu gewährleisten.

---

692 Vgl. OLG Zweibrücken, FamRZ 1997, 633, 634; OLG Hamm, FamRZ 1995, 314; KG, FamRZ 1989, 656, 660; OLG Stuttgart, NJW 1981, 404, 405; vgl. auch Bosch, Anmerkung zu BGH vom 11.7.1984, FamRZ 1985, 169, 172.

693 Vgl. OLG Düsseldorf, FamRZ 1994, 1276; OLG Stuttgart, NJW 1981, 405; KG, FamRZ 1989, 656; OLG Celle, FamRZ 1990, 1026; OLG Hamm, FamRZ 1996, 424; OLG Hamm, FamRZ 1994, 58.

694 Vgl. AG Kerpen, FamRZ 1998, 254, 255; OLG Hamm, FamRZ 1993, 1233; AG Düsseldorf, FamRZ 1995, 498, 500; OLG Hamm, FamRZ 1994, 57, 59; OLG Hamm, NJW 1989, 2336; OLG Hamburg, FamRZ 1996, 422, 423; OLG München, FamRZ 1998, 976; vgl. auch OLG Hamm, FuR 1998, 410.

695 Vgl. oben Teil I, 1. Kapitel, B. III., S. 35.

Die Anordnung des beschützten Umgangs gemäß § 1684 Abs. 4 S. 3 BGB i.V.m. § 1684 Abs. 4 S. 1 bzw. S. 2 BGB berücksichtigt bei einer kindeswohlorientierten Gestaltung der Besuche sowohl das Persönlichkeitsrecht des Kindes gemäß Art. 2 Abs. 1 GG i.V.m. Art. 1 Abs. 1 GG als auch das grundrechtlich geschützte Recht des Elternteils auf Umgang gemäß Art. 6 Abs. 2 GG, so daß beiden Grundrechtspositionen zur Wirksamkeit verholfen werden kann und das gesetzgeberische Ziel, die Eltern-Kind-Beziehung nach der Trennung der Eltern zu erhalten bzw. wiederherzustellen, erfüllt wird. Dennoch kann der beschützte Umgang nicht schematisch jeder einzelnen Problemsituation zugeordnet werden. Es bleibt Aufgabe des Familienrichters, im Rahmen des Abwägungsprozesses die Problemsituation und die sich im konkreten Fall aus dem Umgang ergebenen Vor- und Nachteile für die umgangseinschränkende Anordnung selbst und die Dauer einer solchen Anordnung auf Grundlage des § 1684 Abs. 4 S. 3 BGB i.V.m. § 1684 Abs. 4 S. 1 bzw. S. 2 BGB zu erfassen.

II. Berücksichtigung der elementaren Rahmenbedingungen für die Umsetzung einer beschützten Umgangsregelung

Bei der Anordnung des beschützten Umgangs gemäß § 1684 Abs. 4 S. 3 BGB hat der Familienrichter die Einhaltung der elementaren Rahmenbedingungen für die Umsetzung einer solchen Entscheidung zu berücksichtigen.

Der Familienrichter ist daher verpflichtet, zu prüfen, ob im Hinblick auf die konkrete Konfliktsituation die für den beschützten Umgang festgelegten Modalitäten in adäquater Weise die Voraussetzungen bieten, um den Schutz und die Unterstützung des Kindes im Einzelfall zu gewährleisten. Bei der Ausgestaltung des beschützten Umgangsrahmen ist zudem sicherzustellen, daß der Zweck des Umgangsrechts durch die einschränkende Maßnahme nicht über Gebühr beeinträchtigt wird. Die Bedingungen für die Umsetzung einer beschützten Umgangsregelung sind daher so zu gestalten, daß eine individuelle Gestaltung der Eltern-Kind-Beziehung unter vorteilhaften Umständen ermöglicht wird.

Aufgrund der fehlenden Befugnis des Familienrichters, einen Dritten zur Mitwirkung zu bestimmen, ist er entweder auf die Vorschläge der Eltern oder auf die Zusammenarbeit mit öffentlichen oder privaten Institutionen angewiesen. Das hat jedoch nicht zur Folge, daß die Anforderungen, die an eine dritte mitwirkungsbereite Person zu stellen sind, unberücksichtigt gelassen werden können. Der Dritte muß sich zur kontinuierlichen Anwesenheit und erforderlichen Mitwirkung zu den vereinbarten bzw. festgelegten Umgangsterminen bereit erklären und entsprechend der jeweiligen Situation in der Lage sein, die erforderliche Hilfe und Unterstützung bzw. einen adäquaten Schutz zu leisten.

Eine gerichtliche Anordnung gemäß § 1684 Abs. 4 S. 3 BGB muß folglich berücksichtigen, ob der beschützte Umgangsrahmen entsprechend den Umständen des Einzelfalls in seiner konkreten Ausgestaltung verhältnismäßig geringfügig in die Rechte der Betroffenen eingreift.

III. Die Entscheidung des Familiengerichts

Eine beschützte Umgangsregelung kann auf Grundlage von gerichtlichen und außergerichtlichen Vereinbarungen zustande kommen. Folglich können sich die Eltern unter Einbeziehung der Selbstbestimmung des Kindes auf einen beschützten Rahmen einigen, innerhalb dessen der Umgangskontakt stattfinden soll und sich situationsbezogen auf die Konkretisierung im einzelnen verständigen.

Die neuen prozessualen und sozialrechtlichen Bestimmung, die den auf Beratung angelegten Ansatz gegenüber dem juristischen Interventionsansatz stärker betonen, zielen gerade darauf ab, ein elterliches Einvernehmen zu erreichen, um die Trennungs- und Scheidungsfolgen für die betroffenen Kinder zu mildern.[696] Die für eine Vollstreckbarkeit der Vereinbarung notwendige Mitwirkung des Familiengerichts kann darauf beschränkt werden, daß sich der Richter den Elternvorschlag zu eigen macht und die Übernahme des Vorschlags als gerichtliche Entscheidung den Eltern unmißverständlich zu erkennen gibt.[697]

Des weiteren kann der Familienrichter die Anwesenheit eines mitwirkungsbereiten Dritten gemäß § 1684 Abs. 4 S. 3 BGB i.V.m. § 1684 Abs. 4 S. 1 bzw. 2 BGB in einem Umgangsbeschluß anordnen, in dem die wesentlichen Modalitäten der beschützten Umgangsregelung festgelegt sind. Aber auch wenn der beschützte Umgang durch einen formellen Gerichtsbeschluß geregelt wird, ist die Konsensbildung der Eltern als Basis für einen erfolgreichen Verlauf der Besuchskontakte erforderlich.[698]

Kommt daher die Anordnung des beschützten Umgangs gemäß § 1684 Abs. 4 S. 3 BGB zur Regelung der Besuche in einem Umgangsrechtsverfahren in Betracht, hat der Familienrichter im Rahmen seiner Hinweis- und Hinwirkungspflicht gemäß § 52 FGG oder während eines gerichtlichen Vermittlungsverfahrens gemäß § 52 a FGG auf ein Einvernehmen der Beteiligten in Zusammenarbeit mit der Jugendbehörde und/oder anderer mitwirkungsbereiter Institutionen hinzuwirken.

---

[696] Siehe oben Teil I, 2. Kapitel, B. I., II., S. 52 ff.; vgl. auch Weber, JugH 1998, 166, 169.
[697] Vgl. OLG Koblenz, FamRZ 1996, 560, 561.
[698] Siehe oben Teil III, 3. Kapitel, B. VI., S. 122 ff.

3. Kapitel: Verfahrensrechtliche Anforderungen an das Familiengericht bei der Anordnung des beschützten Umgangs

A. Allgemeine Pflichten des Familiengerichts im Rahmen eines Umgangsrechtsverfahrens

Für das Umgangsrechtsverfahren gelten gemäß § 621 a Abs. 1 ZPO die Vorschriften des Gesetzes über die Angelegenheiten der freiwilligen Gerichtsbarkeit. Das neue Recht behält die schon bisher bestehende Zuweisung der Verfahren zu den jeweiligen Verfahrensordnungen der ZPO und des FGG bei, so daß es bei dem inzwischen in der familiengerichtlichen Praxis eingespielten Nebeneinander von zivilprozessualen Verfahren und Verfahren der freiwilligen Gerichtsbarkeit bleibt.[699]

In dem Familiengerichtsprozeß ist der Grundrechtsschutz der Beteiligten auch durch die Gestaltung des Verfahrens sicherzustellen, das der Durchsetzung der materiellen Grundrechtspositionen wirkungsvoll zu dienen hat.[700] Die Gerichte müssen ihr Verfahren deshalb so gestalten, daß sie möglichst zuverlässig die Grundlage einer am Kindeswohl orientierten Entscheidung erkennen können.[701]

I. Aufklärungspflicht des Familiengerichts gemäß § 12 FGG

Nach § 12 FGG hat das Gericht von Amts wegen die entscheidungserheblichen Tatsachen zu ermitteln und die ihm geeignet erscheinenden Beweise zu erheben. Dieser Amtsermittlungsgrundsatz bedeutet, daß das Familiengericht nicht an Beweisanträge bzw. Beweisanregungen der Beteiligten bei der Tatsachenermittlung gebunden ist.[702] Vielmehr ist ihm ein weiter Ermessenspielraum eingeräumt,[703] um die familiäre Situation umfassend aufzuklären und alle Möglichkeiten einer für das Kind geeigneten Umgangsregelung zu prüfen.[704] Damit besteht für das Gericht eine Bindung weder an die in der ZPO zugelassenen Beweismittel noch an die für eine Beweisaufnahme dort vorgeschriebenen Förmlichkeiten.[705] Zur Aufklärung des Sachverhaltes kommen gemäß § 15 FGG i.V.m. §§ 373-414 ZPO unter anderem die Vernehmung von Zeugen sowie die Einholung eines familienpsychologischen Sachverständigengutachtens in Betracht.

---

699 Vgl. Greßmann, Neues KindschaftsR, 1998, Rdn. 444.
700 Vgl. BVerfGE 55, 171, 182; BVerfGE 84, 34, 49.
701 Vgl. BVerfGE 55, 171, 182; BVerfG, FamRZ 1993, 662, 663.
702 Vgl. BGH, FamRZ 1984, 1084, 1085; BayObLG, FamRZ 1990, 1281, 1283.
703 Vgl. BVerfG, FamRZ 1993, 662, 663.
704 Vgl. BGH, FamRZ 1994, 158, 160; OLG Hamburg, FamRZ 1991, 471.
705 Vgl. OLG Hamburg, FamRZ 1991, 471.

Grundsätzlich wird der Umfang der gerichtlichen Ermittlung im Falle der Regelung des Umgangsrechts wesentlich dadurch bestimmt, ob ein übereinstimmender Vorschlag der Eltern vorliegt, den sich das Gericht durch Übernahme des Vereinbarungsinhaltes als gerichtliche Umgangsregelung zu eigen machen kann.[706] Soweit jedoch das Vorbringen der Beteiligten oder der Sachverhalt dazu Anlaß bieten, muß das Familiengericht die entscheidungserheblichen Umstände aufklären. Die Ermittlungen dürfen daher erst abgeschlossen werden, wenn von einer weiteren Beweisaufnahme ein sachdienliches, die Entscheidung beeinflussendes Ergebnis nicht mehr erwartet werden kann.[707]

1. Ermittlung der Entscheidungskriterien durch familienpsychologische Gutachten

Anlaß zur Einholung eines familienpsychologischen Gutachtens besteht bei der Erörterung der Umgangsregelung, wenn von einer Partei behauptet wird, daß Besuche beim abwesenden Elternteil dem Kind schaden würden oder wenn die Parteien im Hinblick auf das Kind in entscheidenden Punkten gegensätzliche Behauptungen vortragen. Bei den dargestellten Problemsituationen ist der Einsatz von Sachverständigen insbesondere bei der Ermittlung des kindlichen Willens und der Aufklärung des sexuellen Mißbrauchsverdachts erforderlich. Das Familiengericht ist befugt, ohne Anregung seitens der Parteien das Votum eines Gutachters von Amts wegen zu veranlassen, um eine hinreichende Entscheidungsgrundlage zur Einschätzung der Familiensituation zu erhalten.[708]

Bei Begutachtungen zu Fragen der Umgangsregelung wird in der professionellen Gerichtspsychologie in erster Linie ein vierphasiges Verfahren angewandt.[709] Neben Explorationsgesprächen stehen dem Gutachter bei Kindern indirekte explorative Verfahren zur Verfügung, in denen die Fragen einen anderen „Aufhänger“ als beim Explorationsgespräch haben und das Kind verschiedene Äußerungsmedien in Anspruch nimmt.[710] Alle explorativen Verfahren sind gleichzeitig mit einer Verhaltensbeobachtung des Kindes verbunden, die eine zusätzliche Möglichkeit zur zuverlässigen Auswertung der Äußerungen des Kindes bietet. Des weiteren können projektive oder gelenkt-projektive Verfahren, in denen bewußtseinsfernere und tiefer verankerte Gegebenheiten besser zum Ausdruck kommen als bei der unmittelbaren Befragung, Aufschluß über die individuelle Familiensituation bieten.[711]

---

706 Vgl. Finke, Anwaltliche Praxis, 1995, § 4, Rdn. 24; Schwab, ScheidungsR, 1995, Rdn. 221.
707 Vgl. Bumiller/Winkler, FGG, 1992, § 12, Anm. 6.
708 Vgl. Oelkers, FamRZ 1995, 449, 451.
709 Vgl. im Überblick: Arntzen, Elterliche Sorge und Umgang, 1994, S. 69 ff.
710 Siehe Arntzen, Elterliche Sorge und Umgang, 1994, S. 72, 73.
711 Vgl. Arntzen, Elterliche Sorge und Umgang, 1994, S. 75, 76.

Das Gericht darf dabei die Feststellungen des Sachverständigen nicht ungeprüft übernehmen, sondern muß erkennen lassen, daß es sich mit den für die Umgangsrechtsentscheidung maßgeblichen Kriterien selbst auseinandergesetzt hat.[712] Weicht das Gericht hingegen von dem Sachverständigengutachten ab oder verzichtet es auf Einholung eines Gutachtens, hat es die Pflicht, die eigene Sachkunde sorgfältig zu begründen.[713]

2. Die Besonderheiten bei der Aufklärung des Verdachts des sexuellen Mißbrauchs

Wird im Rahmen eines Scheidungsverfahrens der Vorwurf des sexuellen Mißbrauchs an dem Kind durch einen Elternteil erhoben, so wird sich das Vorgehen des Familienrichters bei strittigen Sorge- und Umgangsrechtsregelungen entsprechend an diesem Vorfall ausrichten. Er hat einerseits den mehr oder weniger expliziten Vorwurf aufzuklären, anderseits bis zur Klärung des Vorwurfs bereits Entscheidungen zu treffen, um einen möglichen Schaden am Kind zu verhindern.[714] Wegen der hier bei jeder Entscheidung möglichen intensiven Beeinträchtigung von Grundrechten der Betroffenen sind an die für die Sachaufklärung zu treffenden tatsächlichen Feststellungen und Bewertungen sowie das anzuwendende Verfahren hohe Anforderungen zu stellen.[715]

Die Situation zum Vorwurf des sexuellen Mißbrauchs stellt sich für den Familienrichter besonders schwierig dar, weil die Beweislage in der Regel dürftig ist, selbst wenn neben den Äußerungen der Eltern noch weitere Verdachtsmomente wie körperliche Male oder Auffälligkeiten im Sozialkontakt vorliegen.[716] Die Zunahme der Thematisierung des Verdachts des sexuellen Mißbrauchs in familiengerichtlichen Verfahren ist auch Folge einer zur Gewißheit gewordenen irrtümlichen Annahme über eine direkte Beziehung zwischen jeder Art von sexuellem Mißbrauch und einem breiten Spektrum an kindlichen Verhaltensauffälligkeiten.[717] Eine erhebliche Fehlerquelle bei der Aufklärung eines Verdachts von sexuellem Mißbrauch von Kindern im familiengerichtlichen Verfahren besteht darin, daß die für sie typischen vielfältigen Verhaltensauffälligkeiten infolge der Trennung ihrer Eltern als spezifische Indikatoren und Belege für einen erfolgten sexuellen Mißbrauch gewertet werden.[718]

---

712 Vgl. Finke, Anwaltliche Praxis, 1995, § 4, Rdn. 23.
713 Vgl. BayObLG, FamRZ 1980, 482, 483.
714 Vgl. Salzgeber/Scholz/Wittenhagen/Aymans, FamRZ 1992, 1249.
715 Vgl. Carl, FamRZ 1995, 1183, 1184.
716 Salzgeber/Scholz/Wittenhagen/Aymans, FamRZ 1992, 1249, 1250.
717 Vgl. Rösner/Schade, FamRZ 1993, 1133, 1135.
718 Vgl. Rösner/Schade, FamRZ 1993, 1133, 1136.

Die Anforderungen an die Kompetenz eines Sachverständigen zur Aufklärung des sexuellen Mißbrauchsverdacht sind daher sehr hoch, zumal seine Untersuchungen in vielen Fällen das letzte Glied in einer langen Kette von Befragungen, Explorationen oder gar Aufdeckungs- und Therapieverfahren bilden, die häufig eine zuverlässige Diagnostik erschweren.[719] Ebenso, wie es kein Syndrom des sexuellen Mißbrauchs gibt, kann es auch kein standardisiertes psychodiagnostisches Verfahren zur Diagnose des sexuellen Mißbrauchs geben. Vielmehr sind hier mehrere psychodiagnostische Methoden fallspezifisch zu kombinieren, um die Wahrscheinlichkeit eines sexuellen Mißbrauchsvorfalls prüfen zu können und im Einzelfall die geeignete und angemessene Verfahrensweise zu bestimmen.[720]

II. Gerichtliche Anhörungspflichten

Aus Art. 103 Abs. 1 GG ergibt sich in allen Verfahren der freiwilligen Gerichtsbarkeit für jeden Beteiligten grundsätzlich ein Anspruch auf rechtliches Gehör, der in den §§ 49 a ff. FGG einfachgesetzlich geregelt ist. Diese Anhörungsverpflichtung des Familiengerichts steht in engem Zusammenhang mit der Pflicht zur Amtsermittlung gemäß § 12 FGG, da das Gericht nur dann einen Sachverhalt ausreichend aufklären kann, wenn es den Beteiligten rechtliches Gehör gewährt hat.[721] Da die gerichtliche Entscheidung über das Umgangsrecht eine Angelegenheit der Personensorge im Sinne der §§ 50 a ff. FGG darstellt, sind in diesem Verfahren die Eltern und das betroffene Kind anzuhören.[722]

1. Die Anhörung der Eltern gemäß § 50 a FGG i.V.m. § 52 FGG

In Bezug auf die Eltern ergibt sich die Anhörungsverpflichtung im Rahmen eines Umgangsrechtsverfahrens aus § 50 a FGG i.V.m. § 52 Abs. 1 S. 2 FGG, wobei letztere Vorschrift die Anhörung auf den frühestmöglichen Zeitpunkt bestimmt.[723] Das Gericht muß die Eltern persönlich, das heißt mündlich,[724] anhören. Die persönliche Anhörung soll den Eltern nicht nur das rechtliche Gehör gewähren und der Sachverhaltsaufklärung dienen, sondern dem Gericht einen unmittelbaren Eindruck verschaffen.[725] Die Anhörung umfaßt auch das Recht zur Stellungnahme zu dem vom Gericht ermittelten Tatsachenstoff sowie zum Vorbringen anderer Beteiligter und von Tatsachen, Beweismitteln und Rechtsansichten,[726] so daß den Eltern ausreichend Gelegenheit gegeben werden muß, sich zu äußern.[727]

---

[719] Vgl. Rösner/Schade, FamRZ 1993, 1133, 1137.
[720] Vgl. Kühne/Kluck, FamRZ 1995, 981, 985.
[721] Vgl. BVerfG, FamRZ 1987, 786, 789; BGH, FamRZ 1985, 169, 172.
[722] Vgl. BVerfGE 64, 180, 181, 182.
[723] Vgl. Bumiller/Winkler, FGG, 1992, § 50 a, Anm. 1.
[724] Vgl. BayObLG, FamRZ 1994, 913.
[725] Vgl. Finke, Anwaltliche Praxis, 1995, § 4, Rdn. 21.
[726] Vgl. Bumiller/Winkler, FGG, 1992, § 12, Anm. 11.
[727] Vgl. BGH, FamRZ 1986, 895, 896.

Während sich die Anhörungsverpflichtung des Gerichts gemäß § 52 Abs. 1 S. 2 FGG allgemein im Rahmen eines das Kind betreffende Verfahren ergibt, beruht die Neuregelung in Absatz 1 Satz 2 des § 613 ZPO auf den Änderungen der Bestimmungen des § 1671 BGB und der §§ 623, 630 ZPO durch das Kindschaftsrechtsreformgesetz. Der Gesetzgeber bezweckt mit der Anhörung gemäß § 613 Abs. 1 S. 2 ZPO die Aufklärung der Eltern über die rechtlichen Folgen ihrer Entscheidung, insbesondere wenn sie von der gerichtlichen Regelung des Umgangs absehen wollen.[728] Sie dient daher dem Ziel, den Eltern die Möglichkeit zu eröffnen, noch anstehende Fragen, die sich aus den Folgen der Scheidung für ihre Kinder ergeben, zu klären.

2. Die Anhörung des Kindes gemäß § 50 b FGG

Angesichts der Stärkung und der Hervorhebung der Position des Kindes durch die Reform haben die Familiengerichte das Kind an der Ausgestaltung der Umgangsregelung angemessen zu beteiligen, wobei das Ausmaß der kindlichen Mitwirkung grundsätzlich von dessen Alter und Reife abhängt.[729]

Das Kind ist im Rahmen des Umgangsrechtsverfahrens nach § 50 b FGG anzuhören, wobei das Familiengericht bei Kindern ab dem vierzehnten Lebenjahr stets verpflichtet ist, eine Anhörung durchzuführen, um dem Kind die Gelegenheit zu geben, sich zur Umgangsberechtigung zu äußern.[730] Die gerichtliche Anhörungspraxis von Kindern und Jugendlichen zeigt, daß aber die Gerichte mehr und mehr dazu neigen, einen Minderjährigen unabhängig von einer bestimmten Altersgrenze anzuhören.[731] Soweit die Neigungen, Bindungen oder der Wille des Kindes für die Entscheidung von Bedeutung ist oder wenn es zur Festlegung des Sachverhaltes angezeigt ist, besteht die Pflicht zur persönlichen Anhörung der Kinder ohne die Festlegung einer Altersgrenze nach unten,[732] da durch die Anhörung wichtige Erkenntnisse gewonnen werden können.[733] Wenn nicht schwerwiegende Gründe entgegenstehen, sind auch Kleinkinder vom Familienrichter anzuhören, wenngleich dem Kindeswillen in diesem Alter regelmäßig noch keine streitentscheidende Bedeutung zukommt.[734]

Verzichtet das Gericht aber aufgrund des geringen Alters des Kindes auf eine Anhörung, muß es in Erfüllung seiner Aufklärungspflicht gemäß § 12 FGG in al-

[728] Vgl. Greßmann, Neues KindschaftsR, 1998, Rdn. 462.
[729] Vgl. FamRefK/Rogner, 1998, § 1684, Rdn. 11.
[730] Vgl. Bumiller/Winkler, FGG, 1992, § 50 b, Anm. 1; vgl. auch Baer, ZblJR 1977, 516, 527.
[731] Vgl. Balloff, RdJBl 1996, 441, 444.
[732] Vgl. Finke, Anwaltliche Praxis, 1995, § 4, Rdn. 21; BGH, FamRZ 1984, 1084, 1086.
[733] Vgl. BGH, FamRZ 1990, 392, 393.
[734] Vgl. BGH, FamRZ 1984, 1084; BayObLG, FamRZ 1984, 312; OLG Hamburg, FamRZ 1983, 527, 528 u. 1271, 1273.

ler Regel auf andere Weise versuchen, eine neutrale Beurteilungsgrundlage zu gewinnen, z.B. durch eine kinderpsychologische Begutachtung oder durch die Vernehmung sachkundiger, mit den Verhältnissen vertrauten Personen.[735] Da das Kind eine eigene durch Art. 1 Abs. 1 GG geschützte Intimsphäre hat, kann es grundsätzlich nur mit Zustimmung der Eltern in kinderpsychologische Testuntersuchungen einbezogen werden.[736]

Der Begriff der Anhörung ist bei der Kindesanhörung von der Anhörung der Eltern durch die persönliche Befragung nach § 50 a FGG zu unterscheiden. Die Kindesanhörung ist als Auftrag des Richters zu verstehen, sich durch einen Dialog, ein Gespräch oder eine Diskussion mit dem Kind durch eigene Anschauung, Beobachtung, oder durch Interaktionsbeobachtungen des Kindes mit seinen Eltern oder Pflegepersonen ein eigenes Bild zu machen.[737] Deshalb kann auch die Beobachtung eines Kleinkindes bzw. Säuglings im Umgang mit den Eltern in der vertrauten Umgebung für das Gericht aufschlußreich sein, die im Rahmen der familiengerichtlichen Ermittlungstätigkeit zur Aufklärung des Sachverhaltes stattfindet und unverfälschte Eindrücke vor Ort ermöglicht.[738]

Unabhängig davon, ob Gegenstand des gerichtlichen Umgangsverfahrens das eigene Umgangsrecht des Kindes ist oder das der Eltern bzw. dritter Personen, besteht diese Anhörungsverpflichtung im Rahmen eines Umgangsrechtsverfahrens gegenüber dem Kind. Für den Fall der einverständlichen Scheidung nach § 630 Abs. 1 Nr. 2 1. Alt. ZPO, bei der Eltern auf Anträge zur Regelung des Umgangs verzichten oder das Umgangsrecht nicht zum Gegenstand einer Folgesache im Scheidungsverfahren nach § 623 Abs. 2 Nr. 2 ZPO machen, besteht jedoch grundsätzlich keine Verpflichtung, das betreffende Kind anzuhören. Sofern sich jedoch gemäß § 613 ZPO im Rahmen der Anhörung der Eltern auch bezüglich des Umgangs Anhaltspunkte ergeben, die eine Beeinträchtigung des Kindeswohls befürchten lassen, kann das Gericht nach dem sich aus § 12 FGG ergebenen Grundsatz, im pflichtgemäßen Ermessen zu prüfen, ob und in welchem Umfang es sich zur Aufklärung des Sachverhaltes der Anhörung Beteiligter bedienen will, das Kind in diesen Fällen anhören.[739]

Das FGG enthält keine allgemeine Vorschrift darüber, in welcher Form das Ergebnis einer Kindesanhörung festzuhalten ist. Da die zwingenden Vorschriften der Zivilprozeßordnung über die Protokollaufnahme gemäß §§ 159 ff. ZPO nicht

---

[735] Vgl. BGH, FamRZ 1984, 1084, 1086.

[736] Vgl. AG Düsseldorf, FamRZ 1995, 498, 499; OLG Stuttgart, NJW 1980, 1229, 1230.

[737] Vgl. Balloff, ZfJ 1996, 441, 444; vgl. auch zur Anhörung des Kindes in der Praxis, Fricke, ZfJ 1998, 53 ff.

[738] Vgl. Oelkers, FamRZ 1995, 449, 451.

[739] Zur Verfahrensbeteiligung von Kinder: vgl. Finke, Anwaltliche Praxis, 1995, § 4, Rdn. 15, 16; Bumiller/Winkler, FGG, 1992, § 12, Anm. 9.

gelten,[740] kann die Anhörung sowohl im Protokoll als auch in einem Aktenvermerk geschehen. Entscheidend ist, daß dem Rechtsmittelgericht eine Überprüfung ermöglicht wird, sowohl was die vom Familiengericht vorgenommene Würdigung betrifft als auch hinsichtlich der Frage, ob alle entscheidungserheblichen Tatsachen angesprochen worden sind.[741]

3. Die Anhörung des Jugendamtes gemäß § 49 a Abs. 1 Nr. 4 FGG i.V.m. § 50 KJHG

Gemäß § 49 a Abs. 1 Nr. 4 FGG hört das Familiengericht das Jugendamt vor einer Entscheidung über den Umgang mit dem Kind nach §§ 1632 Abs. 2, 1684, 1685 BGB an.

Der Anhörungspflicht des Gerichts gemäß § 49 a Abs. 1 Nr. 4 FGG entspricht die Mitwirkungsverpflichtung des Jugendamtes gemäß § 50 Abs. 1 S. 2 KJHG.[742] Gericht und Jugendamt sind aufgrund der miteinander verzahnten Regelungen zur Zusammenarbeit verpflichtet. Zweck der Anhörungspflicht des Gerichts einerseits und der Mitwirkungspflicht des Jugendamtes andererseits ist es, dem Gericht eine sachgerechte Entscheidung über den Umgang zu ermöglichen.[743]

Die damit in § 50 KJHG geregelte Mitwirkung am familiengerichtlichen Verfahren ist eine der drei Funktionen der Jugendhilfe neben der familienbegleitenden, präventiven Beratung und der Reorganisationshilfe im Falle der Elterntrennung.[744] Die Mitwirkungspflicht des Jugendamtes entspricht dabei einer Art sozialpädagogischer Amtshilfe, die in eigener Fachkompetenz des Jugendamtes und in bezug auf das Gericht weisungsungebunden erfolgt.[745] Allerdings ist das Jugendamt nicht frei, den Umfang seiner Mitwirkung im familiengerichtlichen Verfahren festzulegen, sondern ist wegen des Grundsatzes der Gesetzmäßigkeit der Verwaltung an den gesetzlichen Auftrag gebunden.[746]

Anhörung durch das Familiengericht bedeutet, daß das Jugendamt sich in einem Bericht gutachterlich zu der Familiensituation äußert.[747] Mit der Vorlage dieses Berichtes hat das Jugendamt das Gericht im Rahmen der Anhörung mit den erforderlichen Tatsachen zu versehen und es fachkundig zu unterstützen.[748] Die Pflicht zur Ermittlung des entscheidungserheblichen Sachverhaltes obliegt jedoch in er-

---

[740] Vgl. BayObLG, FamRZ 1994, 913, 914.
[741] Vgl. BayObLG, FamRZ 1994, 913, 914.
[742] Vgl. Balloff, ZfJ 1995, 160, 162.
[743] Vgl. OLG Schleswig, FamRZ 1994, 1129.
[744] Vgl. Coester, FamRZ 1992, 617, 619.
[745] Vgl. Balloff, ZfJ 1995, 160, 162.
[746] Vgl. Kunkel, FamRZ 1993, 505, 506.
[747] Vgl. Kunkel, FamRZ 1993, 505, 506.
[748] Vgl. Oelkers, FamRZ 1995, 449, 451.

ster Linie dem Gericht, das seine Aufklärungsverpflichtung nicht auf das Jugendamt delegieren kann.[749]

Trotz der Unabhängigkeit des Jugendamtes vom Gericht muß dieses darauf hinwirken, daß das Jugendamt überhaupt tätig wird und die Äußerungen vollständig und ordnungsgemäß erfolgen.[750] Die Stellungnahme des Jugendamts bezieht sich auf die Verteilung der Sorgeberechtigung und der Regelung des Umgangs und unterstützt das Gericht bei der Sachverhaltsermittlung, um zu einer Entscheidung zu gelangen. Der Bericht des Jugendamtes muß dabei nicht zwingend einen Entscheidungsvorschlag enthalten.[751] Es ist jedoch immer zu einer Stellungnahme verpflichtet, auch für den Fall, daß die Eltern sich auf einen gemeinsamen Vorschlag geeinigt haben.[752]

Auch wenn im Vergleich zur verfahrensrechtlichen Stellung eines Gutachters Unterschiede bestehen[753], befindet sich - sachlich gesehen - die gutachterliche Stellungnahme des Jugendamtes in der Nähe der Begutachtung durch einen Sachverständigen.[754] Zur Erfüllung des Mitwirkungsauftrages ist der Mitarbeiter des Jugendamtes verpflichtet, sich die erforderlichen Informationen zu beschaffen[755] und gleichwertig neben der Tatsachenermittlung daraus Folgerung zu ziehen.[756] Daraus ergibt sich, daß das Jugendamt notwendigerweise eine Wertung treffen muß, denn anders läßt sich die Prognoseentscheidung über die Entwicklung des Kindes nicht treffen.[757] Insofern kann die Mitwirkung des Jugendamtes als „sachverständige Amtshilfe" bezeichnet werden, deren Inanspruchnahme dem Gericht nicht freisteht, sondern gesetzlich vorgeschrieben ist.[758] Das Wächteramt des Staates nach Art. 6 Abs. 2 S. 2 GG verlangt daher vom Jugendamt, dem Wohl des Kindes auch dadurch zu dienen, daß es im Verfahren vor dem Familiengericht in der dargestellten Weise mitwirkt.[759]

Das Verfahren der Mitwirkung richtet sich nicht nach den für das Gericht geltenden Verfahrensregeln in FGG und ZPO, sondern nach den für das Jugendamt geltenden Verfahrensbestimmungen.[760] Das Familiengericht kann daher auch nicht bestimmen, daß ein Mitarbeiter zu einem festgesetzten Termin vor Gericht

---

749 Vgl. OLG Frankfurt, FamRZ 1992, 206, 207.
750 Vgl. Oberloskamp, FamRZ 1992, 1241, 1248.
751 Vgl. OLG Schleswig, FamRZ 1994, 1129, 1130.
752 Vgl. Kunkel, FamRZ 1993, 505, 506.
753 Siehe Oberloskamp, FamRZ 1992, 1241, 1247.
754 Vgl. §§ 402-414 ZPO.
755 Vgl. Knappert, ZfJ 1991, 398, 402.
756 Vgl. Oberloskamp, FamRZ 1992, 1241, 1247.
757 Vgl. Kunkel, FamRZ 1993, 505, 506.
758 Vgl. Oberloskamp, FamRZ 1992, 1241, 1247.
759 Vgl. OLG Schleswig, FamRZ 1994, 1129.
760 Siehe §§ 3-7 SGB X; vgl. dazu Kunkel, FamRZ 1993, 505, 506.

erscheint.[761] Vielmehr kann der Mitarbeiter selbst bzw. sein Behördenleiter entscheiden, ob er an der mündlichen Verhandlung teilnimmt. Will das Gericht daher einen bestimmten Sachbearbeiter hören, muß es ihn als Zeugen vernehmen[762] und ihn ausdrücklich darauf hinweisen, daß es sich nicht mehr um die Anhörung i.S.d. § 49 a FGG handelt.[763]

B. Besonderheiten bei der Anordnung des beschützten Umgangs nach § 1684 Abs. 4 Satz 3 und 4 BGB

I. Die verfahrensrechtliche Beteiligung des Dritten

In welchen Umfang der mitwirkungsbereite Dritte am Umgangsrechtsverfahren zu beteiligen ist, legen weder die Vorschrift des § 1684 Abs. 4 S. 3 und 4 BGB noch die verfahrensrechtlichen Bestimmung der ZPO und FGG fest. Da das Familiengericht im Rahmen seiner Sachaufklärung alle entscheidungserheblichen Tatsachen gemäß § 12 FGG zu ermitteln hat, ist es vom Einzelfall abhängig, ob die Notwendigkeit besteht, die in Frage kommende Begleitperson persönlich zum Erörterungstermin zu laden und anzuhören. Steht ein Mitarbeiter einer Institution oder eine Privatperson zur Mitwirkung an der Umgangsausübung zur Verfügung, kann der Familienrichter in der mündlichen Verhandlung das genaue Vorgehen mit ihm absprechen. Hierbei kann festgestellt werden, welche Erfordernisse zur Regelung des Umgangs in der konkreten familiären Situation notwendig sind und in welchem Umfang die Anwesenheit und Mitwirkung des Dritten erforderlich wird.

Insbesondere, wenn die Notwendigkeit besteht, die Eltern von der beschützten Umgangsregelung zu überzeugen, kann es sinnvoll sein, den mitwirkungsbereiten Dritten mit in die Erörterung der Umgangsfrage einzubeziehen. Ebenso kann die verfahrensrechtliche Beteiligung des Dritten auch dazu dienen, von seiten des Familienrichters Motivation und Engagement der Person zu stärken. Die Energie, Zeit und Aufmerksamkeit, die der Dritte bei der Teilnahme einbringt, stellt keine Selbstverständlichkeit dar, sondern erfordert ein respektvolles Miteinander aller an dieser Umgangsregelung Beteiligten.[764]

Das Familiengericht ist im Rahmen des Amtsermittlungsgrundsatzes jedoch verpflichtet, bereits gewonnene Erkenntnisse der Begleitperson in die Entscheidungsfindung mit einzubeziehen, wenn beispielsweise bereits aufgrund einer außergerichtlichen Einigung ein beschützter Umgang eine Zeitlang durchgeführt wurde. Allerdings reicht es aus, wenn die Ergebnisse solcher Besuchskontakte in

---

[761] Vgl. Kunkel, FamRZ 1993, 505, 506.
[762] Zur Aussagegenehmigung: siehe Kunkel, FamRZ 1993, 505, 506.
[763] Vgl. Oberloskamp, FamRZ 1992, 1241, 1247.
[764] Vgl. dazu KSB/Steurer/Müller, Das Betreute Umgangsrecht, S. 23, 24.

der Stellungnahme des Jugendamtes verwertet wurden.[765] Da das Jugendamt entsprechend § 49 a Abs. 1 Nr. 4 FGG am Verfahren beteiligt und angehört wird, ist eine unmittelbare verfahrensrechtliche Beteiligung der Begleitperson diesbezüglich nicht mehr erforderlich.

II. Anforderung einer Berichtsmitteilung

1. Auskunftspflicht gegenüber dem Familiengericht

Das Gericht, das den beschützten Umgang anordnet, wird in der Regel von den Parteien des Verfahrens erfahren, ob die Umgangsregelung entsprechend der Beschlußfassung in die Tat umgesetzt wurde. Dennoch kann die Mitteilung über das Gelingen oder Scheitern der beschützten Umgangsregelung nicht im Belieben der Parteien stehen. Das Familiengericht muß als Wächter des Kindeswohls die Möglichkeit haben, den Verlauf der angeordneten Maßnahme zu kontrollieren und gegebenenfalls auf Grundlage der Informationen eine andere Regelung zu beschließen.

Es ist daher auf die Mitteilung der Beteiligten angewiesen, wobei die Begleitperson aufgrund ihrer neutralen Position am ehesten in der Lage ist, eine sachlich-informative Auskunft zu geben. Über die Mitwirkung bei der Durchführung der beschützten Umgangsregelung hinaus hat der Dritte infolge seiner Funktion die Obliegenheit, das Gericht über den Verlauf der Besuchskontakte zu unterrichten. Seine Interessenvertretung zum Wohle des Kindes schließt daher auch eine verfahrensrechtliche Mitwirkung am Umgangsrechtsverfahren mit ein.

Hinsichtlich der Beurteilungsmöglichkeit der Regelung durch das Gericht muß feststehen, daß der Familienrichter zur Anforderung einer Auskunft über den Verlauf der angeordneten Regelung berechtigt ist. Die Mitwirkung des Dritten bei einer beschützten Umgangsregelung erfordert daher auch die Bereitschaft, eine Berichtsmitteilung zu erstellen. Es ist zweckmäßig, erst nach drei bis fünf Besuchsterminen, die der Begleitperson ermöglichen, sich einen Eindruck vom Verlauf der Besuche zu verschaffen, eine Auskunft zu verlangen.

Um zusätzliche bürokratische Hürden zu vermeiden, sind in diesem Zusammenhang weitere formelle Anforderungen zur Auskunftspflicht entbehrlich. Eine schriftliche Berichtsmitteilung ist infolge dessen nicht vorauszusetzen, aber auch nicht unbedingt erforderlich. Zur Beurteilung der beschützten Regelung reicht es aus, daß der Dritte dem Familienrichter mündlich Auskunft erteilt. Auf Grundlage dieser Auskunftserteilung kann das Gericht entsprechende adäquate Maßnahmen veranlassen, sei es durch die Anordnung weiterer beschützter Umgangstermine oder durch die Anordnung eines Umgangsrechtsausschlusses.

---

[765] Vgl. OLG Hamm, FamRZ 1993, 1233, 1234.

2. Schweigepflicht

Der Deutsche Kinderschutzbund e.V., der das Projekt des „betreuten Umgangsrechts“ durchführt, verpflichtet seine Mitarbeiter, die als Dritte die Besuche zwischen dem Kind und dem umgangsberechtigten Elternteil begleiten, zur Unterzeichnung einer Schweigeverpflichtungserklärung.[766] Darin verpflichtet sich die Begleitperson, über persönliche Informationen, die ihr während seiner Tätigkeit zur Kenntnis kommen, absolutes Stillschweigen nach außen zu bewahren. Dies bezieht sich jedoch auf einen Informationsaustausch mit den Eltern oder anderen außenstehenden Personen und widerspricht daher nicht der Pflicht zur Auskunftserteilung gegenüber dem Familiengericht.

Vielmehr ist in einer Vereinbarung der Organisation mit den Eltern geklärt, daß Stellungnahmen zum Verlauf der Umgangsregelung an das Gericht bzw. das Jugendamt ohne die ausdrückliche Einwilligung der Eltern erfolgen können. Eine andere Vorgehensweise würde auch dem Sinn und Zweck der Regelung widersprechen und dem Richter, der auf dem Beschlußwege die Form des beschützten Umgangs angeordnet hat, die Grundlage für die Überprüfung der Regelung entziehen.[767]

Für die freien Träger der Jugendhilfe und anderen privaten Organisationen, die sich zur Mitwirkung am beschützten Umgang bereit erklären, muß Entsprechendes gelten. Im Rahmen einer Zusammenarbeit mit dem Familiengericht sind die privaten Institutionen gefordert, mit den Eltern eine Vereinbarung zu treffen, die es ihnen ermöglicht, die notwendigen Informationen an das Jugendamt und Familiengericht zu übermitteln.

3. Auskunfts- und Verschwiegenheitspflicht bei Jugendamtsmitarbeitern

Schwierigkeiten im Umgang mit der Verschwiegenheits- und Auskunftspflicht der beteiligten Mitarbeiter ergeben sich jedoch im Hinblick auf die Mitwirkung an der beschützten Regelung durch das Jugendamt. Aufgrund der unterschiedlichen sozialhilferechtlichen Aufgabenbereiche (Beratung nach §§ 17, 18, 28 KJHG und Gerichtshilfe nach § 50 KJHG) wird die Auffassung vertreten, daß unter Beachtung der datenschutzrechtlichen Regelungen (§§ 61 ff. KJHG) und der Pflicht zur Verschwiegenheit gemäß § 203 StGB, die sich aus dem Sinngehalt der Beratungs- und Unterstützungsvorschriften ergeben, bei gleichzeitiger Verpflichtung des Jugendamtes zur Mitwirkung im Familiengerichtsverfahren nach § 50 KJHG

---

[766] Vgl. KSB/Müller/Steurer, Das Betreute Umgangsrecht, Anhang, S. 5.

[767] Vgl. auch Lossen/Vergho, FamRZ 1998, 1218, 1220 zur Ablehnung einer Schweigepflicht des Begleiters beim beschützten Umgang.

i.V.m. §§ 49 a, 49 Abs. 3 und 4 FGG eine personelle und organisatorische Trennung zwischen Beratungshilfe und Gerichtshilfe erforderlich sei.[768]

Da die Mitwirkung an einer beschützten Umgangsregelung gemäß § 18 Abs. 3 S. 4 KJHG zur Beratungs- und Unterstützungshilfe zählt,[769] ist es fraglich, ob der Mitarbeiter des Jugendamtes, der das Umgangsrecht begleitet, zur Auskunft gegenüber dem Familiengericht verpflichtet werden kann. Nehmen die Eltern und der Minderjährige die Unterstützung nach § 18 KJHG in Anspruch, ist die Informationsweitergabe an das Familiengericht nach der Gesetzeslage durch die Berater nach § 50 Abs. 2 KJHG und nach dem sog. Zweckbindungsgrundsatz nach § 64 KJHG i.V.m. § 18 KJHG nur eingeschränkt möglich.

Gemäß § 50 KJHG hat das Jugendamt das Familiengericht zu unterstützen, indem es am Verfahren mitzuwirken und über angebotene und erbrachte Leistungen zu berichten hat. Aufgrund dieser gesetzlich geregelten Verpflichtung untersteht diese Aufgabe nicht dem Belieben und fachlichen Ermessen des Jugendamtes,[770] sondern soll dazu dienen, dem Gericht eine sachgerechte Entscheidung zu ermöglichen.[771] Zu berücksichtigen ist, daß eine fachlich ausgewiesene und an sozialpädagogischen Methoden und Grundsätzen ausgerichtete Mitwirkung am Gerichtsverfahren immer auch Hilfe, Unterstützung und neben Ratschlägen auch beratende Gespräche der Betroffenen mit umfaßt.[772] Letztere haben aber eine andere Qualität als die auf Freiwilligkeit, Offenheit, Transparenz und Verschwiegenheit beruhende Beratung nach § 17 oder § 28 KJHG.

Eine zeitgemäße, moderne, fachlich ausgewiesene und leistungsfähige Familiengerichtshilfe des Jugendamtes muß gewährleisten, daß die Erkenntnisse aus der Hilfeleistung zugänglich sind, z.B. dann, wenn durch die Anwesenheit eines Mitarbeiters bei der Durchführung der Besuchskontakte der Eltern-Kind-Kontakt herzustellen ist und die Beziehung zwischen dem Kind und dem Elternteil stabilisiert werden soll.[773] Gleichgültig, ob in diesem Zusammenhang die Bemühungen des Jugendamtes Erfolg haben oder erfolglos bleiben, wird dem Gericht entweder das Ergebnis formlos[774] oder im Rahmen eines umfassenden Berichts gemäß § 50 Abs. 2 BGB mitzuteilen sein.[775]

---

768 Siehe dazu im Überblick: Balloff, ZfJ 1995, 160.
769 Vgl. dazu Wiesner/Kaufmann/Mörsberger/Oberloskamp/Struck, SGB VIII, 1995, § 18, Rdn. 21, 22.
770 Vgl. Oberloskamp, FamRZ 1992, 1241, 1245.
771 Siehe oben Fn. 748, S. 190.
772 Vgl. Balloff, ZfJ 1995, 160, 161.
773 Vgl. Balloff, ZfJ 1995, 160, 161.
774 Vgl. Knappert, ZfJ 1991, 398, 402.
775 Vgl. Balloff, ZfJ 1995, 160, 161.

Da das Jugendamt dieser Pflicht nachkommen muß, ist es angebracht, daß der beteiligte Sachbearbeiter Einvernehmen mit den Eltern über Art und Umfang der Informationsweitergabe erzielt.[776] Es ist davon auszugehen, daß die Eltern selbst ein gesteigertes Interesse an der Klärung der Umgangsregelung haben und daher einer Auskunftserteilung des mitwirkenden Dritten grundsätzlich nicht entgegenstehen.

Zu berücksichtigen ist aber ebenso, daß im Zusammenhang mit der Beratung und Mitwirkung beim Familiengericht vor allem den Grundsätzen der Zweckbindung und Erforderlichkeit nach § 64 Abs. 1 KJHG große Bedeutung zukommt.[777] Danach dürfen personenbezogene Daten nur zu dem Zweck verwendet werden, zu dem sie erhoben sind. Der formulierte Zweckbindungsgrundsatz stellt demgemäß kein Hindernis für ein Offenbaren dar, wenn bei der Erhebung der Daten im Beratungsgespräch der Berater den Eltern mitteilt, daß die Daten auch dazu dienen, dem Familiengericht eine am Wohl des Kindes orientierte Entscheidung zu ermöglichen.[778] Das Einverständnis der Betroffenen zur Weitergabe der Daten bezieht sich danach auf den mit den Aufgaben des Jugendamtes verbundenen Zweck, über den die Betroffenen aufzuklären sind, und soweit es zur Erfüllung der Aufgabe des Gerichts unbedingt nötig ist.[779]

Zweck der Mitwirkung an den Besuchskontakten ist die Unterstützung bzw. der Schutz des Kindes in Problemsituationen. Bei der Herstellung von Umgangskontakten oder bei der Ausführung gerichtlicher Umgangsregelungen gemäß § 18 Abs. 3 S. 4 KJHG durch das Jugendamt ist ein Mitarbeiter bei der Durchführung der Besuche anwesend, der den tatsächlichen Ablauf des Umgangs zwischen dem Elternteil und dem Kind beaufsichtigt.

Die im Rahmen dieser Beobachtung erlangten Informationen dienen dem Sinn und Zweck einer beschützten Umgangsregelung, um feststellen zu können, ob das Wohl des Kindes durch die festgelegten Modalitäten gewahrt ist oder ob einzelne Umstände entsprechend den vorliegenden Gegebenheiten zu verändern sind. Die Art und Weise des Verlaufs der Besuchskontakte bildet zudem die Beurteilungsgrundlage für die Entscheidung, ob eine Weiterführung dieser Besuchsform zu befürworten ist. Die Verwendung der Daten durch die Auskunftserteilung des Jugendamtsmitarbeiters an das Familiengericht wird daher von der Bestimmung des § 64 KJHG umfaßt, so daß der zuständige Richter eine Entscheidungsgrundlage für weitere Regelungsmöglichkeiten hat.

---

[776] Vgl. Oberloskamp, FamRZ 1992, 1241, 1248.
[777] Vgl. Balloff, ZfJ 1995, 160, 164.
[778] Vgl. Kunkel, FamRZ 1993, 505, 507.
[779] Vgl. Mrozynski, KJHG, 1994, § 64, S. 231.

4. Kapitel: Rückwirkung der Neuregelung auf eine veränderte Praxis

A. Bewertung der Neuregelung des § 1684 Abs. 4 Satz 3 und 4 BGB

Die explizite Regelung des beschützten Umgangs in § 1684 Abs. 4 S. 3 und 4 BGB soll nach dem Willen des Reformgesetzgebers in erster Linie verdeutlichen, daß ein völliger Ausschluß des Umgangs wegen des Erforderlichkeitsprinzips nur dann in Betracht kommen kann, wenn die Möglichkeiten, den Umgang mit dem Kind in geeigneter Form einzuschränken, nicht ausreichen.[780] Wie bereits erwähnt wurde, regelt diese Bestimmung keine neuartige Einschränkungsform, sondern wird seit langem als eine von vielen Möglichkeiten betrachtet, die elterliche Umgangsbefugnis zum Wohle des Kindes einzuschränken.

Obwohl der beschützte Umgang vor Inkrafttreten der Kindschaftsrechtsreform als Maßnahme auf Grundlage der allgemeinen richterlichen Einschränkungsbefugnis nach § 1634 Abs. 2 S. 2 BGB a.F. angeordnet wurde, wird durch die ausdrückliche Normierung in § 1684 Abs. 4 S. 3 BGB ein Umgangsmodell favorisiert, das in vielen Konfliktfällen die einzige Möglichkeit darstellt, Kindern den (weiteren) Kontakt zu dem nichtsorgeberechtigten Elternteil zu ermöglichen. Kernpunkt der Kindschaftsrechtsreform war die Verbesserung der Rechte des Kindes, wozu auch die Förderung seiner Beziehungen zu beiden Elternteilen gehört.[781] Dem Erhalt einer Eltern-Kind-Beziehungen nach einer Trennung bzw. Scheidung wird daher auch in besonders problematischen Umgangsfällen vorrangige Bedeutung beigemessen.

Die Auswertung der Befragungen hat ergeben, daß die Initiative zur Durchführung beschützter Umgangsregelungen bisher im wesentlichen auf dem Engagement einzelner Beteiligter beruhte. Sie ergibt aber gleichzeitig auch, daß die neue Gesetzeslage (§ 1684 Abs. 4 S. 3-4 BGB i.V.m. § 18 Abs. 3 S. 4 KJHG) die am Umgangskonflikt Beteiligten nachdrücklicher auffordert, Lösungswege zur Umsetzung beschützter Umgangsregelungen zu finden. Auf die Neuregelung hin wird nicht nur der Landesverband Hamburg des Deutschen Kinderschutzbundes e.V. auf diesem Gebiet tätig. Vor allem erkennen die Jugendämter die Verantwortung für die Erfüllung dieser Aufgabe im Rahmen der Trennungs- und Scheidungsberatung an und bereiten sich auf Druck der neuen Gesetzeslage auf die Umsetzung beschützter Umgangsregelungen vor.

Aber nicht nur die diesem Gedanken innewohnende Signalwirkung der Normierung ist entscheidend, vielmehr schafft § 1684 Abs. 4 S. 3 und 4 BGB ein Stück Rechtssicherheit im Zusammenhang mit der Gestaltung beschützter Umgangsre-

[780] Vgl. BT-Drucks. 13/4899, S. 106.
[781] Vgl. Dickmeis, ZfJ 1998, 193, 196.

gelungen. Nach der Fassung des Wortlautes der Norm kennzeichnet den beschützten Umgang die Anwesenheit eines mitwirkungsbereiten Dritten bei der Ausübung der Umgangsbefugnis. Die Ausführungen zu den einzelnen Tatbeständen der Norm[782] legen dar, daß die Anwesenheit der dritten Person im wesentlichen eine Schutz- und Unterstützungsfunktion im Interesse des Kindes beinhaltet, aber auch die Rechtsgüter und rechtlichen Interessen aller Beteiligten berücksichtigt, indem sie die kollidierenden Rechtspositionen in einen angemessenen Ausgleich bringt.

Gleichzeitig wird deutlich, daß die Normierung des beschützten Umgangs bestimmte Anforderungen an die Rahmenbedingungen der praktischen Umsetzung stellt. Die dritte mitwirkungsbereite Person muß nicht nur in der Lage sein, die Voraussetzungen für einen erfolgreichen Verlauf der Besuchskontakte zu schaffen. Aufgrund der geforderten neutralen Haltung gegenüber den betroffenen Eltern und ihrer zumindest persönlichen Qualifikation hat sie auch die Gewähr dafür zu bieten, daß das Kind mit einer gewissen Kontinuität bei der Aufnahme der vereinbarten Besuchskontakte unterstützt wird und vor Gefährdungen bewahrt wird.

Der Gesetzgeber hat durch die Formulierung der „Anwesenheit des mitwirkungsbereiten Dritten" weitgehend offen gelassen, in welchem Umfang die Intervention des Dritten im konkreten Fall erforderlich ist. Damit wird berücksichtigt, daß trotz des gesetzlich festgelegten Umgangsrahmens für beschützte Regelungen die individuelle inhaltliche Ausgestaltung des Umgangs weitestgehend dem Beteiligten überlassen werden soll. Die dargestellten Umgangsmodelle (des KSB, des DRK, der evangelischen Beratungsstelle Koblenz) und Erfahrungswerte der staatlichen und privaten Institutionen in Hamburg zeigen, daß die Umsetzung beschützter Umgangsregelungen graduell unterschiedlich gehandhabt wird.

Obwohl alle Institutionen Räumlichkeiten zur Durchführung beschützter Umgangsregelungen anbieten, ist die kindbezogene personelle und räumliche Ausstattung und Art und Umfang der unmittelbaren Beteiligung des jeweiligen Dritten abhängig von Engagement der Organisation. Die Bereitstellung von Schutzräumen ist bei der Durchführung des beschützten Umgangs auf Grundlage des § 1684 Abs. 4 S. 3 BGB nicht erforderlich. Auch das Anstreben oder Anbieten eines kindkonzentrierten Konzeptes, das ein umfassendes Beratungsangebot beinhaltet,[783] ist bei der Umsetzung des beschützten Umgangs grundsätzlich wünschenswert, aber keine zwingende Voraussetzung. Das Angebot, das der Deutsche Kinderschutzbund e.V. mit dem Konzept des betreuten Umgangsrechts Trennungs- und Scheidungsfamilien offeriert, stellt daher ein vorbildliches Beispiel dar, das über die gesetzliche Bestimmung des § 1684 Abs. 4 S. 3 BGB hin-

[782] Siehe oben Teil IV, 1. Kapitel, A., S. 129 ff.
[783] Vgl. Gerth, KindPrax 1998, 15, 17; vgl. auch Fthenakis, FPR 1998, 84, 88.

ausgeht. Durch Formulierung der Einschränkungsform in § 1684 Abs. 4 S. 3 BGB hat der Gesetzgeber jedoch ein „Mehr" an Schutz- und Unterstützungsmöglichkeiten auch nicht ausschließen wollen. Vielmehr sollten lediglich die elementaren Rahmenbedingungen für einen Schutz des Kindes in Problemsituationen bei der Anordnung nach § 1684 Abs. 4 S. 3 BGB Berücksichtigung finden.

Die Norm des § 1684 Abs. 4 S. 3 und 4 BGB wird aufgrund ihrer tatbestandlichen Gestaltung zu keinen wesentlichen Veränderungen in der bisherigen Praxis führen. Als Grundlage der richterlichen Anordnungsbefugnis für den beschützten Umgang macht die Bestimmung aber zudem deutlich, daß der Familienrichter im Rahmen des Umgangsrechtsverfahrens die Modalitäten des beschützten Umgangs in Zusammenarbeit mit den Beteiligten entsprechend des Einzelfalls festzulegen hat, um nach Ablauf durchgeführter Besuchskontakte auf Grundlage einer Berichterstattung des Dritten über weitere Maßnahmen entscheiden zu können.

B. Die Zusammenarbeit von Familiengericht und den Trägern der Jugendhilfe

Mit der gesetzlichen Normierung des beschützten Umgangs in § 1684 Abs. 4 S. 3 und 4 BGB i.V.m. § 18 KJHG kommt der Kooperation der Familiengerichte und Jugendhilfeträgern bzw. anderen mitwirkungsbereiten Organisationen eine stärkere Bedeutung zu.[784]

Zwar hat der Gesetzgeber darauf verzichtet, die Position der Familiengerichte insoweit zu „verbessern", daß die Gerichte im Rahmen ihrer Anordnungsbefugnis nach § 1684 Abs. 4 S. 3 BGB die Teilnahme eines Jugendamtsmitarbeiters bei der Ausführung beschützter Umgangsregelungen verbindlich anordnen können.[785] Jedoch ist diese Form der untergeordneten Abhängigkeit bei der Zusammenarbeit im Hinblick auf die Vernetzung sozial- und familienrechtlicher Normen auch nicht beabsichtigt. Eine erfolgreiche Kooperation ist dann erst möglich, wenn die Unterstützung von Familien in Trennung und Scheidung als Aufgabe aller Beteiligter und als arbeitsteiliger Prozeß begriffen und eine präzise Definition und Abgrenzung der jeweiligen Rollen vorgenommen wird.[786] Da Kooperation als eine partnerschaftliche Arbeitsbeziehung zu verstehen ist, kann es keine übergeordnete Verantwortung für die Durchführung beschützter Umgangsregelungen geben, sondern nur eine allgemeine gleichrangige und gleichberechtigte aufgabenspezifische Verantwortung aller Beteiligter.[787]

---

784 Vgl. Wiesner, JugH 1998, 134, 139.

785 Siehe oben S. 146.

786 Vgl. Überblick zur Unterstützung von Familien in Trennung und Scheidung in: ZfJ 1995, 141, 150.

787 Vgl. in ZfJ 1995, 141, 150.

Dies darf wiederum nicht dazu führen, daß die Suche nach einem geeigneten Dritten für die Durchführung der Umgangseinschränkung allein den Familiengerichten und dem „glücklichen Zufall" überlassen bleibt. Die Familienrichter bleiben im Rahmen ihrer Anordnung nach § 1684 Abs. 4 S. 3 BGB zwar auf die Mitwirkungsbereitschaft von Institutionen und Privatpersonen angewiesen, können aber andererseits auch durch die Anwendung der Bestimmung des § 1684 Abs. 4 S. 3 BGB mit Nachdruck das Engagement der im Regelfall zur Leistung verpflichteten öffentlichen Jugendhilfeträger erhöhen. Obwohl die Leistungsverpflichtung des Jugendamtes gemäß § 18 Abs. 3 S. 4 KJHG nicht erst mit dem Inkrafttreten des Kindschaftsrechtsreformgesetzes besteht, lenkt die gesetzlich ausdrücklich normierte gerichtliche Befugnis zur Anordnung des beschützten Umgangs als zivilrechtliche Korrespondenznorm verstärkt die Aufmerksamkeit auf das Leistungsangebot der öffentlichen Jugendhilfe.

Nach dem Ergebnis der Befragungen haben sowohl die staatlichen als auch die privaten Jugendhilfeträger die Notwendigkeit hinsichtlich der Bereitstellung beschützter Rahmenbedingungen erkannt. Zwar konnten keine zuverlässigen statistischen Zahlenangaben zur Erfolgsquote beschützter Umgangsregelungen gemacht werden. Dennoch hat die Auswertung der Befragungen ergeben, daß insgesamt eine positive Resonanz zu verzeichnen ist und ein zunehmender Bedarf an beschützten Umgangskontakten besteht. Daraus ergibt sich die Notwendigkeit, das vorhandene Angebot zur Durchführung beschützter Umgangsregelungen zu erweitern. Die Jugendbehörden sind im Rahmen ihrer Leistungsverpflichtung gemäß §§ 18, 50 KJHG und § 4 KJHG zur Kooperation mit den Familiengerichten und den freien Trägern der Jugendhilfe und Wohlfahrtsverbänden aufgefordert, die entsprechende kindbezogene personelle und räumliche Ausstattung für die praktische Umsetzung beschützter Umgangsregelungen im nötigen Umfang und in der nötigen Pluralität vorzuhalten.

Im Idealfall könnten die Familiengerichte auf einen Pool geschulter und unabhängiger Fachkräfte zugreifen und den für den Einzelfall am geeignetsten erscheinenden Dritten zur Mitwirkung auffordern.[788] Daß dies derzeit von der Realität weit entfernt ist, hat die Auswertung der Befragungen am Beispiel der Hansestadt Hamburg gezeigt.

Auf Grundlage der Konzeption des Deutschen Kinderschutzbundes, Landesverband Hamburg e.V. könnten - nicht nur für die Hansestadt Hamburg - die Voraussetzungen zur praktischen Umsetzung beschützter Umgangsregelungen geschaffen werden, indem ehrenamtliche Mitarbeiter durch Qualifizierungsprogramme auf die Begleitung von Besuchskontakten vorbereitet werden. Auch wenn im Zusammenhang mit der Suche geeigneter Dritter die Bereitschaft zur Mitwirkung nicht überschätzt werden darf, ist davon auszugehen, daß durch ent-

---

[788] Vgl. Vorschläge zur Gewinnung qualifizierter Verfahrenspfleger, Salgo, FPR 1998, 91, 93.

sprechende Publizierung geeignete Interessenten zur Mitarbeit gewonnen werden können.[789]

Entsprechende staatliche Aktivitäten, die darauf zielen, flächendeckend den entsprechenden Bedarf an Personal und Einrichtungen abzudecken, werden sich voraussichtlich aufgrund der angespannten Haushaltslage von Ländern und Kommunen noch längere Zeit hinziehen. In Anbetracht der knapper werdenden öffentlichen Mittel kann in diesem Zusammenhang nicht nur die Frage diskutiert werden, wie hoch die Kosten der Umsetzung beschützter Umgangsregelungen sind, sondern auch welche finanziellen Vorteile zu erwarten sind.

Gelingt es mit Hilfe beschützter Umgangsmodelle, die negativen Folgen einer Trennung und Scheidung für die Betroffenen zu mindern und die negativen Auswirkungen auf die seelische und körperliche Gesundheit von Kindern und Eltern zu verringern, so steht den Ausgaben ein voraussichtlich genauso hoher volkswirtschaftlicher Nutzen gegenüber.[790] Es ist daher erstrebenswert, daß sich auf Grundlage der gesetzlichen Normierung des § 1684 Abs. 4 S. 3 und 4 BGB i.V.m. § 18 Abs. 3 S. 4 BGB die Anstrengungen zur Umsetzung beschützter Umgangsregelungen erhöhen.

[789] Vgl. im Anhang: KSB/Betreuter Umgang.

[790] Vgl. die Ergebnisse der Modellstudie bei: Lossen/Vergho, FamRZ 1998, 1218, 1221.

RESÜMEE

Wie die vorliegende Untersuchung gezeigt hat, hat das Kindschaftsrechtsreformgesetz mit der gesetzlichen Verankerung des beschützten Umgangs in § 1684 Abs. 4 S. 3 und 4 BGB i.V.m. § 18 Abs. 3 S. 4 KJHG die Grundlagen geschaffen, um Kindern auch in Problemsituationen den Umgang mit dem nichtsorgeberechtigten Elternteil zu ermöglichen. Damit kann ein adäquater Schutz des Kindes in problembehafteten Umgangsfällen und eine Unterstützung und Hilfe bei der Durchführung der Besuche garantiert werden.

Zur Einordnung der neuen Einschränkungsform in den gesamten Normenkomplex wurde ein Überblick über die neuen materiell-, verfahrens- und sozialrechtlichen Bestimmung geboten. Ferner wurde die historische Behandlung der Problematik in Rechtsprechung und Literatur sowie ein qualitativer Einblick in die Praxis erarbeitet. Auf der Grundlage dieser Darstellung hat die Bewertung der neuen Bestimmung des § 1684 Abs. 4 S. 3 und 4 BGB i.V.m. § 18 Abs. 4 S. 3 KJHG ergeben, daß die explizite Regelung des beschützten Umgangs eine sinnvolle Ergänzung der familiengerichtlichen Befugnisse zur Einschränkung des Umgangsrechts ist.

Die Neuregelung orientiert sich an der bisherigen Praxis, besitzt aber darüber hinaus Signalwirkung im Hinblick auf die praktische Umsetzung beschützter Regelungen und bietet den Familiengerichten und den entsprechenden Institutionen der Jugendhilfe Rechtssicherheit, indem sie die elementaren Rahmenbedingungen für die Durchführung bestimmt. Der Gesetzgeber kann jedoch letztlich nur die Grundlagen für kindorientierte Maßnahmen formulieren. Die Frage, ob auch die Umsetzung beschützter Umgangsregelungen gelingt, wird sich in der gesellschaftlichen Praxis zeigen, die den politischen Willen der Verantwortlichen sowie die Bereitstellung der erforderlichen finanziellen Mittel voraussetzt, die Handlungsbedingungen für die öffentlichen und privaten Jugendhilfeträger vor Ort zu schaffen.

Die Feststellung, ob das mit der Neuregelung verfolgte Ziel der konstruktiven Konfliktlösung im Interesse des Kindes in Trennungs- und Scheidungssituationen erreicht wird, setzt die praktische Umsetzung beschützter Umgangsregelungen auf Grundlage der neuen Bestimmung über einen längeren Zeitraum voraus. Erst wenn die Erfahrungswerte eine Größenordnung erreicht haben, die statistisch valide auswertbar ist, wird sich die langfristige Wirkung beschützter Umgangsregelungen bestimmen lassen.

Die zunehmende Bedeutung von Einschränkungen des Umgangsrechts, insbesondere durch die Anwesenheit eines Dritten bei der Durchführung beschützter Umgangsregelungen, ist begründet durch die kontinuierlich hohen Scheidungszahlen und der ständig anwachsenden Anzahl von Elternpaaren, die nicht in der Lage sind, eigenständig zum Wohl ihrer Kinder eine Umgangsregelung zu finden, die den problemlosen Kontakt des Kindes zu dem anderen Elternteil ermöglicht. Diese Problematik betrifft vermehrt auch trennungswillige unverheiratete Paare, da die Zahl der Kinder, die in eine nichteheliche Lebensgemeinschaft hineingeboren werden, stetig zunimmt.[791] Mit Inkrafttreten der Regelung des § 1684 Abs. 1 BGB, deren Geltungsbereich auch das Umgangsrecht nichtehelicher Väter beinhaltet, werden voraussichtlich bei Konfliktsituationen von unverheirateten Paaren die Zahl der streitigen Umgangsrechtsverfahren ansteigen, so daß zur Lösung von Umgangsproblemen die Herstellung von Besuchskontakten mit Hilfe Dritter auch bei diesen Paaren zunehmend erforderlich werden wird.

Es ist wünschenswert, daß der beschützte Umgang zur Lösung in problembehafteten Umgangsfällen den Betroffenen als Möglichkeit stärker bewußt wird und sich in der Praxis im Interesse des Kindeswohls durchsetzen kann. Die Durchführung einer Umgangsregelung im beschützten Rahmen als unterstützende Maßnahme ermöglicht kurzfristig die Aufrechterhaltung einer Eltern-Kind-Beziehung und soll mittel- und langfristig zu einer eigenverantwortlichen Gestaltung des Umgangs durch die Eltern führen, womit auch eine Entlastung der Familiengerichte verbunden wäre. Damit wird dem Ziel des Gesetzgebers entsprochen, sowohl den Rechten des Kindes auf Förderung seiner seelischen und körperlichen Entwicklung Geltung zu verschaffen als auch die selbständige elterliche Konfliktlösung innerhalb der Familie zu stärken.

---

[791] Vgl. Statistische Jahresbuch 1998, S. 68.

LITERATURVERZEICHNIS

Arbeitskreis Kinderschutz und Aktion Jugendschutz Hamburg (Hrsg.), Sexueller Mißbrauch an Kindern und Jugendlichen, Leitfaden, 4. Auflage, Hamburg 1994 (zitiert: AK Kinderschutz/Bearbeiter, Sexueller Mißbrauch, 1994)

Arntzen, Friedrich, Elterliche Sorge und Umgang mit Kindern, Ein Grundriß der forensischen Familienpsychologie, 2. Auflage, München 1994 (zitiert: Arntzen, Elterliche Sorge und Umgang, 1994)

Baer, Ingrid, Stellungnahme zum Entwurf eines Gesetzes zur Neuregelung der elterlichen Sorge, in: ZblJR 1977, S. 516 ff.

Balloff, Rainer/Walter, Eginhard, Konzeptionelle Gedanken zur Trennungs- und Scheidungsintervention, in: FuR 1991, S. 63 ff.

Balloff, Rainer, Beratung, Unterstützung und Mitwirkung im Scheidungsfall bei der Ausgestaltung der elterlichen Sorge und des Umgangsrechts im Allgemeinen Sozialen Dienst (ASD) nach Inkrafttreten des Kinder- und Jugendhilfegesetzes (KJHG) gemäß §§ 17, 18 und 50 KJHG, - Eine rechtspsychologische Betrachtung und Bestandsaufnahme -, in: ZfJ 1995, S. 160 ff.

ders., Lebensgemeinschaften nicht verheirateter Eltern mit Kindern - Bestandsaufnahme, Perspektiven und Grenzen aus juristischer und psychologischer Sicht -, in: ZfJ 1991, S. 141 ff.

ders., Rechtspsychologische Aspekte der Beteiligung und Mitwirkung von Kindern und Jugendlichen in Familien- und Vormundschaftsgerichtsverfahren vor und nach der Kindschaftsrechtsreform, in: RdJB 1996, S. 441 ff.

Bäumel, Dieter/Bienwald, Werner/Häußermann, Röse/Hoffmann, Jörg/Mauer, Hans-Ulrich/Meyer-Stolte, Klaus/Rogner, Jörg/Sonnenfeld, Susanne/Wax, Peter, Familienrechtsreformkommentar, - FamRefK -, mit BeistandG, KindRG, ErbGleichG, KindUG, EheschlRG, BtÄndG, Bielefeld 1998 (zitiert: FamRefK/Bearbeiter, 1998)

Bosch, F. W., Anmerkung zum Beschluß des BGH vom 11.7.1984 - IV b ZB 73/83, in: FamRZ 1985, 169 ff.

Brauns-Hermann, Christa/Busch, Bernd Michael/Dinse, Hartmut (Hrsg.), Ein Kind hat das Recht auf beide Eltern, Schriftenreihe Familie und Recht; Band 17, Berlin 1997 (zitiert: Brauns-Hermann u.a./Bearbeiter, Ein Kind hat das Recht auf beide Eltern, 1997)

Büdenbender, Ulrich, Die Zuständigkeit von Vormundschaftsgericht und Familiengericht nach geltendem und künftigem Recht, in: FuR 1996, S. 300 ff.

Büttner, Helmut, Änderungen im Familienverfahrensrecht durch das Kindschaftsrechtsreformgesetz, in: FamRZ 1998, S. 585 ff.

Bumiller, Ursula/Winkler, Karl, Gesetz über die Angelegenheit der freiwilligen Gerichtsbarkeit, Kommentar, 5. neubearbeitete Auflage, München 1992 (zitiert: Bumiller/Winkler, FGG, 1992)

Carl, Eberhard, Die Aufklärung des Verdachts des sexuellen Mißbrauchs in familien- und vormundschaftlichen Verfahren, in: FamRZ 1995, S. 1185 ff.

Coester, Michael, Das Kindeswohl als Rechtsbegriff, Arbeiten zur Rechtsvergleichung 114, Frankfurt am Main 1983 (zitiert: Coester, Das Kindeswohl, 1983)

ders., Die Bedeutung des Kinder- und Jugendhilfegesetzes (KJHG) für das Familienrecht, in: FamRZ 1991, S. 253 ff.

ders., Sorgerecht bei Elternscheidung und KJHG, in: FamRZ 1992, S. 617 ff.

ders., Reform des Kindschaftsrechts, in: JZ 1992, S. 809 ff.

Deutscher Kinderschutzbund, Ortsverband Ulm/Neu-Ulm (Hrsg.), Das Betreute Umgangsrecht, Konzeptionelle Grundlagen und ihre praktische Umsetzung (zitiert: KSB/Müller/Steurer, Das Betreute Umgangsrecht)

Deutsches Jugendinstitut (Hrsg.), Wie geht's der Familie?, Ein Handbuch zur Situation der Familien heute, München 1988 (zitiert: Deutsches Jugendinstitut/Bearbeiter, Wie geht's der Familie, 1988)

Dickmeis, Franz, Das neue Kindschaftsrecht und seine Bedeutung für die sozialen Dienste, in: ZfJ 1998, S. 193 ff.

Dieckmann, Albrecht, Betreuungsrecht, Buchbesprechung, in: NJW 1993, 642

Dreher, Eduard/Tröndle, Herbert, Strafgesetzbuch und Nebengesetze, Kommentar, 47. Auflage, München 1995 (zitiert: Dreher/Tröndle, StGB, 1995)

Dreier, Horst, Grundgesetz, Kommentar, Band I, Art. 1-19, Tübingen 1996 (zitiert: Dreier/Bearbeiter, GG, 1996)

Erman, Walter, Handkommentar zum Bürgerlichen Gesetzbuch, Band 2, 9. Auflage, Münster 1993 (zitiert: Erman/Bearbeiter, BGB, 1993)

Fegert, Jörg M., Beratung heißt das Zauberwort, in: JugH 1998, S. 145 ff.

Figdor, Helmut, Kinder aus geschiedenen Ehen: Zwischen Trauma und Hoffnung, Eine psychoanalytische Studie, 4. Auflage, Mainz 1994 (zitiert: Figdor, Kinder aus geschiedenen Ehen, 1994)

Finke, Fritz/Garbe, Roland, Familienrecht in der anwaltlichen Praxis, 4. Auflage, Bonn 1995 (zitiert: Bearbeiter, Anwaltliche Praxis, 1995)

Friedeberg/Polligkeit, Wilhelm, Das Reichsgesetz für Jugendwohlfahrt, Kommentar, 2. Auflage, Berlin 1930 (Friedeberg/Polligkeit, RJWG, 1930)

Friedeberg/Polligkeit, Wilhelm/Giese, Dieter, Das Gesetz für Jugendwohlfahrt, Kommentar, 3. Auflage, Köln-Berlin-Bonn-München 1972 (zitiert: Friedeberg/Polligkeit/Giese, JWG, 1972)

Friauf, Karl-Heinrich, Verfassungsgarantie und sozialer Wandel, - das Beispiel von Ehe und Familie, in: NJW 1986, S. 2595 ff.

Fricke, Astrid, Anhörungsumgebung und fachlich pädagogische Betreuung der Kinder im Familiengericht und im Jugendamt, in: ZfJ 1998, S. 53 ff.

Fthenakis, Wassilios E., Ta panta rei: Auf dem richtigen Weg zu einer Kindschaftsreform?, in: FPR 1998, S. 84 ff.

ders., Väter, Zur Psychologie der Vater-Kind-Beziehung, Band 1 und 2, München, Wien, Baltimore 1985 (zitiert: Fthenakis, Väter Bd. 1/2, 1985)

Gaier, O.R., Das „betreute Besuchsrecht", - Problematische Besuchsregelungen und Möglichkeiten der konstruktiven Intervention durch den Kinderschutzbund Ulm/Neu-Ulm -, in: FamRZ 1990, S. 1330 ff.

Gerhard, Maria, Empfehlungen zur Intervention bei sexuellem Mißbrauch, 1996 (zitiert: Gerhard, Empfehlungen zur Intervention bei sexuellem Mißbrauch, 1996)

Gernhuber, Joachim/Coester-Waltjen, Dagmar, Lehrbuch des Familienrechts, 4. Auflage, München 1994 (zitiert: Gernhuber, FamR)

Gerth, Ulrich, Erziehungsberatung und neues Kindschaftsrecht, in: KindPrax 1998, S. 15 ff.

Göppel, Rolf, Eltern, Kinder und Konflikte, Stuttgart, Berlin, Köln 1998 (zitiert: Göppel, Eltern, Kinder und Konflikte, 1998)

Goldstein, Josef/Freud, Anna/Solnit, Albert J., Jenseits des Kindeswohls, Mit einem Beitrag von Spiros Simitis, Frankfurt a.M. 1974 (zitiert: Goldstein/Freud/Solnit, Jenseits des Kindeswohls, 1974)

Greßmann, Michael, Neues Kindschaftsrecht, in: FamRZ-Buch 6, Bielefeld 1998 (zitiert: Greßmann, Neues KindschaftsR, 1998)

Heiliger, Anita, Zur Problematik einer Konzeption nachehelicher gemeinsamer elterlicher Sorge als Regelfall im Kontext einer geplanten Reform des Kindschaftsrechts, in: FamRZ 1992, S. 1006 ff.

Hill, Fritz, Jugendwohlfahrtsgesetz, Kommentar mit Länderausführungsbestimmungen, Bonn 1975 (zitiert: Hill, JWG, 1975)

Jauernig, Othmar (Hrsg.), Bürgerliches Gesetzbuch, Kommentar, 8. Auflage, 1997 (zitiert: Jauernig/Bearbeiter, BGB, 1997)

Jans, Karl-Wilhelm/Happe, Günter/Saurbier, Helmut, Kinder- und Jugendhilferecht, Kommentar, 3. Aufl., Stand: April 1998 (zitiert: Jans/Happe/Saurbier, KJHG, 1998)

Jarass, Hans D./Pieroth, Bodo, Grundgesetz für die Bundesrepublik Deutschland, Kommentar, 4. Auflage, München 1997 (zitiert: Jarass/Pieroth, GG, 1997)

Jeand`Heur, Bernd, Verfassungsrechtliche Schutzgebote zum Wohl des Kindes und staatliche Interventionspflichten aus der Garantienorm des Art. 6 Abs.

2 Satz 2 GG, Schriften zum öffentlichen Recht, Bd. 643, Berlin 1993 (zitiert: Jeand`Heur, Verfassungsrechtliche Schutzgebote, 1993)

Johannsen, Kurt H./Henrich, Dieter/Jaeger, Wolfgang, Eherecht, Scheidung, Trennung, Folgen, Kommentar, 2. Auflage, München 1992 (zitiert: Johannsen/Henrich/Jaeger, EheR, 2. Aufl., 1992)

ders., Eherecht, Scheidung, Trennung, Folgen, Kommentar, 3. Auflage, München 1998 (zitiert: Johannsen/Henrich/Jaeger, EheR, 3. Aufl., 1998)

Jopt, Uwe-Jörg, Nacheheliche Elternschaft und Kindeswohl, in: FamRZ 1987, S. 875

ders., Staatliches Wächteramt und Kindeswohl, - Zum unseligen Verhältnis zwischen Sorgerecht und Umgangsrecht -, in: ZfJ 1990, S. 285 ff.

Klenner, Wolfgang, Rituale der Umgangsvereitelung bei getrenntlebenden oder geschiedenen Eltern, - Eine psychologische Studie zur elterlichen Verantwortung -, in: FamRZ 1995, S. 1529 ff.

Klingemann, Veronica, Es ist vollbracht: Neuregelungen des Sorge- und Umgangsrechtes, in: JugH 1998, S. 173 ff.

Knappert, Christine, Die öffentliche Jugendhilfe als professionelle Scheidungsbegleiterin - Ein veränderter Handlungsansatz in der Familiengerichtshilfe des Jugendamtes, in: ZfJ 1991, S. 398 ff.

Knöpfel, Gottfried, Zur Neuregelung des elterlichen Umgangsrechts (§§ 1634, 1711 BGB), in: FamRZ 1989, S. 1017 ff.

ders., Erforderliche Änderungen im Nichtehelichenrecht, in: ZRP 1990, S. 234 ff.

ders., Faktische Elternschaft, Bedeutung und Grenzen, in: FamRZ 1983, S. 317 ff.

Kopp, Ferdinand O./Schenke, Wolf-Rüdiger, Verwaltungsgerichtsordnung, Kommentar, 11. Auflage, München 1998 (zitiert: Kopp/Schenke, VwGO, 1998)

Kropholler, Jan, Das Kindeswohl als Rechtsbegriff, in: JZ 1984, S. 164 ff.

Kühne, Adelheid/Kluck, Marie-Luise, Sexueller Mißbrauch, - forensisch-psychologische und psychodiagnostische Aspekte -, in: FamRZ 1995, S. 981 ff.

Kunkel, Peter-Christian, Wider einen „Perspektivenwechsel" in der Jugendhilfe, in: FamRZ 1997, 193-201

ders., Die Familiengerichtshilfe des Jugendamtes -, Mitwirkung ohne Wirkung?, in: FamRZ 1993, S. 505 ff.

Lauer, Hubertus, Neues Kindschaftsrecht - neue Wege für den Kinderschutz?, in: JugH 1998, S. 179 ff.

Laufs, Adolf, Die Entwicklung des Arztrechts 1988/89, in: NJW 1989, S. 1521 ff.

LBS-Initiative Junge Familie (Hrsg.), Trennung, Scheidung und Wiederheirat, Wer hilft dem Kind?, Weinheim und Basel 1996 (zitiert: LBS/Bearbeiter, Trennung, Scheidung und Wiederheirat, 1996)

Leibholz, Gerhard/Rinck, Hans-Justus/Hesselberger, Dieter, Grundgesetz für die Bundesrepublik Deutschland, Kommentar an Hand der Rechtsprechung des

Bundesverfassungsgerichts, Band I, 7. Auflage, 1997 (zitiert: Leibholz/Rinck/Hesselberger, GG, 1997)
Lempp, Reinhart, Familie im Umbruch, München 1986 (Lempp, Familie im Umbruch, 1986)
ders., Zur Umgangsbefugnis des nichtehelichen Vaters, in: FamRZ 1989, S. 16 ff.
Lorenzen-Linke, Ilona/Balloff, Rainer, Gemeinsame elterliche Sorge nach der Scheidung, in: FamRZ 1993, S. 1032
Lossen, Helga/Vergho, Claudius, Familienberatung bei Trennung und Scheidung am AG - Übergang des sechsjährigen Modellprojekts in die Regelförderung - zugleich Ausblick auf die Beratungserfordernisse nach dem Kindschaftsrechtsreformgesetz -, in: FamRZ 1998, S. 1218 ff.
Luthin, Horst, Elterliche Sorge, Umgangsbefugnis und Kindeswohl,- Neueres aus Rechtsprechung und Schriftum -, in: FamRZ 1984, S. 114 ff.
ders., Anmerkungen zu OLG Frankfurt/M., Beschluß vom 29.1.1993 - 6 UF 125/92, in: FamRZ 1993, S. 730
ders., Anmerkung zu OLG Hamm, Beschluß vom 5.9.1997 - 3 UF 289/97, in: FamRZ 1998, 256

Mackscheid, Elisabeth, Loyalitätsproblematik bei Trennung und Scheidung, - Überlegungen zum Kindeswohl aus familientherapeutischer Sicht -, in: FamRZ 1993, S. 254 ff.
Mähler, Gisela/Mähler, Hans-Georg, Mediation und Kindschaftsrechtspraxis, in: KindPrax 1998, S. 18
Maywald, Jörg, Zwischen Trauma und Chance, Trennungen von Kindern im Familienkonflikt, Freiburg i.B. 1997 (Maywald, Zwischen Trauma und Chance, 1997)
Maunz, Theodor/Dürig, Günther, Grundgesetz, Kommentierung zu Art. 1-10, Band I, Stand: Oktober 1996, München 1996 (Maunz/Bearbeiter, GG, 1996)
Mrozynski, Peter, Kinder- und Jugendhilfegesetz (SGB VIII), 2. Auflage, München 1994 (Mrozynski, KJHG, 1994)
Mühlens, Elisabeth/Kirchmeier, Karl-Heinz/Greßmann, Michael, Das neue Kindschaftsrecht, Erläuternde Darstellung des neuen Rechts anhand der Materialien, Einführung - Erläuterung - Texte, 1. Auflage, Köln: Bundesanzeiger 1998 (Mühlens/Kirchmeier/Greßmann, Das neue KindschaftsR, 1998)
Münch, Ingo v./Kunig, Philip, Grundgesetz, Kommentar, Band I, Präambel bis Art. 20, 4. Auflage, München 1992 (zitiert: v. Münch, GG, 1992)
Münchener Kommentar, Bürgerliches Gesetzbuch, Band 8, Familienrecht II, §§ 1589-1921 - KJHG, 2. Auflage, München 1992 (zitiert: Mü-Ko/Bearbeiter, BGB, 1992)

Oberloskamp, Helga, Die Zusammenarbeit von Vormundschafts-/Familiengericht und Jugendamt, in: FamRZ 1992, S. 1241

Oelkers, Harald, Formelle und materiell-rechtliche Fragen des Umgangsrechts nach § 1634 BGB, in: FamRZ 1995, S. 449 ff.

ders., Die Rechtsprechung zum Umgangsrecht, - eine Übersicht über die letzten fünf Jahre -, in: FamRZ 1995, S. 1385 ff.

Palandt, Otto, Bürgerliches Gesetzbuch, Kommentar, 31. Auflage, München 1972 (zitiert: Palandt/Bearbeiter, BGB, 31. Aufl., 1972)

ders., Bürgerliches Gesetzbuch, Kommentar, 57. Auflage, München 1998 (zitiert: Palandt/Bearbeiter, BGB, 57. Aufl., 1998)

ders., Bürgerliches Gesetzbuch, Kommentar, 58. Auflage, München 1999 (zitiert: Palandt/Bearbeiter, BGB, 58. Aufl., 1999)

Piaget, Jean, Die Bildung des Zeitbegriffs beim Kind (La Génèse du temps chez l'enfant), Zürich 1955 (zitiert: Piaget, Bildung des Zeitbegriffs beim Kind, 1955)

Plattner, Ilse E., Entsprechen deutsche Sorge- und Umgangsrechtsentscheidungen dem Zeitempfinden des Kindes, in: FamRZ 1993, S. 384 ff.

Potrykus, Gerhard, Jugendwohlfahrtsgesetz, Kommentar, 1. Auflage, München 1972 (Potrykus, JWG, 1972)

Proksch, Roland, Scheidungsfolgenvermittlung (Divorce Mediation) - ein Instrument integrierter familiengerichtlicher Hilfe, in: FamRZ 1989, S. 916 ff.

Rassek, Ernst Jan, Begriff und Bestimmung des Kindeswohls als Maßstab bei der Sorgerechtsregelung nach §§ 1671, 1672 BGB, Europäische Hochschulschriften, Reihe 2, Bd. 329, Frankfurt am Main 1983 (zitiert: Rassek, Kindeswohl, 1983)

Rauscher, Thomas, Gemeinsames Sorgerecht nach Scheidung, Was bewirkt das Kinder- und Jugendhilfegesetz?, in: NJW 1991, S. 1087 ff.

ders., Das Umgangsrecht im Kindschaftsrechtsreformgesetz, in: FamRZ 1998, S. 329 ff.

v.Renesse, Margot, Die Kindschaftsreform - Neue Erkenntnisse, neues Recht, in: FPR 1998, S. 59 ff.

RGRK, Das Bürgerliche Gesetzbuch mit besonderer Berücksichtigung der Rechtsprechung des Reichsgerichts und des Bundesgerichtshofs, Kommentar, Band IV, 3. Teil §§ 1589-1740 g), 12. Auflage, Berlin, New-York 1989 (zitiert: RGRK/Bearbeiter, BGB, 12. Aufl., 1989)

Rottleuthner-Lutter, Margret, Ehescheidung - ein Massenphänomen, in: FPR 1998, 30-33

Rösner, Sigrid/Schade, Burkhard, Der Verdacht auf sexuellen Mißbrauch von Kindern in familiengerichtlichen Verfahren, in: FamRZ 1993, S. 1133 ff.

Rüfner, Wolfgang, Zum neuen Kinder- und Jugendhilfegesetz, in: NJW 1991, S. 1 ff.

Salgo, Ludwig, Einige Anmerkungen zum Verfahrenspfleger im Kindschaftsrechtsreformgesetz, in: FPR 1998, S. 91 ff.

Salzgeber, Joseph, Wird die Kindschaftsrechtsreform den Interessen der Kinder gerecht?, Überlegungen aus der Sicht eines psychologischen Sachverständigen, in: FPR 1998, S. 80 ff.

Salzgeber, Joseph/Scholz, Susanne/Wittenhagen, Frank/Aymans, Monika, Die psychologische Begutachtung sexuellen Mißbrauchs in Familienrechtsverfahren, in: FamRZ 1992, S. 1249 ff.

Schmidt-Bleibtreu, Bruno/Klein, Fritz, Grundgesetz, Kommentar, 9. Auflage, Neuwied 1999 (zitiert: Schmidt-Bleibtreu/Klein, GG, 1999)

Schulze, Natascha, Anmerkung zu OLG Frankfurt a.M., Beschluß vom 30.06.1995 - 6 UF 60/95, in: FamRZ 1997, S. 42 ff.

Schwab, Dieter/Wagenitz, Thomas, Einführung in das neue Kindschaftsrecht, in: FamRZ 1997, S. 1377 ff.

Schwab, Dieter, Familienrecht, 9. Auflage, München 1999 (zitiert: Schwab, FamR, 1999)

ders., Handbuch des Scheidungsrechts, 1. Auflage, München 1995 (zitiert: Schwab, ScheidungsR, 1995)

Schwenzer, Ingeborg, Die Rechtsstellung des nichtehelichen Kindes, in: FamRZ 1992, S. 121 ff.

dies., Empfiehlt es sich das Kindschaftsrecht neu zu regeln?, Verhandlungen des 59. Deutschen Juristentages, Band I, München 1992 (zitiert: Schwenzer, 59. DJT I)

Soergel, Bürgerliches Gesetzbuch, Kommentar, Band 8, Familienrecht II, §§ 1589-1921 - EheG - HausratsVO, 12. Auflage, Stand: Frühjahr 1987, Stuttgart, Berlin, Köln, Mainz 1987 (zitiert: Soergel/Bearbeiter, BGB, 1987)

Sprangenberg, Brigitte/Sprangenberg, Ernst, Umgang mit dem „Nein" - Vermittlung des Umgangs gegen den ausgesprochenen Willen des sorgeberechtigten Elternteils, in: ZfJ 1994, S. 458 ff.

Statistisches Bundesamt, Statistisches Jahrbuch 1998 für die Bundesrepublik Deutschland, Wiesbaden 1998 (zitiert: Statistisches Jahrbuch 1998)

Staudinger, J. v., Kommentar zum Bürgerlichen Gesetzbuch und dem Einführungsgesetze, IV. Band, Familienrecht, Teil 2: §§ 1589-1921, 9. Auflage, München-Berlin-Leipzig 1926 (zitiert: Staudinger/Bearbeiter, BGB, 9. Aufl., 1926)

ders., Kommentar zum Bürgerlichen Gesetzbuch mit Einführungs- und Nebengesetzen, Band, Familienrecht, Teil 3 a: §§ 1589-1698 b, 10./11. Auflage, Berlin 1966 (zitiert: Staudinger/Bearbeiter, BGB, 10./11. Aufl., 1966)

ders., Kommentar zum Bürgerlichen Gesetzbuch mit Einführungs- und Nebengesetzen, 12. neubearbeitete Auflage, 4. Buch, Familienrecht, §§ 1589-1625, Berlin 1993 (Staudinger/Bearbeiter, BGB, 12. Aufl., 1993) *ders.*, Kommentar zum Bürgerlichen Gesetzbuch mit Einführungs- und Nebengesetzen, 12. neubearbeitete Auflage, 4. Buch, Familienrecht, §§ 1626-1631; §§ 1-11 RKEG; §§ 1631 a-1665, Berlin 1997 (zitiert: Staudinger/ Bearbeiter, BGB, 12. Aufl., 1997)

Stein-Hilbers, Marlene, Männer und Kinder, Reale, ideologische und rechtliche Umstrucktarierungen von Geschlechter- und Elternbeziehungen, in: FuR 1991, 198 ff.

Storsberg, Imme, Anmerkung zu OLG Stuttgart, Beschluß vom 29.09.1993 - 16 UF 222/93, in: FamRZ 1994, S. 1543

Südkurier, „Betreutes Umgangsrecht“: Kinderschutzbund betreut Treffen zwischen Geschiedenen und Kindern, in: ZfJ 1994, S. 325

Thomas, Heinz/Putzo, Hans, Zivilprozeßordnung, Kommentar, 21. Aufl., München 1998 (zitiert: Thomas/Putzo, ZPO, 1998)

Walter, Eginhard, Einschränkung und Ausschluß des Umgangs nach § 1634 II S. 2 BGB, in: ZfJ 1996, S. 270 ff.

Ward, Peggie/Campbell Harvey, Ph. D. und J., Familienkriege - die Entfremdung von Kindern, in: ZfJ 1998, S. 237 ff.

Weber, Matthias, Das neue Kindschaftsrecht - Herausforderung für Beratungsstellen, in: JugH 1998, S. 166 ff.

Wichmann, Klaus, Die Reform des Kindschaftsrechts in der Diskussion, in: FuR 1996, S. 161 ff.

Wiesner, Reinhard/Kaufmann, Ferdinand/Mörsberger, Thomas/Oberloskamp, Helga/Struck, Jutta, SGB VIII, Kinder- und Jugendhilfe, Kommentar, München 1995 (zitiert: Wiesner/Kaufmann/Mörsberger/Oberloskamp/ Struck, SGB VIII, 1995)

Wiesner, Reinhard, Schwerpunkte der Novellierung des Jugendwohlfahrtsgesetzes, in: FamRZ 1985, S. 225 ff.

ders., Konsequenzen der Reform des Kindschaftsrechts für die Jugendhilfe, in: ZfJ 1997, S. 29

ders., Das Kindschaftsrechtsreformgesetz und seine Begleitgesetze - Einführung und Überblick zur aktuellen Änderung des SGB VIII, in: JugH 1998, S. 134 ff.

Willutzki, Siegfried, Kindschaftsrechtsreform, Versuch einer wertenden Betrachtung, (Teil I), in: KindPrax 1998, S. 8

Zimmermann, Walter/Damrau, Jürgen, Das neue Betreuungs- und Unterbringungsrecht, in: NJW 1991, S. 538 ff.

ANHANG

Betreuter
Umgang

Deutscher Kinderschutzbund
Landesverband Hamburg e.V.
Fruchtallee 15
20259 Hamburg

Im Januar 1999

Inhalt

Vorwort

Zum 1.7.1998 ist das neue Kindschaftsrechtsreformgesetz in Kraft getreten, in dem im wesentlichen das Sorge- und Umgangsrecht, das Abstammungsrecht, das Namensrecht, das Recht des gerichtlichen Verfahrens in kindschaftsrechtlichen Angelegenheiten und das Kinder- und Jugendhilfegesetz (KJHG) in Bezug auf Beratung in Fragen der elterlichen Sorge und des Umgangsrechts geändert wurde.

Die Kinderschutzarbeit wird zukünftig in zwei Teilbereichen der Neuregelungen in besonderem Maße betroffen sein; und zwar handelt es sich um diejenigen Bereiche, die das betreute Umgangsrecht und die Verfahrenspflegschaft regeln.

Durch das Inkrafttreten der Reform haben nun **Kinder** und Eltern einen Rechtsanspruch auf Beratung und Unterstützung bei der Ausübung des Umgangsrechtes, dem entsprochen werden muß. Hier wird die Rolle des Kindes gestärkt, da bisher lediglich Müttern und Vätern ein Recht auf Umgang mit dem Kind eingeräumt wurde.

Bei der Umsetzung des nachfolgenden Konzepts muß genau überprüft werden, wie das Kind seine Rechte zu seinem Wohle und Nutzen durchsetzen kann. Durch sachkundige Beratung der Eltern muß deren Bewußtsein geschärft werden, daß das Kind ein Recht auf Umgang mit beiden Elternteilen hat, und daß sie aufgrund ihrer fortbestehenden Elternverantwortung die Ausübung dieses Rechtes nicht vereiteln dürfen, sondern nach Kräften fördern müssen.

Bislang wurden unterschiedliche Begriffe wie "Betreutes Umgangsrecht" oder "Umgangsbegleitung" verwendet. Hier sollte der Kinderschutzbund bundesweit darauf achten, daß zukünftig für die Durchführung des Projektes ein einheitlicher Begriff verwendet wird. Die Landesgeschäftsführer sprechen sich einstimmig für die Einführung des Begriffes **"Betreuter Umgang"** aus, da sich dieser aus den für das Projekt zugrundeliegenden Gesetzen herleiten läßt.

Die Konzeption richtet sich aus auf den Einsatz von Laien, die durch eine hauptamtliche Kraft qualifiziert und in ihrer Aufgabe begleitet und unterstützt werden. In den letzten Jahren hat sich diese Kombination der hauptamtlichen und ehrenamtlichen Arbeit, vor allem, wenn eine klare Aufgabentrennung festgelegt und eingehalten und eine Überforderung der Haupt- und Ehrenamtlichen vermieden wird, bewährt.

Uwe Hinrichs
Geschäftsführer

1. Zur Situation von Kindern in Trennungsfamilien

Zunehmend mehr Kinder (bundesweit etwa 15%) erleben ihre Kindheit nicht mehr in einer Familie im traditionellen Sinn. Alleinerziehende Elternteile, nichteheliche Lebensgemeinschaften und Stieffamilien sind zu einem festen Bestandteil unseres gesellschaftlichen Zusammenlebens geworden.

Diese Lebensformen bringen auch neue Probleme im Zusammenleben mit sich. Jahrelange Konflikte zwischen Eltern und schließlich die Erfahrung von Trennung und Scheidung begleiten dabei häufig die kindliche Entwicklung. Für Eltern und Kinder stellt diese besondere Lebenskrise eine starke Belastung dar. Die Eltern sind gefordert, ihre Paartrennung zu verarbeiten und müssen lernen, häufig mit finanziellen Einbußen, in Eigenverantwortung und Selbständigkeit zu leben.

Die Kinder, schon lange den Streitigkeiten ausgesetzt, müssen mit der Trennung, vor allem auch der räumlichen Trennung von einem geliebten Elternteil und der damit verbundenen Trauer und Wut fertig werden.

Zusätzlich ist die Regelung des Sorgerechts und des Umgangs für die Eltern nur schwer zu bewältigen, eine einvernehmliche Lösung häufig schwer zu finden.

Negative Auswirkungen auf die Entwicklung und das spätere Leben der Kinder können vermieden werden, wenn diese eine **tragfähige Beziehung zu beiden Elternteilen** pflegen können, denn

- Kinder sind von beiden Elternteilen geprägt worden. Anteile beider Eltern müssen zur Identitätsfindung integriert werden. Wenn sie einen Elternteil leugnen, müssen sie auch einen Teil ihrer Persönlichkeit leugnen. Kinder sind dann einem enormen psychischen Druck ausgesetzt.

- Kinder müssen die Möglichkeit haben, statt eines Mythos ein **realistisches Bild** von beiden Elternteilen zu entwickeln. Dies ist nur durch Kontakt und Auseinandersetzung möglich.

- Kinder können die Trennung ihrer Eltern um so eher verarbeiten, je mehr sie die Möglichkeit haben, **Fragen** an beide Elternteile zu richten und **ehrliche Antworten** zu erhalten.

- Kinder tragen, für andere oft unbemerkt, Schuldgefühle in sich und fühlen sich für die Trennung der Eltern verantwortlich. Sie sind darauf angewiesen, daß **beide Eltern die Verantwortung** für ihr Handeln selbst übernehmen und die Kinder immer wieder entlasten.

- Kinder, die zu beiden Elternteilen Kontakt haben, können leichter ein **gesundes Selbstbewußtsein** entwickeln, weil sie immer wieder die Bestätigung bekommen, daß beiden Elternteilen etwas an ihnen liegt. Kinder brauchen die **Erlaubnis beider Eltern**, den jeweils anderen zu mögen und von diesem gemocht zu werden.

2. Definition und Zielsetzung

Das Projekt "Betreuter Umgang" des Deutschen Kinderschutzbundes stellt Räumlichkeiten zur Verfügung, in denen Besuchskontakte zwischen dem Kind und einem Elternteil stattfinden können. Der Umgang wird durch haupt- und ehrenamtliche MitarbeiterInnen des Deutschen Kinderschutzbundes betreut.

Ziel der Umgangsbegleitung ist die Anbahnung, Wiederherstellung oder Weiterführung der Besuchskontakte zwischen Kind und dem Elternteil, bei dem das Kind nicht lebt.

Dazu gehört aber auch, die Eltern zu einer selbständigen und eigenverantwortlichen Gestaltung der Besuchskontakte hinzuführen und zu unterstützen.

Umgangsbegleitung stellt auch einen geschützten Rahmen für Eltern-Kind-Kontakte bereit, die sonst nicht zustande kommen (z.B. bei Verdacht auf Mißhandlung oder sexuellem Mißbrauch).

Im einzelnen bedeutet das: Durch dieses Angebot soll den **Kindern** Schutz und Hilfe gegeben werden bei

- der Verarbeitung erlittener seelischer Verletzung
- dem Abbau von Existenz- und Verlustängsten
- Identitätsproblemen
- Überforderung und Parentisierung
- Loyalitätskonflikten
- Schuldgefühlen in Bezug auf die Trennung der Eltern
- der Wahrnehmung eigener Bedürfnisse und dem Durchsetzen derselben usw.

Die **Eltern** sollen dabei unterstützt werden,

- Eltern- und Paarebene zu trennen
- im Konflikt zu deeskalieren
- eigene Interessen und Bedürfnisse von denjenigen der Kinder klar zu unterscheiden und dementsprechend verantwortungsvoll zu handeln
- eine achtungsvolle Haltung füreinander zu entwickeln
- klare Vereinbarungen miteinander zu treffen und zu halten
- Fragen, Ängste, Verhaltensauffälligkeiten usw. der Kinder im Zusammenhang mit

der Trennung und den Besuchskontakten wahrzunehmen, zu verstehen und angemessen darauf zu reagieren.
- Verantwortung zu übernehmen und diese nicht auf die Kinder zu übertragen.

Die Trennungs- und Scheidungsfamilie als Ganzes bekommt Unterstützung

- bei einer klaren und angemessenen Rollen- und Verantwortungsverteilung
- beim Aufbau einer offenen und klaren Kommunikationsstruktur.

Bei allen Angeboten hat der Kinderschutzbund immer das **übergeordnete Ziel** im Auge, die Eltern und Kinder dazu zu befähigen, ihre Situation ohne seine Hilfe zu meistern, so daß für das Kind nach Beendigung des Beistands ein seinem Wohl angemessener Kontakt zu beiden Elternteilen auch **ohne die Hilfe des Kinderschutzbundes** möglich ist.

Somit ist die Arbeit eingebunden in das Kinderschutzbundprinzip **Hilfe zur Selbsthilfe.**

Die Verwirklichung der o.g. Zielvorstellungen ist davon abhängig, in welchem Umfang begleitende Gespräche und unterstützende Maßnahmen durch das Projekt für beide Elternteile und ggf. für das Kind vorgehalten werden können.

3. Rechtliche Grundlagen

Nachfolgend werden die durch das **Kindschaftsrechtsreformgesetz** geänderten bzw. neuen Vorschriften dargestellt, die auf die Durchführung des betreuten Umgangs unmittelbar Auswirkung haben:

§ 8 Abs. 1 KJHG
Beteiligung von Kindern und Jugendlichen

Kinder und Jugendliche sind entsprechend ihrem Entwicklungsstand an allen sie betreffenden Entscheidungen der öffentlichen Jugendhilfe zu beteiligen. Sie sind in geeigneter Weise auf ihre Rechte im Verwaltungsverfahren sowie im Verfahren vor **dem Familiengericht**, dem Vormundschaftsgericht und dem Verwaltungsgericht hinzuweisen.

§ 17 KJHG
Beratung in Fragen der Partnerschaft, Trennung und Scheidung

Im Rahmen des Kinder- und Jugendhilfegesetzes wird Müttern und Vätern ein unbedingter Rechtsanspruch auf Beratung in Fragen der Partnerschaft eingeräumt. Der Abs. 2 sieht wie auch bisher eine Unterstützung der Eltern bei der Entwicklung eines einvernehmlichen Konzepts für die Wahrnehmung der elterlichen Sorge vor.

Neu ist, daß die Beratungsstellen und Dienste der Träger der Jugendhilfe hierbei auch die betroffenen Kinder und Jugendlichen angemessen zu beteiligen haben.

Neu aufgenommen ist die Regelung in Absatz 3, die Gerichte - sobald gemeinschaftliche minderjährige Kinder betroffen sind - verpflichtet, die Rechtshängigkeit von Scheidungssachen sowie Namen und Anschriften der Parteien dem Jugendamt mitzuteilen. Das Jugendamt ist dann dazu verpflichtet, die Eltern über das Leistungsangebot der Jugendhilfe nach § 17 Abs. 2 SGB VIII zu unterrichten (in Ergänzung der Neuregelung in § 613 Abs. 1 Satz 2 ZPO).

§ 18 KJHG
Beratung und Unterstützung bei der Ausübung der Personensorge

Neu ist, daß Kindern und Jugendlichen ein Anspruch auf Beratung und Unterstützung bei der Ausübung des Umgangsrechts nach § 1684 Abs. 1 BGB eingeräumt wird. Sie sollen darin unterstützt werden, daß die Personen, die zum Umgang mit ihnen berechtigt sind, von diesem Recht zu ihrem Wohl Gebrauch machen. Der erweiterte Kreis der Umgangsberechtigten hat ebenfalls Anspruch auf Beratung und Unterstützung bei der Ausübung des Umgangsrechts. Der Jugendhilfeträger soll außerdem bei der Herstellung von Umgangskontakten und bei der Ausführung von gerichtlich angeordneten bzw. vereinbarten Umgangsregelungen vermitteln und in geeigneten Fällen Hilfe leisten.

§ 1684 BGB

Dem Kind wird ein eigenständiges Recht auf Umgang mit jedem Elternteil eingeräumt. Jeder Elternteil hat nicht nur die Berechtigung zum Umgang mit dem Kind, sondern ist auch hierzu verpflichtet. Ausnahmen gelten nur, wenn eine Einschränkung oder der Ausschluß des Kontaktes zum Wohle des Kindes erforderlich oder das Kindeswohl gefährdet ist.

Nach § 1684 Abs. 4 Satz 3 und Satz 4 BGB können Träger der Jugendhilfe mitwirkungsbereite Dritte im Bereich des "beschützten" Umgangs sein, z.B. bei bestimmten Fallkonstellationen wie beim Verdacht auf sexuellen Mißbrauch oder bei der Anbahnung unterbrochener Umgangskontakte.

§ 1685 BGB
Erweiterung des Umgangsrechts auf nahe Bezugspersonen

Das Umgangsrecht wird auf andere Personen erweitert, wenn dies dem Kindeswohl dient: Großeltern, Geschwister, Ehegatten oder frühere Ehegatten eines Elternteils, der mit dem Kind längere Zeit in häuslicher Gemeinschaft gelebt hat, und für Personen, bei denen das Kind längere Zeit in Familienpflege war.

§ 1626 BGB
Elterliche Sorge; Leitlinien für Erziehung und Umgang

(1) Die Eltern haben die Pflicht und das Recht, für das minderjährige Kind zu sorgen (elterliche Sorge). Die elterliche Sorge umfaßt die Sorge für die Person des Kindes (Personensorge) und das Vermögen des Kindes (Vermögenssorge).
(2) Bei der Pflege und Erziehung berücksichtigen die Eltern die wachsende Fähigkeit und das wachsende Bedürfnis des Kindes zu selbständigem, verantwortungs-bewußtem Handeln. Sie besprechen mit dem Kind, soweit es nach dessen Entwicklungsstand angezeigt ist, Fragen der elterlichen Sorge und streben Einvernehmen an.

§ 1626a BGB
Elterliche Sorge bei nicht miteinander verheirateten Eltern

(1) Sind die Eltern bei der Geburt des Kindes nicht miteinander verheiratet, so steht ihnen die elterliche Sorge dann gemeinsam zu, wenn sie
1. erklären, daß sie die Sorge gemeinsam übernehmen wollen (Sorgeerklärung), oder
2. einander heiraten; dies gilt auch, wenn die Ehe später für nichtig erklärt wird.
(2) Im übrigen hat die Mutter die elterliche Sorge.

§ 1632 BGB
Anspruch auf Herausgabe des Kindes, Bestimmung des Umgangs; Wegnahme von der Pflegeperson

(1) Die Personensorge umfaßt das Recht, die Herausgabe des Kindes von jedem zu verlangen, der es den Eltern oder einem Elternteil widerrechtlich vorenthält.
(2) Die Personensorge umfaßt ferner das Recht, den Umgang des Kindes auch mit Wirkung für und gegen Dritte zu bestimmen.
(3) Über Streitigkeiten, die eine Angelegenheit nach Absatz 1 oder 2 betreffen, entscheidet das Familiengericht auf Antrag eines Elternteils.
(4) Lebt das Kind seit längerer Zeit in Familienpflege und wollen die Eltern das Kind von der Pflegeperson wegnehmen, so kann das Familiengericht von Amts wegen oder auf Antrag der Pflegeperson anordnen, daß das Kind bei der Pflegeperson verbleibt, wenn und solange das Kindeswohl durch die Wegnahme gefährdet würde.

§ 52 a FGG
Gerichtliche Vermittlung in Umgangsverfahren

(1) Macht ein Elternteil geltend, daß der andere Elternteil die Durchführung einer gerichtlichen Verfügung über den Umgang mit dem gemeinschaftlichen Kind vereitelt oder erschwert, so vermittelt das Familiengericht auf Antrag eines Elternteils zwischen den Eltern. Das Gericht kann die Vermittlung ablehnen, wenn bereits ein Vermittlungsverfahren oder eine anschließende außergerichtliche Beratung erfolglos geblieben ist.
(2) Das Gericht hat die Eltern alsbald zu einem Vermittlungstermin zu laden. Zu diesem Termin soll das Gericht das persönliche Erscheinen der Eltern anordnen. In der Ladung weist das Gericht auf die möglichen Rechtsfolgen eines erfolglosen Vermittlungsverfahrens nach Absatz 5 hin. In geeigneten Fällen bittet das Gericht das Jugendamt um Teilnahme an dem Termin.
(3) In dem Termin erörtert das Gericht mit den Eltern, welche Folgen das Unterbleiben des Umgangs für das Wohl des Kindes haben kann. Es weist auf die Rechtsfolgen hin, die sich aus einer Vereitelung oder Erschwerung des Umgangs ergeben können, insbesondere auf die Möglichkeiten der Durchsetzung mit Zwangsmitteln nach § 33 oder der Einschränkung und des Entzugs der Sorge unter den Voraussetzungen der §§ 1666, 1671 und 1696 des Bürgerlichen Gesetzbuchs. Es weist die Eltern auf die bestehenden Möglichkeiten der Beratung durch die Beratungsstellen und -dienste der Träger der Jugendhilfe hin.
(4) Das Gericht soll darauf hinwirken, daß die Eltern Einvernehmen über die Ausübung des Umgangs erzielen. Das Ergebnis der Vermittlung ist im Protokoll festzuhalten. Soweit die Eltern Einvernehmen über eine von der gerichtlichen Verfügung abweichende Regelung des Umgangs erzielen und diese dem Wohl des Kindes nicht widerspricht, ist die Umgangsregelung als Vergleich zu protokollieren; dieser tritt an die Stelle der bisherigen gerichtlichen Verfügung. Wird ein Einvernehmen nicht erzielt, sind die Streitpunkte im Protokoll festzuhalten.
(5) Wird weder eine einvernehmliche Regelung des Umgangs noch Einvernehmen über eine nachfolgende Inanspruchnahme außergerichtlicher Beratung erreicht oder erscheint mindestens ein Elternteil in dem Vermittlungstermin nicht, so stellt das Gericht durch nicht anfechtbaren Beschluß fest, daß das Vermittlungsverfahren erfolglos geblieben ist. In diesem Fall prüft das Gericht, ob Zwangsmittel ergriffen, Änderungen der Umgangsregelung vorgenommen oder Maßnahmen in bezug auf die Sorge ergriffen werden sollen. Wird ein entsprechendes Verfahren von Amts wegen oder auf einen binnen eines Monats gestellten Antrag eines Ehegatten eingeleitet, so werden die Kosten des Vermittlungsverfahrens als Teil der Kosten des anschließenden Verfahrens behandelt.

Rechtliche Grundlagen ergeben sich auch aus der UN-Kinderkonvention

Artikel 3

(1) Bei allen Maßnahmen, die Kinder betreffen, gleichviel ob sie von öffentlichen oder privaten Einrichtungen der sozialen Fürsorge, Gerichten, Verwaltungsbehörden oder Gesetzgebungsorganen getroffen werden, ist das Wohl des Kindes ein Gesichtspunkt, der vorrangig zu berücksichtigen ist.
(2) Die Vertragsstaaten verpflichten sich, dem Kind unter Berücksichtigung der Rechte und Pflichten seiner Eltern, seines Vormunds oder anderer für das Kind gesetzlich verantwortlicher Personen den Schutz und die Fürsorge zu gewährleisten, die zu seinem Wohlergehen notwendig sind; zu diesem Zweck treffen sie alle geeigneten Gesetzgebungs- und Verwaltungsmaßnahmen.
(3) Die Vertragsstaaten stellen sicher, daß die für die Fürsorge für das Kind oder dessen Schutz verantwortlichen Institutionen, Dienste und Einrichtungen den von den zuständigen Behörden festgelegten Normen entsprechen, insbesondere im Bereich der Sicherheit und der Gesundheit sowie hinsichtlich der Zahl und der fachlichen Eignung des Personals und des Bestehens einer ausreichenden Aufsicht.

Artikel 5

Die Vertragsstaaten achten die Aufgaben, Rechte und Pflichten der Eltern oder gegebenenfalls, soweit nach Ortsbrauch vorgesehen, der Mitglieder der weiteren Familie oder der Gemeinschaft, des Vormunds oder anderer für das Kind gesetzlich verantwortlicher Personen, das Kind bei der Ausübung der in diesem Übereinkommen anerkannten Rechte in einer seiner Entwicklung entsprechenden Weise angemessen leiten und zu führen.

Artikel 6

(1) Die Vertragsstaaten erkennen an, daß jedes Kind ein angeborenes Recht auf Leben hat.
(2) Die Vertragsstaaten gewährleisten in größtmöglichem Umfang das Überleben und die Entwicklung des Kindes.

Artikel 8

(1) Die Vertragsstaaten verpflichten sich, das Recht des Kindes zu achten, seine Identität, einschließlich seiner Staatsangehörigkeit, seines Namens und seiner gesetzlich anerkannten Familienbeziehungen, ohne rechtswidrige Eingriffe zu behalten.
(2) Werden einem Kind widerrechtlich einige oder alle Bestandteile seiner Identität genommen, so gewähren die Vertragsstaaten ihm angemessenen Beistand und Schutz mit dem Ziel, seine Identität so schnell wie möglich wiederherzustellen.

Artikel 9

(1) Die Vertragsstaaten stellen sicher, daß ein Kind nicht gegen den Willen seiner Eltern von diesen getrennt wird, es sei denn, daß die zuständigen Behörden in einer gerichtlich nachprüfbaren Entscheidung nach den anzuwendenden Rechtsvorschriften und Verfahren bestimmen, daß diese Trennung zum Wohl des Kindes notwendig werden, wie etwa wenn das Kind durch die Eltern mißhandelt oder vernachlässigt wird oder wenn bei getrennt lebenden Eltern eine Entscheidung über den Aufenthaltsort des Kindes zu treffen ist.
(2) In Verfahren nach Absatz 1 ist allen Beteiligten Gelegenheit zu geben, am Verfahren teilzunehmen und ihre Meinung zu äußern.
(3) Die Vertragsstaaten achten das Recht des Kindes, das von einem oder beiden Elternteilen getrennt ist, regelmäßige persönliche Beziehungen und unmittelbare Kontakte zu beiden Elternteilen zu pflegen, soweit dies nicht dem Wohl des Kindes widerspricht.
(4) Ist die Trennung Folge einer von einem Vertragsstaat eingeleiteten Maßnahme, wie etwa einer Freiheitsentziehung, Freiheitsstrafe, Landesverweisung oder Abschiebung oder des Todes eines oder beider Elternteile oder des Kindes (auch eines Todes, der aus irgendeinem Grund eintritt, während der Betreffende sich in staatlichem Gewahrsam befindet), so erteilt der Vertragsstaat auf Antrag den Eltern, dem Kind oder gegebenenfalls einem anderen Familienangehörigen die wesentlichen Auskünfte über den Verbleib des oder der abwesenden Familienangehörigen, sofern dies nicht dem Wohl des Kindes abträglich wäre. Die Vertragsstaaten stellen ferner sicher, daß allein die Stellung eines solchen Antrags keine nachteiligen Folgen für den oder die Betroffenen hat.

4. Prinzipien

Wie sonst in der Arbeit des Deutschen Kinderschutzbundes gelten auch bei dem Betreuten Umgang die Prinzipien des helfenden Handelns.

Hilfeorientierung heißt in diesem Zusammenhang, im Elternstreit neutral zu bleiben, klare Vorgaben anzubieten.

Das Prinzip der **Freiwilligkeit** ist gewahrt, wenn der Betreute Umgang als Dienstleistung des Deutschen Kinderschutzbundes verstanden wird, die die Eltern annehmen können oder nicht. Das heißt aber auch, daß keine Institution (Familiengericht oder Jugendamt) Betreuten Umgang durch den Kinderschutzbund verlangen kann.

Um dem Grundsatz der **Vertraulichkeit** gerecht zu werden, werden bisweilen vom Familiengericht angeforderte Berichte allgemein gehalten, d.h. sie enthalten die Rahmendaten. Die Eltern erhalten diese Berichte in Kopie (Transparenz gegenüber den Betroffenen). Berichte werden mit beiden Elternteilen besprochen. Andere Dritte (z.B. Verwandte, Behörden) erhalten keinerlei Auskünfte.

Die **Autonomie** der Betroffenen wird unterstützt, indem nur der jeweils notwendige Rahmen angeboten und langfristig zusammen mit den Eltern eine private Regelung erarbeitet wird.

Vertrauen heißt hier: jeder Beteiligte kann sicher sein, daß keine Parteinahme für einen Elternteil von Seiten der Haupt- und Ehrenamtlichen erfolgt.

5. Grundsätze

Daraus ergeben sich folgende Grundsätze:

- Parteinahme für das Kind
  Es geht nicht darum, dem einen oder dem anderen Elternteil zu seinem "Recht" zu verhelfen, sondern immer das Wohl des Kindes im Blick zu haben und auf der Seite des Kindes zu stehen.
- Neutralität im Elternstreit
  Parteinahme für einen Elternteil verursacht Verstrickung und zerstört die Grundlage der Zusammenarbeit
- Lösungs- und Zukunftsorientierung
  Die Bewältigung der Vergangenheit ist nicht Thema der Umgangsbetreuung, die Eltern müssen hierzu andere Fachkräfte in Anspruch nehmen.
- Genaue vertragliche Vereinbarungen und Regeln mit allen Beteiligten
  Es wird vor Beginn des betreuten Umgangs ein Vertrag mit den Eltern ausgearbeitet, der von ihnen zu unterzeichnen ist.

6. Die Durchführung des Betreuten Umgangs

6.1 Zugang zu dem Projekt

Der Zugang ist grundsätzlich auf zwei Wegen möglich:

1. Eltern und Kinder wenden sich von selbst an das Projekt, weil sie von dem Angebot des betreuten Umgangs gehört haben oder weil sie von einer anderen Institution weitervermittelt wurden.
   Sie haben Probleme mit dem Umgang des Nichtsorgeberechtigten mit dem Kind und versuchen aus eigener Motivation das Problem zu lösen.
2. Familien werden per Gerichtsbeschluß an das Projekt verwiesen.

In jedem Fall entscheidet die Projektleitung, welcher Familie ein Betreuter Umgang angeboten wird.

Ausschließende Kriterien könnten z. B. sein:
- Überforderung des Projektes
- mangelnde Bereitschaft zur Zusammenarbeit eines Elternteiles oder beider Eltern
- Nichtanerkennung des Vertrages
- Gefährdung des Kindeswohles
- Weigerung des Kindes

Die **Durchführung** des Betreuten Umgangs gliedert sich in folgende Phasen:

6.2 Vorbereitungsphase

Nachdem der Kinderschutzbund um die Übernahme einer Umgangsbetreuung gebeten wurde, müssen die Modalitäten mit den Eltern, dem Kind und ggf. beteiligten Institutionen abgeklärt werden. Am Ende der Vorbereitungsphase werden mit den Eltern verbindliche Vereinbarungen ausgehandelt und in einem Vertrag festgelegt. Um dieses Ziel zu erreichen, müssen intensive vorbereitende Gespräche geführt werden.

Erstgespräche mit den Eltern

Wenn die Eltern sich nicht aufgrund einer gemeinsamen Problemsicht an das Projekt wenden, wird das Erstgespräch mit jedem Elternteil getrennt geführt. Damit alle Beteiligten ein möglichst klares Bild der Situation bekommen, werden folgende Themen angesprochen:

- kurze Schilderung der familiären Situation vor der Trennung
- Verlauf der Trennung
- Befindlichkeiten der Kinder seit der Trennung
- Informationen über bisherige Versuche des Umgangs
- derzeitig Lebenssituation, z.B. neue Partnerschaft, Arbeitssituation etc.
- derzeitiges Verhältnis zum anderen Elternteil
- Vorstellungen zur Regelung des Umgangs in Zukunft
- Ängste, Befürchtungen, Erwartungen und Wünsche bezüglich des Umgangs
- Eigene Möglichkeiten und Ressourcen zur einvernehmlichen Regelung des Betreuten Umgangs

Außerdem werden das Konzept des Betreuten Umgangs und seine verbindlichen Richtlinien vorgestellt. Abschließend entscheiden alle Beteiligten, ob der Betreute Umgang stattfinden soll und welche Termine in Frage kommen.

Ein kurzes, **gemeinsames** Gespräch zur Anerkennung und Unterzeichnung der Regeln (des Vertrages) sollte angestrebt werden.

Erstgespräche mit dem/den Kind/ern

Das Erstgespräch mit dem Kind dient vor allem dem gegenseitigen Kennenlernen von Kind und Betreuungsperson und soll eine Vertrauensbasis schaffen. Dazu gehört auch, dem Kind die Räumlichkeiten zu zeigen. Älteren Kindern versucht man im Gespräch den Betreuten Umgang und seinen Ablauf zu erklären, jüngere Kinder werden durch gemeinsames Spiel auf die Besuchssituation vorbereitet.

Zusätzliche Vorbereitungstreffen

Wenn notwendig, finden über diese Erstgespräche hinaus weitere Begegnungen statt, bevor der eigentliche Betreute Umgang beginnt.
Gerade kleinere Kinder brauchen gelegentlich eine längere Vorbereitungsphase, um eine vertrauensvolle Beziehung zu der Betreuungsperson aufbauen zu können.

Ebenso kann es vorkommen, daß Eltern weitere vorbereitende Gespräche benötigen, um Probleme und Fragen zu klären, die sich erst nach Zustandekommen der Vereinbarungen ergeben haben (z.B. Wie können die Eltern angemessen auf Weigerung der Kinder reagieren).

6.3 Durchführungsphase

Die Besuchskontakte finden in dafür geeigneten Räumlichkeiten (siehe auch unter personelle und räumliche Ausstattung) statt.

Wenn es vorher vereinbart wurde, sind auch "Ausflüge" (z.B. Spielplatzbesuch, Spaziergänge) möglich. In der Regel hält sich der/die BetreuerIn im Hintergrund, unterstützt aber in Situationen, in denen es nötig ist. Die Umgangsbetreuerin muß dafür sorgen, daß die getroffenen Absprachen eingehalten werden. Parallel zu den Umgangsterminen haben die Eltern die Möglichkeit, die daraus entstehenden Erfahrungen und Schwierigkeiten in Bilanz- und Orientierungsgesprächen zu erörtern.

Die Schritte im einzelnen:

Die Übergabe des Kindes
Der sorgeberechtigte Elternteil übergibt das Kind in der Regel 15 Minuten vor dem Eintreffen des umgangsberechtigten Elternteils der Betreuungsperson. Damit läßt sich eine unerwünschte Begegnung zwischen den Eltern vermeiden.

Das Eintreffen des/der Umgangsberechtigten und Verlauf des Besuchskontakts
Besonders bei den ersten Besuchskontakten kann das Eintreffen des/der Umgangsberechtigten eine spannungsreiche Situation sein, in der die Betreuungsperson darauf achten muß, daß das Kind nicht überfordert wird. Im Idealfall finden Elternteil und Kind eine gemeinsame Ebene, auf der sie kommunizieren und einen Kontakt aufbauen können (z.B. ein Spiel, etwas gemeinsam essen, etwas vorlesen etc.).

Die Betreuungsperson hat hierbei die Aufgabe, eine möglichst vertrauensvolle und angstabbauende Atmosphäre zu schaffen und bei Bedarf die Kontaktaufnahme zu unterstützen. Die inhaltliche Gestaltung des Treffens im Rahmen der vertraglichen Vereinbarungen liegt dabei grundsätzlich in den Händen des/der Umgangsberechtigten. Gegen Ende der vereinbarten Besuchszeit wird aufgeräumt und der Elternteil hat Zeit, sich von seinem Kind zu verabschieden.

Die Übergabe des Kindes an Sorgeberechtigte
Bis zum Eintreffen des Elternteils, bei dem das Kind lebt, in der Regel 15 Minuten nach Ende des Besuchskontakts, wird das Kind von der Mitarbeiterin/dem Mitarbeiter betreut. In dieser Zeit kann das Kind sich auf den sorgeberechtigten Elternteil zu Hause einstimmen.

Die folgenden Besuchskontakte
Die folgenden Besuchskontakte laufen zunächst nach dem oben beschriebenen Modell ab. Dabei wird auf Regelmäßigkeit und Kontinuität in Bezug auf Rhythmus, Wochentag, Tageszeit und Besuchsdauer geachtet, was erfahrungsgemäß zur Entschärfung der Konflikte beiträgt. Es ist durchaus denkbar, daß nun der Umgang nur noch von einer ehrenamtlichen Kraft begleitet wird. Es muß jedoch von allen Beteiligten eine klare Aufgabentrennung akzeptiert werden. Die ehrenamtliche Kraft muß ggf. darauf hinweisen, daß evtl. auftretende Probleme zwischen den Elternteilen nur im Rahmen der Orientierungsgespräche bzw. mit der Leitung des Projektes angesprochen werden können. In den Orientierungsgesprächen können die zunächst getroffenen Vereinbarungen abgeändert werden z.B. hinsichtlich:

- Veränderung der Besuchsdauer
- Verlassen der Räume während der Besuchszeit
- Kontakt der Eltern bei der Übergabe

Orientierungsgespräche
Nach 6 Besuchsterminen findet regelmäßig ein Orientierungsgespräch statt. Dieses kann mit beiden Elternteilen getrennt geführt werden oder, wenn es erwünscht ist und sinnvoll erscheint, mit beiden gemeinsam. Das Gespräch dauert ungefähr eine Stunde. Es findet in der Regel ohne die Kinder und im Beisein der MitarbeiterInnen statt.

Ziel des Gesprächs ist, gemeinsam festzuhalten, was bis hierhin erreicht wurde und wie der Umgang in Zukunft gestaltet werden soll. Das Gespräch wird immer unter dem Aspekt geführt, ob eine gemeinsame eigenständige Lösung möglich ist bzw. welche Schritte auf dem Weg dahin noch fehlen.

Es wird versucht, eine gemeinsame Zielvorstellung zu entwickeln, die noch bestehende Befürchtungen und Wünsche berücksichtigt. Grundsätzlich sollen Eltern aufgefordert werden, die Entscheidung über die Struktur des Umganges eigenverantwortlich zu übernehmen.

6.4 Abschlußphase

Bekunden beide Eltern die Bereitschaft, die Umgangsregelung eigenständig zu gestalten, wird ein Abschlußgespräch vereinbart. Dabei werden Fragen und Möglichkeiten zur künftigen Besuchsregelung besprochen. Die pädagogische Fachkraft zusammen mit der Betreuungsperson bewirken durch gezielte Gesprächsführung, daß möglichst klare Absprachen zwischen den Elternteilen getroffen werden. In dieser Ablösungszeit können sich die Eltern in besonderen Problemlagen weiterhin an die MitarbeiterInnen des Betreuten Umgangs wenden.

7. Personelle Ausstattung

Der Betreute Umgang ist ein Angebot, das Kontinuität und hohe Kompetenz erfordert. Deswegen kann die Leitung dieses Projektes nur mit einer pädagogischen Fachkraft besetzt werden. Die Erfahrungen anderer Ortsverbände haben bewiesen, daß der Umgang selbst jedoch hauptsächlich von qualifizierten Ehrenamtlichen durchgeführt werden kann.

Aufgaben der pädagogischen Fachkraft

Die Fachkraft ist verantwortlich für die Leitung und Koordination der Umgangsbetreuung. Sämtliche Gespräche mit den Eltern (Vereinbarungen und Regeln aushandeln, Vertrag schließen, Zwischenbilanz) werden von der Fachkraft geführt, Ehrenamtliche werden von der Fachkraft auf ihre Tätigkeit vorbereitet und laufend fachlich begleitet.

Die ehrenamtlichen MitarbeiterInnen

Die Aufgabe der ehrenamtlichen MitarbeiterInnen ist die Begleitung des Zusammenseins von Kind und besuchsberechtigtem Elternteil bzw. die Betreuung oder Durchführung der Übergabe des Kindes von einem Elternteil zum anderen. Die hierzu notwendigen Informationen erhalten die MitarbeiterInnen von der pädagogischen Fachkraft. Alle MitarbeiterInnen, die Umgangsbetreuung durchführen, müssen eine vorbereitende Schulung durchlaufen haben.

Gruppentreffen/Stammtische
Die laufende Tätigkeit wird durch regelmäßige Gruppentreffen mit fachlicher Anleitung durch die pädagogische Fachkraft betreut. Hier findet ein Austausch über die alltäglichen Probleme statt. Die ehrenamtlichen MitarbeiterInnen lernen von den anderen, wie Probleme zu bewältigen sind und werden bei der Reflexion der Lösungsschritte durch die pädagogische Fachkraft unterstützt.

Supervision
Fachkraft und ehrenamtliche MitarbeiterInnen erhalten regelmäßig Supervision.

8. Räumliche Ausstattung (Mindestanforderung)

Neben einer angemessenen personellen Ausstattung ist bei der Umsetzung des Konzepts darauf zu achten, daß dem Projekt ausreichende Räumlichkeiten zur Verfügung gestellt werden. Dabei müssen nicht unbedingt speziell für diese Angebotsform der Kinderschutzarbeit separate Räumlichkeiten geschaffen werden, sinnvoll ist die Auslastung schon bestehender Räumlichkeiten. Dies ist in besonderem Maße in Beratungseinrichtungen möglich, die in den Abendstunden und am Wochenende nicht genutzt werden.

Folgende Mindestanforderungen sind zu stellen:
- 1 Spielzimmer
- 1 Beratungsraum für Elterngespräche
- 1 Teeküche
- 1 Telefonanschluß

Für die Umsetzung des Konzeptes sind daher die Räumlichkeiten des Deutschen Kinderschutzbundes wie in den Kinderschutzzentren und im Kinder- und Familienhilfezentrum geeignet.

9. Umgangsregelung bei besonderen Problemfällen

Es ist zu vermuten, daß dem Kinderschutzbund als Träger von Kinderschutzzentren, Familienberatungstellen und Kinderhäusern eine große Zahl von Familien vermittelt werden, in denen sexueller Mißbrauch und/oder Kindesmißhandlung ein Problemfeld darstellt. Eine weitere besondere Problematik stellt die drohende Entführung des Kindes dar.

Soll der Betreuter Umgang durchgeführt werden, muß die vorhandene Fachkompetenz der Facheinrichtungen genutzt werden. Außerdem ist darauf zu achten, daß nur qualifizierte, spezialisierte und auf dieses Problemfeld vorbereitete BegleiterInnen den Umgang betreuen.

Die Durchführung einer Umgangsbegleitung muß abgelehnt werden, wenn das Wohl des Kindes gefährdet wird und die Besuchskontakte vom Kind nicht gewünscht werden. Kommt es nach einer besonders intensiven Prüfung des Einzelfalls zu einer Durchführung des Umgangs, so müssen die Besuchskontakte unter ganz besonderer Kontrolle stehen.

Eine Vorbedingung muß sein, daß die umgangsberechtigte Person mit dieser besonderen Aufsicht einverstanden ist. Die Auswertung der jeweiligen Betreuung ist hier von besonderer Bedeutung, weil eine permanente Rückkoppelung mit der pädagogischen Fachkraft und/oder einem Mitarbeiter bzw. einer Mitarbeiterin der Kinderschutzzentren erfolgen muß.

10. Werbung und Qualifizierung von Ehrenamtlichen

10.1 Werbung

Die Erfahrung verschiedener Ortsverbände belegt, daß bei einer hauptamtlichen Projektleitung mit der Kapazität einer halben Stelle ca. 20 Fälle im Rahmen des betreuten Umganges pro Jahr betreut werden können. Da man aber davon ausgehen sollte, daß in der Regel eine ehrenamtliche Kraft eine Betreuung durchführt, werden ca. 20 Ehrenamtliche für dieses Projekt benötigt.

Ehrenamtliche können gezielt durch die Mithilfe der Medien für eine Mitarbeit gewonnen werden. Die Einberufung einer Pressekonferenz wird und kann der erste Schritt einer Werbeaktion sein. Parallel dazu können inhaltlich entsprechend ausgestaltete Informationsstände im Rahmen von Kinder- und Straßenfesten sowie Messen die Werbeaktion begleiten.

10.2 Qualifizierung

An die Ehrenamtlichen in diesem Arbeitsfeld werden hohe Anforderungen gestellt. Die Ehrenamtlichen müssen bereit und fähig sein,

- sich für einen vereinbarten Zeitraum an das Projekt zu binden
- sich qualifizieren zu lassen
- ihre Arbeit hinterfragen zu lassen
- regelmäßig an einer Supervision teilzunehmen
- sich schweren Situationen bei der konkreten Durchführung des Betreuten Umganges zu stellen
- sich klar und neutral gegenüber den Elternteilen zu verhalten
- Krisensituationen bei der Durchführung des Betreuten Umganges rechtzeitig zu erkennen und adäquat zu reagieren
- zuverlässig und verbindlich alle vereinbarten Termine einzuhalten
- die Rolle gegenüber der Projektleitung kennen, anzuerkennnen und Absprachen inhaltlicher Art einzuhalten.

Daraus ergeben sich verpflichtende Teile für ein Ausbildungsprogramm, das sich auf ca. 10 Vorbereitungsabende erstrecken wird.

(1) Ziele und Prinzipien des Projektes
(-) Vorstellung des Projekts durch den Geschäftsführer des Kinderschutzbundes Hamburg
(-) Sich kennenlernen

(2) Familienbilder
(-) Das Bild der sogenannten "idealen Familie"
(-) Die Vielfalt der Familie
- Stieffamilien
- Ein-Eltern-Familien
- Multikulturelle Familien

(3) Trennung und Scheidung als ein kritisches Lebensereignis
(-) Psychische Folgen
(-) Wie erleben Kinder die Trennung und Scheidung
(-) Wie erleben die Erwachsenen die Trennung und Scheidung
(-) Paarkonflikt und Elternrolle

(4) Rechtliche Grundlagen - das neue Kindschaftsrecht -
(-) Zivilrechtliche Grundlagen des neuen Rechts (§§ 1626 ff. des Bürgerlichen Gesetzbuches)
(-) Flankierende Regelungen des Kinder- und Jugendhilferechts
(-) Verfahrensrechtliche Aspekte (Zivilprozeßordnung, Gesetz der Freiwilligen Gerichtsbarkeit)

(5) Notwendige Rahmenbedingungen / Organisation
(-) zeitliche und örtliche Vorgaben
(-) Zusammenarbeit mit anderen Projekten des Kinderschutzbundes
(-) Begleitung / Supervision
(-) räumliche Ausstattung
(-) Berichtswesen

(6) Grundlagen der Kommunikations- und Gesprächsführung
(-) Kontakt mit dem sorgeberechtigten Elternteil
(-) Kontaktaufnahme zum Kind

(7) Vermittlung von praktischen Tips bei der Durchführung des Betreuten Umgangs
(-) Unterstützung von Spielsituationen
(-) Unterstützung bei der Kontaktaufnahme zum Kind

(8) Gewalt, Mißbrauch, Vernachlässigung

(-) Definition
(-) Umgehensweise
(-) Beratungsnetz
(-) Hilfsangebote

(9) Kriseninterventionen

(-) Vorbereitung auf den Umgang mit besonderen Problemsituationen
(-) Erarbeiten eines Krisenleitfadens

(10) Selbstreflexion und Auswertung

(-) Möglichkeit und Grenzen in der Rolle des Umgangsbetreuers
(-) eigene Normen und Werte
(-) Engagement und Abgrenzung
(-) Nähe und Distanz

Peter Lang · Europäischer Verlag der Wissenschaften

Kurt Seelmann (Hrsg.)

Aktuelle Fragen der Rechtsphilosophie

Frankfurt/M., Berlin, Bern, Bruxelles, New York, Oxford, Wien, 2000. 143 S.
ISBN 3-631-36193-9 · br. DM 48.–*

Viele der heute in der Öffentlichkeit erörterten Fragen haben eine zentrale rechtsphilosophische Komponente. Ob Schwangerschaftsabbruch, Umweltschutz, Strafbarkeit von „Mauerschützen", Nationalismus, mitmenschliche Solidarität, Ordnung des Arbeitslebens, Menschenrechtsschutz und Achtung staatlicher Souveränität sowie Sterbehilfe – überall geht es um die Möglichkeit einer rationalen Begründung nichtpositiver Richtigkeitskriterien und um die Bestimmung einer sinnvollen Begrenzung rechtlicher Regelungen. Didaktisch besonders anregende Beiträge aus den *Rechtsphilosophischen Heften* sind hier zu einem Reader zusammengefaßt.

Aus dem Inhalt: Schutz des Lebens · Grenzen des positiven Rechts · Verteilungsgerechtigkeit · Nationalismus · Solidarität · Philosophie des Arbeitsrechts · Menschenrechtsschutz · Sterbehilfe

Frankfurt/M · Berlin · Bern · Bruxelles · New York · Oxford · Wien
Auslieferung: Verlag Peter Lang AG
Jupiterstr. 15, CH-3000 Bern 15
Telefax (004131) 9402131
*inklusive Mehrwertsteuer
Preisänderungen vorbehalten